全国高等教育自学考试指定教材
消防管理专业（专科）

消防安全管理概论

（2014 年版）

（含：消防安全管理概论自学考试大纲）

全国高等教育自学考试指导委员会　组编

主　编　黄金印
副主编　岳庚吉
参　编　（按姓氏笔画排序）
万绍杰　孙　斌
赵秀雯　韩海云

机 械 工 业 出 版 社

本教材是全国高等教育自学考试消防管理专业指定教材。“消防安全管理概论”是全国高等教育自学考试消防管理专业（专科）的核心课程之一。

在编写过程中，以国家现行的相关消防法律、法规、规章为基础，密切结合消防安全管理工作实际，注重增强教材的指导性、实用性和可操作性。本教材内容主要包括消防安全管理的方针、原则、依据与方法，消防安全管理职责，消防安全制度，消防安全教育，消防安全检查，火灾隐患认定与整改，消防安全重点管理，消防安全法律责任，典型场所消防安全管理，单位火灾事故管理，单位消防档案建设等。

本教材适合于参加全国高等教育自学考试消防管理专业学习的学生和指导教师，也可供高等院校相关专业师生参考，还可供消防安全相关人员使用。

图书在版编目（CIP）数据

消防安全管理概论/黄金印主编. —北京：机械工业出版社，2014.3（2025.12重印）

全国高等教育自学考试指定教材. 消防管理专业：专科

ISBN 978-7-111-45835-7

Ⅰ. ①消… Ⅱ. ①黄… Ⅲ. ①消防管理-安全管理-高等教育-自学考试-教材 Ⅳ. ①TU998.1

中国版本图书馆 CIP 数据核字（2014）第 027066 号

机械工业出版社（北京市百万庄大街 22 号 邮政编码 100037）
策划编辑：何文军 责任编辑：何文军 安桂芳
责任校对：王 欣
北京富资园科技发展有限公司印刷
2025 年 12 月第 1 版 · 第 5 次印刷
184mm×260mm · 15.5 印张 · 379 千字
标准书号：ISBN 978-7-111-45835-7
定价：29.00 元

电话服务
客服电话：010-88361066
010-88379833
010-68326294

网络服务
机 工 官 网：www.cmpbook.com
机 工 官 博：weibo.com/cmp1952
金 书 网：www.golden-book.com
机工教育服务网：www.cmpedu.com

组 编 前 言

21 世纪是一个变幻难测的世纪，是一个催人奋进的时代，科学技术飞速发展，知识更替日新月异。希望、困惑、机遇、挑战随时随地都有可能出现在每一个社会成员的生活之中。抓住机遇，寻求发展，迎接挑战，适应变化的制胜法宝就是学习——依靠自己学习，终生学习。

作为我国高等教育组成部分的自学考试，其职责就是在高等教育这个水平上倡导自学、鼓励自学、帮助自学、推动自学，为每一个自学者铺就成才之路。组织编写供读者学习的教材就是履行这个职责的重要环节。毫无疑问，这种教材应当适合自学，应当有利于学习者掌握和了解新知识、新信息，有利于学习者增强创新意识、培养实践能力、形成自学能力，也有利于学习者学以致用，解决实际工作中所遇到的问题。具有如此特点的书，我们虽然沿用了“教材”这个概念，但它与那种仅供教师讲、学生听，教师不讲、学生不懂，以“教”为中心的教科书相比，已经在内容安排、编写体例、行文风格等方面都大不相同了。希望读者对此有所了解，以便从一开始就树立起依靠自己学习的坚定信念，不断探索适合自己的学习方法，充分利用已有的知识基础和实际工作经验，最大限度地发挥自己的潜能，以达到学习的目标。

欢迎读者提出意见和建议。

祝每一位读者自学成功！

全国高等教育自学考试指导委员会

2013 年 3 月

目　　录

消防安全管理概论自学考试大纲

消防安全管理概论

全国高等教育自学考试
消防管理专业(专科)

消防安全管理概论
自学考试大纲

（含考核目标）

全国高等教育自学考试指导委员会　制定

出版前言

为了适应社会主义现代化建设事业的需要，鼓励自学成才，我国在20世纪80年代初建立了高等教育自学考试制度。高等教育自学考试是个人自学、社会助学和国家考试相结合的一种高等教育形式。应考者通过规定的专业课程考试并经思想品德鉴定达到毕业要求的，可获得毕业证书；国家承认学历并按照规定享有与普通高等学校毕业生同等的有关待遇。经过30多年的发展，高等教育自学考试为国家培养造就了大批专门人才。

课程自学考试大纲是国家规范自学者学习范围、要求和考试标准的文件。它是按照专业考试计划的要求，具体指导个人自学、社会助学、国家考试、编写教材及自学辅导书的依据。

为更新教育观念，深化教学内容方式、考试制度、质量评价制度改革，更好地提高自学考试人才培养的质量，全国考委各专业委员会按照专业考试计划的要求，组织编写了课程自学考试大纲。

新编写的大纲，在层次上，专科参照一般普通高校专科或高职院校的水平，本科参照一般普通高校本科水平；在内容上，力图反映学科的发展变化以及自然科学和社会科学近年来研究的成果。

全国考委电子电工与信息类专业委员会参照普通高等学校消防安全管理概论课程教学基本要求，结合自学考试消防管理专业（专科）的实际情况，组织制定的《消防安全管理概论自学考试大纲》，经教育部批准，现颁发施行。各地教育部门、考试机构应认真贯彻执行。

全国高等教育自学考试指导委员会

2014年1月

Ⅰ. 课程性质与课程目标

一、课程性质和特点

“消防安全管理概论”是全国高等教育自学考试消防管理专业（专科）的必考课程之一，是消防管理专业（专科）的专业核心课程。

“消防安全管理概论”以火灾规律、防火技术、消防法规等为基础，具体介绍了消防安全管理职责、消防安全制度、消防安全教育、消防安全检查、火灾隐患认定与整改、消防安全重点管理、消防安全法律责任、典型场所消防安全管理、单位火灾事故管理、单位消防档案建设等知识，具有较强的实践指导性。

消防安全重在管理。通过本课程的学习，可以帮助人们增强消防安全意识，掌握消防安全管理的基本方法和内容，为开展消防安全管理工作奠定基础。

二、课程目标

课程的设置目标是使得考生能够：

1）熟悉和了解消防安全管理工作的方针、原则及管理中常用的消防法律依据。

2）熟悉消防安全制度建设的主要内容。

3）掌握社会各单位的消防安全职责以及社会单位申报有关行政许可的内容和程序。

4）熟悉消防安全教育内容、渠道和方式，掌握开展消防安全教育的基本技能。

5）学会运用消防安全检查表法开展防火检查，熟悉消防安全检查内容和手段，掌握单位组织开展消防安全检查的形式和流程。

6）熟悉火灾隐患认定的方法，掌握火灾隐患的整改措施和要求。

7）掌握消防安全重点单位、重点部位和重点工种管理的相关概念和要求。

8）理解消防安全法律责任及相关概念，重点掌握消防违法行为及其行政处罚。

9）熟悉典型场所消防安全管理、单位火灾事故管理、消防档案建设的主要内容。

三、与相关课程的联系与区别

学习本课程前，要求学生具备消防燃烧学基础、消防法规、防火工程概论、建筑消防设施等课程的消防安全知识基础。通过以上课程的学习，熟悉相关的消防专业知识后，再进行本课程的学习，便于领会、掌握消防安全管理的方法和内容。

四、课程的重点、次重点、一般内容和难点

本课程的重点是：消防安全教育的基本内容、渠道和方式；运用消防安全检查表法开展防火检查；单位开展消防安全检查的内容和流程；火灾隐患认定的方法，火灾隐患的整改措施和要求。本课程的次重点是：消防安全管理制度建设的主要内容；社会各单位的消防安全职责以及社会单位申报有关行政许可的内容和程序；典型场所消防安全管理的内容与方法。本课程的一般内容是：消防安全重点单位、重点部位和重点工种管理的相关概念和要求；消防违法行为及其行政处罚；单位火灾事故管理、单位消防档案建设的主要内容。本课程的难点是：火灾隐患认定的方法，火灾隐患的整改措施和要求。

Ⅱ. 考 核 目 标

本大纲在考核目标中，按照识记、领会、应用三个层次规定其应达到的能力层次要求。

三个能力层次是递进关系，各能力层次的含义是：

识记：要求考生能够识别和记忆本课程中有关消防安全管理的基本概念和理论的主要内容，并能够根据考核的不同形式和要求，做出正确的表述、选择和判断。

领会：要求考生能够领悟和理解本课程中有关消防安全管理概念和理论的内涵和外延，清楚知识点之间的区别和联系等，并能够根据考核的不同形式和要求，做出正确的判断、解释和说明。

应用：要求考生能够运用所掌握的消防安全管理理论与方法，对实际消防安全管理问题进行分析和论证，得出正确的结论或做出正确的判断，提高分析问题和解决问题的能力。

Ⅲ. 课程内容与考核要求

第一章　绪　　论

一、学习目的与要求

通过本章的学习，要求学员熟悉和了解消防安全管理的含义和作用，清楚并理解消防安全管理工作的方针、原则、主体、客体以及管理中常用的消防法律依据，了解消防安全管理的主要方法，为实现单位消防安全管理奠定理论基础。

二、课程内容

第一节　消防安全管理的含义与作用

一、消防安全管理的含义

二、消防安全管理的作用

第二节　消防安全管理的方针与原则

一、消防安全管理的方针

二、消防安全管理的基本原则

第三节　消防安全管理的主体与客体

一、消防安全管理的主体

二、消防安全管理的客体

第四节　消防安全管理的依据与方法

一、消防安全管理的依据

二、消防安全管理的方法

三、考核知识点与考核要求

（一）消防安全管理的含义与作用

识记：消防安全管理的作用。

领会：消防安全管理的含义。

（二）消防安全管理的方针与原则

识记：消防安全管理的方针。

领会：消防安全管理的基本原则。

应用：消防安全管理的方针与原则在单位消防安全管理中的贯彻与落实。

（三）消防安全管理的主体与客体

识记：消防安全管理的主体范围。

领会：消防安全管理的客体范围。

（四）消防安全管理的依据与方法

识记：消防安全管理的公共政策依据。

领会：消防安全管理的主要方法。

应用：①消防安全管理的法律依据；②消防安全管理的标准依据及其分类。

四、本章重点、难点

本章重点：消防安全管理的方针与原则；消防安全管理的主体与客体。

1）消防安全管理的方针与原则：消防安全管理的方针是“预防为主、防消结合”。其原则包括方向性原则、法制性原则、责任性原则、社会化原则、科学性原则和综合治理原则。

2）消防安全管理的主体是指负有消防安全管理职责的组织，包括人民政府、公安机关、公安机关消防机构、主管部门、社会单位、群众自治组织。

3）消防安全管理的客体有时也称消防安全管理相对人，是指在消防安全管理中与消防管理主体相对应的处于被管理地位的单位和个人，包括国家机关、社会团体、企事业单位、个体工商户、自然人。

本章难点：消防安全管理的依据；消防安全管理的方法。

1）消防安全管理的依据是指消防安全管理主体实施消防安全管理行为所依据的一系列规范的总称。消防安全管理的依据包括公共政策依据、法律依据和标准依据以及单位消防安全管理规章制度等。

2）消防安全管理的方法包括基本方法和技术方法两大类。其中，基本方法主要包括行政方法、法律方法、宣传教育方法、行为激励方法和其他方法；技术方法主要有 ABC 分类法、因果图分析法、事故树分析法、安全检查表法以及消防安全评价方法。

第二章　消防安全管理职责

一、学习目的与要求

通过本章的学习，熟悉政府及政府各部门的消防安全职责、社会各单位（社区）的消防安全职责、公民的消防安全权利和义务等，掌握社会单位申报有关消防行政许可的内容和程序，对实际消防安全管理工作具有很强的指导意义。

二、课程内容

第一节　消防安全管理组织

一、政府消防安全管理组织

二、非政府消防安全管理组织

第二节　政府及政府部门的消防安全职责

一、各级人民政府的消防安全职责

二、有关行政执法部门的消防监管职责

三、有关行业主管部门的消防安全职责

四、法律授权的其他特殊行业消防监管职责

第三节　社会各单位（社区）的消防安全职责

一、单位的消防安全职责

二、社区（居民委员会、村民委员会）的消防安全职责

三、新闻媒体的宣传与监督职责

四、社会单位申请有关行政许可、申报备案的内容和程序

第四节　公民的消防安全权利与义务

一、公民个人在消防安全管理中的地位

二、公民的消防安全权利

三、公民的消防安全义务

三、考核知识点与考核要求

（一）消防安全管理组织

识记：政府消防安全管理组织。

领会：消防社团组织；消防技术服务机构。

（二）政府及政府部门的消防安全职责

识记：①各级人民政府的消防安全职责；②有关行业主管部门的消防安全职责；③法律授权的其他特殊行业消防监管职责。

领会：有关行政执法部门的消防监管职责。

（三）社会各单位（社区）的消防安全职责

领会：①一般单位的消防安全职责；②消防安全重点单位的消防安全职责；③相关单位的消防安全职责划分；④社区（居民委员会、村民委员会）的消防安全职责。

应用：社会单位申请有关行政许可、申报备案的内容和程序。

（四）公民的消防安全权利与义务

识记：①公民的消防安全权利；②公民的消防安全义务。

领会：公民个人在消防安全管理中的地位。

四、本章重点、难点

本章重点：社会各单位的消防安全职责；社会单位申报有关行政许可的内容和程序。

1）社会各单位的消防安全职责包括一般单位的消防安全职责、消防安全重点单位的消防安全职责、相关单位的消防安全职责。

2）社会单位申报有关行政许可的内容和程序包括建设工程消防设计审核、验收及备案程序；公众聚集场所投入使用、营业的申报程序；举办大型群众性活动申报程序；被临时查封或停止施工、停止使用、责令停产停业，申请解除或恢复的程序。

本章难点：政府有关执法部门的消防安全职责。

政府有关执法部门包括公安机关消防机构、安全生产监督管理部门、建设行政主管部门、工商行政管理部门、质检行政管理部门、文化行政部门等，它们在各自的职权范围内依法实施消防监管职责。

第三章　消防安全制度

一、学习目的与要求

通过本章的学习，要求学员重点掌握各种制度的分类及其具体内容，熟悉制度及规程的制定要求，结合文中给出的某公司消防安全责任制度、某宾馆消防安全管理制度以及某重点

企业的消防安全操作规程等实例，领会单位消防安全制度的建设内容和方法。

二、课程内容

第一节　消防安全责任制度

一、消防安全责任制度的含义

二、消防安全责任制度的种类及内容

三、消防安全责任制度的制定与落实

第二节　消防安全管理制度

一、消防安全管理制度的含义

二、消防安全管理制度的种类及内容

三、消防安全管理制度的制定要求

第三节　消防安全操作规程

一、消防安全操作规程的含义

二、消防安全操作规程的种类及内容

三、消防安全操作规程的制定要求

三、考核知识点与考核要求

（一）消防安全责任制度

识记：消防安全责任制度的含义。

领会：消防安全责任制度的种类及内容。

应用：消防安全责任制度的制定。

（二）消防安全管理制度

识记：消防安全管理制度的含义。

领会：消防安全管理制度的种类及内容。

应用：消防安全管理制度的制定。

（三）消防安全操作规程

识记：消防安全操作规程的含义。

领会：消防安全操作规程的种类及内容。

应用：消防安全操作规程的制定。

四、本章重点、难点

本章重点：单位消防安全制度的分类；单位各类消防安全制度的种类及具体内容。

1）单位消防安全制度按照其内容分为消防安全责任制度、消防安全管理制度以及消防安全操作规程三类。

2）单位消防安全责任制度分为单位消防安全责任制度和各类人员消防安全责任制度两大类。责任制度的内容包括单位总体的消防安全责任分工；单位消防安全责任人职责；专（兼）职消防安全管理人员职责；自动消防系统操作人员职责；专职消防队员职责；志愿消防队员职责；单位其他岗位员工职责等。

3）单位消防安全管理制度的种类包括消防安全教育、培训制度；防火检查、巡查制度；安全疏散设施管理制度；消防（控制室）值班制度；消防设施、器材维护管理制度；火灾隐患整改制度；用火、用电安全管理制度；易燃易爆危险品和场所防火防爆管理制度；专职和志愿消防队的组织管理制度；灭火和应急疏散预案演练制度；燃气和电气设备的检查、管理（包括防雷、防静电）制度；消防安全工作考评和奖惩制度以及其他必要的制度。以上各制度的具体内容包括责任部门、责任人和职责以及制度相关的其他内容。

4）单位消防安全操作规程的种类主要包括消防设施操作规程（包括消防控制室、消防水泵房、消防电梯等）；变（配）电设备操作规程；电气线路安装操作规程；设备安装操作规程；燃油、燃气设备及压力容器使用操作规程；电焊、气焊操作规程；其他有关消防安全操作规程。各项消防安全操作规程的具体内容包括岗位人员应具备的资格；设施、设备的操作方法和程序、检修要求；容易发生的问题及处置方法；操作注意事项等主要内容。

本章难点：单位消防安全制度的制定。

单位消防安全制度包括责任制度、管理制度和操作规程，各类制度根据规定都有其规范的建设内容，与此同时，要结合各单位消防安全工作实际细化内容，确保制度内容的可操作性。

第四章　消防安全教育

一、学习目的与要求

通过本章的学习，重点掌握消防安全教育工作者应具备的基本技能，深入理解各种消防安全教育渠道以及教育方式的特点，熟悉消防安全教育的基本内容。

二、课程内容

第一节　消防安全教育内容

　　一、消防安全教育的基本内容

　　二、不同教育对象的消防安全教育内容

　　三、消防安全教育内容设计要求

第二节　消防安全教育渠道和方式

　　一、消防安全教育的渠道

　　二、消防安全教育的方式

　　三、开展消防安全教育的要求

第三节　消防安全教育工作者的素质要求

　　一、消防安全教育工作者的基本能力要求

　　二、消防安全教育工作者的基本技能要求

三、考核知识点与考核要求

（一）消防安全教育内容

识记：消防安全教育的基本内容。

领会：消防安全教育内容设计要求。

应用：能够根据不同教育对象的工作职责选择有针对性的消防安全教育内容。

（二）消防安全教育渠道和方式

识记：消防安全教育的渠道。

领会：各种消防安全教育方式和开展消防安全教育的要求。

应用：能够根据消防安全教育对象的特点、教育的具体内容以及客观条件，选择恰当的消防安全教育形式。

（三）消防安全教育工作者的素质要求

领会：消防安全教育工作者的基本能力要求。

应用：能够熟练掌握和运用消防安全教育的基本技能。

四、本章重点、难点

本章重点：消防安全教育的基本内容；消防安全教育的渠道和方式。

1）消防安全教育的内容由于教育对象的广泛性而涉及面广、内容丰富。《社会消防安全教育培训规定》规定了消防安全教育的基本内容为五个方面。同时，针对不同的消防安全教育对象，教育内容也有所区别，在消防安全教育实践中应根据教育对象的岗位职责和涉及的消防工作内容，有针对性地选择具体的消防安全教育内容。

2）消防安全教育的渠道是开展消防安全教育的各种途径，消防安全教育方式是可以采用的各种教育手段，消防安全教育渠道和方式的组合运用就构成了多种多样的消防安全教育形式。消防安全教育的渠道主要有通过新闻媒体宣传，建设消防安全教育基地，结合职业技能或岗位教育培训，纳入基础教育教学内容，召开消防安全教育会议，开发消防文化艺术作品，聘请消防形象大使。消防安全教育的方式主要有开展消防安全教育活动，张贴消防安全标语，设置消防安全标志，开设消防安全知识讲座或培训授课。应深刻领会每种消防安全教育方式适用的教育内容，并根据具体情况选择、灵活组合消防安全教育的各种具体渠道和方式。

本章难点：消防安全教育工作者的基本技能要求。

消防安全教育是一项实践性较强的消防工作。消防安全教育工作者不仅需要掌握一定的消防专业知识，还应具备基础资料收集和整理、消防安全教育方案制定、消防新闻写作和培训授课等基本技能，并能够在消防安全教育实际工作中熟练运用。

第五章　消防安全检查

一、学习目的与要求

通过本章的学习，重点掌握单位开展消防安全检查的形式、内容、组织流程，深入理解单位开展消防安全检查要求，熟悉消防安全检查表的编制和消防安全检查实施手段。

二、课程内容

第一节　消防安全检查内容

一、消防安全制度

二、消防安全重点部位

三、消防设施和器材

四、建筑防火措施

五、消防安全教育

六、根据需要其他应检查的内容

第二节　消防安全检查表

一、消防安全检查表分析法的优点

二、消防安全检查表的分类

三、消防安全检查表的格式

四、消防安全检查表的编制及使用

五、消防安全检查表应用举例

第三节　消防安全检查的实施手段

一、询问了解

二、查阅资料

三、实地查看

四、仪器检测

五、现场检验

第四节　消防安全检查的形式和流程

一、消防安全检查的形式

二、消防安全检查的组织流程

三、消防安全检查的要求

三、考核知识点与考核要求

（一）消防安全检查内容

识记：①消防安全制度的检查内容；②消防安全重点部位的检查内容；③消防设施和器材的检查内容；④建筑防火措施的检查内容；⑤消防安全教育的检查内容；⑥根据需要其他应检查的内容。

（二）消防安全检查表

识记：①消防安全检查表的分类；②消防安全检查表的格式。

领会：消防安全检查表分析法的优点。

应用：能够编制和应用消防安全检查表。

（三）消防安全检查的实施手段

应用：能够运用各种消防安全检查实施手段进行检查。

（四）消防安全检查的形式和流程

识记：消防安全检查的形式。

领会：消防安全检查的要求。

应用：能够组织开展防火巡查和定期防火检查。

四、本章重点、难点

本章重点：消防安全检查的内容；消防安全检查的实施手段。

1）《单位消防安全管理规定》列举了单位开展防火检查的12项内容，可概括为六个方面：①消防安全制度；②消防安全重点部位；③消防设施和器材；④建筑防火措施；⑤消防安全教育；⑥根据需要其他应检查的内容。实践中单位开展消防安全检查应根据实际情况和检查的组织形式灵活确定。重点是掌握每方面检查内容的具体检查项目及其合格标准。

2）消防安全检查的实施手段是检查的具体措施，主要有询问了解、查阅资料、实地查看、仪器检测、现场检验。检查手段选取正确与否，直接关系到检查的效果，应重点掌握每种消防安全检查手段适用的检查内容和注意事项。

本章难点：消防安全检查表的格式和编制。

消防安全检查表分析法是安全检查中常用的基本方法。应熟悉消防安全检查表的基本格式中7个项目的编写要求；并能够根据具体检查内容的需要，按照检查表编制的5个步骤和编制要求进行编制。

第六章　火灾隐患认定与整改

一、学习目的与要求

通过本章的学习，重点掌握火灾隐患的含义和分级，深入理解火灾隐患的整改措施和要求，熟悉火灾隐患认定的方法。

二、课程内容

第一节　火灾隐患认定

一、火灾隐患的含义和特征

二、火灾隐患的分级

三、火灾隐患的认定方法

第二节　火灾隐患整改

一、单位火灾隐患整改措施

二、监管部门督促火灾隐患整改措施

三、火灾隐患整改的程序

四、火灾隐患整改的要求

三、考核知识点与考核要求

（一）火灾隐患认定

识记：①火灾隐患的含义；②火灾隐患的特征。

领会：火灾隐患的分级。

应用：能够准确查找和认定火灾隐患。

（二）火灾隐患整改

领会：①监管部门督促火灾隐患整改措施；②火灾隐患整改的要求。

应用：能够采取有效措施，组织实施火灾隐患整改。

四、本章重点、难点

本章重点：火灾隐患的含义；火灾隐患的分级；火灾隐患整改措施。

1）火灾隐患的含义是认定火灾隐患的基础。火灾隐患主要表现为三个方面，火灾隐患具有隐蔽性、综合性和动态性，应重点理解。

2）根据引发火灾的可能性大小和可能造成的危害程度不同，火灾隐患可分为一般火灾隐患和重大火灾隐患。火灾隐患分级的目的是为了采取区别措施，加强重点管理。

3）火灾隐患整改措施包括单位自身整改火灾隐患的措施和监管部门督促整改火灾隐患的措施两个方面，其中单位自身整改火灾隐患的措施有三个方面，监管部门督促整改火灾隐患的措施有五个方面。这些整改措施之间并非孤立的，而是相互联系的。

本章难点：火灾隐患的认定。

火灾隐患的认定可以采用三种方法，根据《消防监督检查规定》的列举情形直接认定，根据火灾隐患定义进行分析判定，采用消防安全评估方法认定。重大火灾隐患是在火灾隐患认定的基础上依据《重大火灾隐患判定方法》（GA 653—2006）提供的重大火灾隐患直接判定方法或综合判定方法进行判定。

第七章　消防安全重点管理

一、学习目的与要求

通过本章的学习，重点掌握消防安全重点管理的概念、消防安全重点单位管理和重点部位管理的要求，深入理解消防安全重点管理的内涵及具体应用的思路，熟悉消防安全重点工种、动火作业管理的相关概念和管理要求。

二、课程内容

第一节　消防安全重点单位管理

一、单位及消防安全重点单位的概念

二、消防安全重点单位的界定标准

三、消防安全重点单位的管理要求

第二节　消防安全重点部位管理

一、消防安全重点部位的概念

二、消防安全重点部位的确定

三、消防安全重点部位的管理要求

第三节　消防安全重点工种管理

一、消防安全重点工种的概念

二、消防安全重点工种的火灾危险性

三、消防安全重点工种的管理要求

四、常见重点工种岗位人员消防安全职责

第四节　动火作业消防安全管理

一、动火作业的概念

二、动火作业的消防安全管理要求

三、动火作业相关人员的职责

四、“动火证”的管理

三、考核知识点与考核要求

（一）消防安全重点单位管理

识记：消防安全重点单位的概念。

领会：消防安全重点单位的管理要求。

应用：能够制定消防安全重点单位消防安全相关制度。

（二）消防安全重点部位管理

识记：①消防安全重点部位的概念；②消防安全重点部位的确定。

领会：消防安全重点部位的管理要求。

应用：能够正确判定给定单位的消防安全重点部位。

（三）消防安全重点工种管理

识记：①消防安全重点工种的概念；②消防安全重点工种的火灾危险性。

领会：消防控制室操作人员的消防管理要求。

应用：能够根据给定工种制定相关消防安全管理制度。

（四）动火作业消防安全管理

识记：动火作业的概念。

领会：动火作业的消防安全管理要求。

应用：能够根据给定动火作业情形确定现场消防安全管理措施。

四、本章重点、难点

本章重点：消防安全重点单位的管理要求；消防安全重点部位的管理要求。

1. 消防安全重点单位的管理要求

依据《消防法》和《单位消防安全管理规定》，消防安全重点单位除了要履行一般单位的消防安全职责外，还要履行消防安全专门职责。总结归纳后重点单位应主要从以下几个方面履行消防安全职责，加强消防安全管理：一是确定消防安全责任人、管理人和归口管理部门；二是建立消防档案；三是实行每日防火巡查；四是按要求进行防火检查；五是做好消防设施、器材的维护保养；六是及时整改火灾隐患；七是须按要求对员工进行消防安全宣传教育和培训；八是制定灭火和应急疏散预案；九是组织消防演练。

2. 消防安全重点部位的管理要求

①确定重点部位并设置明显标志；②建立相关制度；③建立火灾应急预案；④配备消防设施和器材；⑤严格人员管理；⑥做好防火检查、巡查；⑦实行动态管理。

本章难点：消防安全重点单位的管理要求。

消防安全重点单位的管理要求看起来虽然条理清晰，但每一条都内容丰富，需要加以分析和深入理解，掌握起来具有一定的难度。学习中可借鉴《消防法》和相关法律法规对于单位消防安全职责的相关规定。

第八章　消防安全法律责任

一、学习目的与要求

通过本章的学习，重点掌握消防违法行为及其行政处罚，深入理解消防安全法律责任及其相关概念，熟悉消防刑事责任的相关内容。

二、课程内容

第一节　消防安全法律责任概述

　　一、消防安全法律责任的构成要件

　　二、消防安全法律责任的主要形式

第二节　消防行政责任

　　一、消防行政责任的分类

　　二、消防违法行为及其行政处罚

第三节　消防刑事责任

　　一、消防刑事责任的犯罪构成要件

　　二、消防刑罚的种类

　　三、消防刑事责任的主要内容

三、考核知识点与考核要求

（一）消防安全法律责任概述

识记：消防安全法律责任的主要形式。

领会：消防安全法律责任的构成要件。

（二）消防行政责任

识记：①消防行政责任的分类；②消防行政处分的种类。

领会：①消防行政处罚的种类；②消防违法行为及其行政处罚。

应用：能够正确判定消防违法行为及其行政处罚。

（三）消防刑事责任

识记：①消防刑事责任的犯罪构成要件（概念）；②除失火罪和消防责任事故罪外其他列举罪名的概念、犯罪构成和刑罚。

领会：失火罪和消防责任事故罪的犯罪构成。

应用：能够根据案情正确判定失火罪和消防责任事故罪。

四、本章重点、难点

本章重点：消防违法行为及其消防行政处罚；失火罪和消防责任事故罪。

1. 消防违法行为及其消防行政处罚

消防违法行为是指违反《消防法》的规定，应当承担法律责任的行为。

消防行政处罚是指消防行政主体为维护公共消防安全，依法对违反消防法律法规而尚未构成犯罪的行政相对人实施的一种法律制裁措施。消防行政处罚的种类包括警告，罚款，没收违法所得，责令停产停业，责令停止施工、停止使用，责令停止执业或者吊销相应资质、资格，拘留。行政处罚的实施主体是指对消防违法行为作出行政处罚的决定机关，也称执法主体，是指有权实施消防行政处罚和负责追究有关法律责任的国家行政机关。《消防法》第 70 条第 1 款规定："本法规定的行政处罚，除本法另有规定的外，由公安机关消防机构决定；其中拘留处罚由县级以上公安机关依照《中华人民共和国治安管理处罚法》的有关规定决定。"

2. 失火罪和消防责任事故罪

失火罪是指由于行为人的过失引起火灾，造成严重后果，危害公共安全的行为。失火罪侵犯的客体是公共安全，即不特定多数人的生命、健康或重大公私财产的安全。失火罪在客观方面表现为行为人实施引起火灾，造成严重后果，危害公共安全的行为。失火罪的主体为一般主体，凡达到法定刑事责任年龄、具有刑事责任能力的人均可成为本罪主体。失火罪在主观方面表现为过失。

消防责任事故罪是指违反消防管理法规，经消防监督机构通知采取改正措施而拒绝执行，造成严重后果的行为。消防责任事故罪侵犯的客体是国家的消防监督管理制度和公共安全。消防责任事故罪的客观方面表现为行为人违反消防管理法规，经消防监督机构通知采取改正措施而拒绝执行，造成严重后果的行为。消防责任事故罪的主体为特殊主体，即指那些对消防安全负有直接责任的人员。消防责任事故罪在主观方面表现为过失。

本章难点：消防违法行为及消防行政处罚。

《消防法》中对消防违法行为及其行政处罚作出了具体的规定，但由于内容较多，不易掌握。本章将其归类为九个方面方便记忆和理解，可对照《消防法》法律责任一章的条文进行学习。

第九章　典型场所消防安全管理

一、学习目的与要求

通过本章的学习，熟悉宾馆、商场、公共娱乐场所、学校、社区、建筑工地等典型场所的火灾危险性，了解各场所的基本防火要求，掌握各场所的消防安全管理组织、消防安全管理制度及消防安全教育等内容。在本章学习过程中，要结合上述各典型场所的实际情况。

二、课程内容

第一节　宾馆消防安全管理

一、宾馆的火灾危险性

二、宾馆的基本防火要求

三、宾馆消防安全管理组织

四、宾馆消防安全管理制度

五、宾馆消防安全教育

第二节　商场消防安全管理

一、商场的火灾危险性

二、商场的基本防火要求

三、商场消防安全管理组织

四、商场消防安全管理制度

五、商场消防安全教育

第三节　公共娱乐场所消防安全管理

一、公共娱乐场所的火灾危险性

二、公共娱乐场所的基本防火要求

三、公共娱乐场所消防安全管理组织

四、公共娱乐场所消防安全管理制度

五、公共娱乐场所消防安全教育

第四节　学校消防安全管理

一、学校的火灾危险性

二、学校的基本防火要求

三、学校消防安全管理组织

四、学校消防安全管理制度

五、学校消防安全教育

第五节　社区消防安全管理

一、社区居民火灾成因分析

二、社区消防工作

三、社区消防建设

四、社区消防安全管理制度

五、社区消防安全教育

第六节　建筑工地消防安全管理

一、建筑工地火灾成因分析

二、建筑工地基本防火要求

三、建筑工地消防安全责任制及岗位职责

四、建筑工地消防安全管理制度

五、建筑工地消防安全教育

三、考核知识点与考核要求

（一）宾馆消防安全管理

识记：宾馆的火灾危险性。

领会：①宾馆的基本防火要求；②宾馆消防安全管理组织。

应用：①宾馆应建立的消防安全管理制度；②宾馆开展消防安全教育的主要内容和形式。

（二）商场消防安全管理

识记：商场的火灾危险性。

领会：①商场的基本防火要求；②商场消防安全管理组织。

应用：①商场应建立的消防安全管理制度；②商场开展消防安全教育的主要内容和形式。

（三）公共娱乐场所消防安全管理

识记：公共娱乐场所的火灾危险性。

领会：①公共娱乐场所的基本防火要求；②公共娱乐场所消防安全管理组织。

应用：①公共娱乐场所应建立的消防安全管理制度；②公共娱乐场所开展消防安全教育的主要内容和形式。

（四）学校消防安全管理

识记：学校的火灾危险性。

领会：①学校的基本防火要求；②学校消防安全管理组织。

应用：①学校应建立的消防安全管理制度；②学校开展消防安全教育的主要内容和形式。

（五）社区消防安全管理

识记：社区居民火灾成因分析。

领会：①社区消防工作；②社区消防建设。

应用：①社区应建立的消防安全管理制度；②社区开展消防安全教育的主要内容和形式。

（六）建筑工地消防安全管理

识记：建筑工地火灾成因分析。

领会：①建筑工地基本防火要求；②建筑工地各主要岗位职责。

应用：①建筑工地应建立的消防安全管理制度；②建筑工地开展消防安全教育的主要内容和形式。

四、本章重点、难点

本章重点：火灾危险性分析；消防安全管理组织；消防安全教育的内容。

1）在掌握本章列举的几个典型场所的火灾危险性的同时，学会分析不同场所火灾危险性的基本方法。

2）针对场所的特点，如何建立、健全消防安全管理组织，是做好消防工作的关键。

3）针对场所的特点，明确开展消防安全教育的主要内容。

本章难点：结合场所火灾危险性，制定防火要求；应建立、健全的消防安全管理制度。

1）在分析不同场所火灾危险性的基础上，制定防火基本要求，并能据此对场所的消防安全状况进行简单的检查和分析。

2）针对场所的特点，分析其应建立、健全哪些消防安全管理制度。

第十章　单位火灾事故管理

一、学习目的与要求

通过本章的学习，要求学员重点掌握单位灭火与应急疏散预案的内容，正确的火灾报警方法以及火场中人与物资的安全疏散要求；掌握单位常见火灾事故原因分析以及起火单位在火灾事故调查与处理中的职责。在此基础上，总结火灾事故教训，提出单位火灾事故的防控措施，进一步提高单位消防安全管理水平。

二、课程内容

第一节　单位火灾事故预警与预案建设

一、单位火灾事故预警的含义

二、单位火灾事故预警措施

三、单位灭火与应急疏散预案的制定与演练

第二节　单位火灾事故应急处置

一、报告火警

二、扑救初起火灾

三、安全疏散

第三节　单位火灾事故的调查与处理

一、单位火灾事故调查的任务

二、单位火灾事故原因分析

三、单位火灾事故责任人员的处理

四、总结经验教训，制定火灾防控措施

五、起火单位在火灾事故调查、处理中的职责

第四节　单位火灾事故统计

一、火灾事故等级分类

二、火灾统计的基本任务

三、公安部门火灾统计的分工与要求

四、公安部门火灾统计的范围和内容

五、起火单位的火灾统计管理

三、考核知识点与考核要求

（一）单位火灾事故预警与预案建设

识记：①单位火灾事故预警的含义；②单位火灾事故预警措施。

领会：单位灭火与应急疏散预案制定与演练的程序。

应用：①单位灭火与应急疏散预案的内容；②单位灭火与应急疏散预案演练的要求。

（二）单位火灾事故应急处置

识记：初起火灾扑救的基本原则与指挥要点。

领会：火场中人与物资的安全疏散方法和要求。

应用：火灾报警对象、内容及方法。

（三）单位火灾事故的调查与处理

识记：单位火灾事故责任人员的处理。

领会：①火灾事故调查的任务；②起火单位在火灾事故调查、处理中的职责。

应用：①火灾事故原因分析；②单位火灾事故防控措施。

（四）单位火灾事故统计

识记：①公安部门火灾统计的分工与要求；②公安部门火灾统计的范围和内容。

领会：①火灾事故等级分类；②火灾统计的基本任务。

应用：起火单位的火灾统计管理。

四、本章重点、难点

本章重点：单位灭火与应急疏散预案的内容；火灾事故等级分类；单位常见的火灾防控措施。

1）单位灭火与应急疏散预案的内容包括组织机构；报警和接警处置程序；应急疏散的组织程序和措施；扑救初起火灾的程序和措施以及通信联络、安全防护救护的程序和措施五个方面。

2）火灾事故等级分类。按照损失严重程度火灾事故分为特别重大火灾事故、重大火灾事故、较大火灾事故和一般火灾事故四个等级。

3）单位常见的火灾防控措施主要包括三个方面：①技术措施；②管理措施；③教育措施。

本章难点：单位火灾事故应急处置工作的主要内容；火灾事故调查与处理中起火单位的职责。

1）单位火灾事故应急处置工作的主要内容包括及时报警、初起火灾扑救、安全疏散三个方面。

2）火灾事故调查中起火单位的职责：①保护火灾现场；②组织安排调查访问对象；③如实提供有关文件资料；④统计财产损失和伤亡情况。

3）火灾事故处理中起火单位的职责：①查清火灾事故原因；②处理有关责任人员；③制定落实整改措施；④吸取经验教训。

第十一章　单位消防档案建设

一、学习目的与要求

通过本章的学习，使学员熟练掌握单位消防档案的基本内容和格式，掌握消防档案建设的方法和步骤，并能够依据消防档案的基本格式和内容，结合单位实际，进行单位消防档案的建设与管理。

二、课程内容

第一节　单位消防档案概述

　　一、消防档案的含义

　　二、消防档案的作用

　　三、消防档案的内容与格式

　　四、消防档案常用表格式样

第二节　单位消防档案的建设与管理

一、单位消防档案的建设步骤

二、单位消防档案的日常管理

三、考核知识点与考核要求

（一）单位消防档案概述

识记：消防档案的作用。

领会：①消防档案的含义；②消防档案的格式。

应用：单位消防档案的基本内容。

（二）单位消防档案的建设与管理

领会：单位消防档案的日常管理。

应用：单位消防档案的建设具体步骤及各步骤的具体内容。

四、本章重点、难点

本章重点：单位消防档案的基本内容。

单位消防档案的基本内容包括消防安全基本情况和消防安全管理情况两个方面。消防安全基本情况主要是指单位消防安全的各类基本信息，如单位基本概况和消防安全重点部位情况、消防管理组织机构和消防安全管理人、各项消防安全制度等。消防安全管理情况主要是用以体现单位日常消防安全管理工作的各种记录，如防火检查、巡查记录、火灾隐患整改记录等。

本章难点：单位消防档案建设的基本步骤及各步骤的具体内容。

单位消防档案建设通常分四个步骤完成。一是档案材料收集；二是档案材料鉴定；三是材料整理与立卷；四是制作索引并登记存档。各个阶段根据需要，选择恰当的方法，完成相应的工作内容。

Ⅳ. 关于大纲的说明与考核实施要求

一、自学考试大纲的目的和作用

“消防安全管理概论”自学考试大纲是根据专业自学考试计划的要求，结合自学考试的特点而确定的。其目的是对个人自学、社会助学和课程考试命题进行指导和规定。

“消防安全管理概论”自学考试大纲明确了课程学习的内容以及深广度，规定了课程自学考试的范围和标准。因此，它是编写自学考试教材和辅导书的依据，是社会助学组织进行自学辅导的依据，是自学者学习教材、掌握课程内容知识范围和程度的依据，也是进行自学考试命题的依据。

二、课程自学考试大纲与教材的关系

“消防安全管理概论”自学考试大纲是进行学习和考核的依据，教材是学习掌握课程知识的基本内容与范围，教材的内容是大纲所规定的课程知识和内容的扩展与发挥。

三、关于自学教材

《消防安全管理概论》，全国高等教育自学考试指导委员会组编，黄金印主编，机械工业出版社出版，2014 年版。

四、关于自学要求和自学方法的指导

本大纲的课程基本要求是依据专业考试计划和专业培养目标而确定的。课程基本要求还明确了课程的基本内容以及对基本内容掌握的程度。基本要求中的知识点构成了课程内容的主体部分。

为了有效地指导个人自学和社会助学，本大纲已指明了课程的重点和难点，在各章的基本要求中也指明了其学习的重点和难点。

本课程共6学分（包括实践1学分。“实践性环节考核实施方案”见本大纲第Ⅵ部分）。

五、对社会助学的要求

（一）帮助自学者掌握本课程的重点内容，形成系统的知识体系

助学者在辅导时帮助自学者掌握全部考核知识点的内容，按照学习目标和考核要求中的不同层次要求对各章的重点内容进行梳理和讲解，对难点问题进行细致分析。

（二）注意培养自学者的应用能力

“消防安全管理概论”是一门应用性、实践性很强的课程，助学者在帮助自学者掌握课程重点内容的基础上，应强调理论联系实际，通过案例引入等方法提高自学者的学习兴趣，并注重知识点在消防安全管理工作中的具体应用，帮助自学者进行案例分析以便深入理解课程内容，从而提高从业人员消防安全管理的能力。

六、对考核内容的说明

本课程要求考生学习和掌握的知识点内容都作为考核的内容。课程中各章的内容均由若干知识点组成，在自学考试中成为考核知识点。因此，课程自学考试大纲中所规定的考试内容是以分解为考核知识点的方式给出的。由于各知识点在课程中的地位、作用以及知识自身的特点不同，自学考试对各知识点分别按三个认知层次确定其考核要求。

七、关于考试命题的若干规定

1）本课程为闭卷笔试。满分为100分，60分为及格线。考试时间为150分钟。除规定用笔外，不需要携带其他工具。

2）本大纲各章所规定的基本要求、知识点及知识点下的知识细目，都属于考核的内容。考试命题既要覆盖到章，又要避免面面俱到。要注意突出课程的重点、章节重点，加大重点内容的覆盖度。

3）命题不应有超出大纲中考核知识点范围的题目，考核目标不得高于大纲中所规定的相应的最高能力层次要求。命题应着重考核自学者对基本概念、基本知识和基本理论是否了解或掌握，对基本方法是否会用或熟练。不应出与基本要求不符的偏题或怪题。

4）本课程在试卷中对不同能力层次要求的分数比例大致为：识记占30%，领会占30%，应用占40%。

5）要合理安排试题的难易程度，试题的难度可分为：易、较易、较难和难四个等级。每份试卷中不同难度试题的分数比例一般为：2:3:3:2。

必须注意试题的难易程度与能力层次有一定的联系，但两者不是等同的概念。在各个能力层次中对于不同的考试都存在着不同的难度。

6）课程考试命题的主要题型一般有单项选择题、简答题、分析论述题和案例分析题等题型。各种题型的具体形式，可参见本大纲第Ⅴ部分。

Ⅴ. 题 型 举 例

一、单项选择题（在每题的四个备选项中只有一个是符合题目要求的，请将其代码填

写在括号内。错选、多选或未选均无分。)

1. 以下不属于消防安全教育培训内容设计要求的是 【 】

A. 普遍性　　B. 真实性

C. 知识性　　D. 针对性

2. 以下关于火灾隐患描述错误的是 【 】

A. 火灾隐患根据其发生的可能性大小和危害程度可分为两级，一般火灾隐患和重大火灾隐患

B. 火灾隐患的认定不是一成不变的，是动态变化的

C. 火灾隐患都是由消防违法行为造成的

D. 及时发现和消除火灾隐患是单位的法定职责

二、简答题

1. 简述单位消防安全责任制度的主要内容。

2. 简述消防档案的日常管理要求。

三、分析论述题

1. 根据你单位的实际情况组织一次对新入职员工的消防安全培训，请你确定培训的内容、方式，并拟订一份培训计划。

2. 商场有何火灾危险性？应如何做好其消防安全管理工作？

四、案例分析题

案例：公安消防支队消防监督检查员对某高层酒店进行检查，在对火灾自动喷淋系统末端试水时发现水力警铃不响，消防控制室也不能实现联动；对消火栓系统进行检查时发现，远程水泵不能成功启动供水。据查该单位没有定期对消防设施进行检测，也没有防火检查和隐患整改制度；同时发现该酒店的顶层设有 KTV 包房的歌舞厅，包房墙壁采用聚氨酯泡沫材料进行隔音处理，为扩大使用面积，用石膏板封闭了一个向下的安全疏散楼梯间。

问：1）该酒店存在哪些火灾隐患，理由是什么？

2）消防监督检查员可以采取哪些措施督促整改？

3）如果你是酒店的消防安全管理人，可以采取哪些具体措施整改火灾隐患，如何组织实施整改？

Ⅵ. 消防安全管理概论（实践）考核实施方案

一、教学考核目的

通过本课程的实践，使考生了解消防安全管理制度的基本内容，掌握检查消防安全管理制度的基本方法，能够判断并处理相关的消防安全管理问题。

二、教学考核内容

对商场、宾馆或化工企业等场所的消防安全管理制度的制定及其落实情况进行检查。

三、考核方式

考生自行选择某一单位，根据所学消防安全管理的内容和方法，利用一周时间，对该单位的消防安全管理制度的制定及其落实情况进行检查；并依据实践内容，撰写消防安全管理

检查报告。

四、考核标准

考生上交一份消防安全管理检查报告，要求内容完整、准确，条理清楚，层次分明。消防安全管理检查报告依据如下标准进行评分。满分为100分，60分为及格线。

消防安全管理概论（实践）考核标准

序号	内　容	分数
1	被检查单位(或部位)名称及基本情况	10
2	该单位的消防安全管理制度建立以及各项消防安全管理制度的落实情况	40
3	根据所学知识判定所检查单位的消防安全管理情况是否存在隐患,并说明理由。若存在隐患,提出对隐患的整改措施	40
4	报告结论判定正确,文字流畅,字数不少于800字	10

后　　记

本大纲是根据全国高等教育自学考试指导委员会电子电工与信息类专业委员会制定的《高等教育自学考试消防管理专业（专科）考试计划》和全国高等教育自学考试指导委员会《关于修订高等教育自学考试课程自学考试大纲的几点意见》的精神制定的。

本大纲提出初稿后，曾聘请专家通审，并由电子电工与信息类专业委员会在廊坊组织召开审稿会进行审稿，根据审稿会意见由编者进行了修改，最后由电子电工与信息类专业委员会定稿。

本大纲由黄金印教授编写。参加审稿并提出修改意见的有王增华高级工程师（西藏公安消防总队，主审）、屈震高级工程师（郑州市公安消防支队）、傅智敏教授（中国人民武装警察部队学院）。

对参与本大纲编写和审稿的各位专家表示感谢。

全国高等教育自学考试指导委员会
电子电工与信息类专业委员会
2014 年 1 月

全国高等教育自学考试指定教材
消防管理专业（专科）

消防安全管理概论

全国高等教育自学考试指导委员会　组编

编 者 的 话

消防安全与人们生产、生活的各个方面息息相关。大量的火灾事故表明，消防安全管理工作不到位是造成火灾发生的主要原因之一。只有加强消防安全管理，才能进一步强化人们的消防安全意识，促进各项消防安全规章制度的落实，调动各部门、各单位和广大群众做好消防安全工作的积极性，提高整体抗御火灾的能力，达到预防火灾和减少火灾危害、保护人身和财产安全、维护公共安全的目的。

“消防安全管理概论”是全国高等教育自学考试消防管理专业（专科）的核心课程之一。为了配合该课程自学考试的需要，编写了《消防安全管理概论》教材。在编写过程中，以国家现行的相关消防法律、法规、规章为基础，密切结合消防安全管理工作实际，注重增强教材的指导性、实用性和可操作性。本教材内容主要包括消防安全管理的方针、原则、依据与方法；消防安全管理职责；消防安全制度；消防安全教育；消防安全检查；火灾隐患认定与整改；消防安全重点管理；消防安全法律责任；典型场所消防安全管理；单位火灾事故管理；单位消防档案建设等。

本教材由中国人民武装警察部队学院黄金印教授任主编、岳庚吉编审任副主编。中国人民武装警察部队学院的韩海云编写了第一、二章，黄金印编写了第三、四章，岳庚吉编写了第五、六章，赵秀雯编写了第七、八章；广西柳州市公安消防支队的万绍杰编写了第九章；中国人民武装警察部队学院的孙斌编写了第十、十一章。全书由黄金印教授统稿。

本教材在编写过程中，参阅了同行们的文献资料，谨在此深表谢意。

由于编者水平有限，不足之处在所难免，敬请广大读者批评指正。

编　者

2014 年 1 月

第一章 绪　论

学习目标

1. 应了解、知道的内容

◇ 消防安全管理的作用。

2. 应理解、清楚的内容

◇ 消防安全管理的含义。

◇ 消防安全管理的方法。

3. 应掌握、学会的内容

◇ 消防安全管理的主体与客体。

◇ 消防安全管理的依据。

4. 应熟练掌握的内容

◇ 消防安全管理的方针。

◇ 消防安全管理的基本原则。

自学时数　6 学时。

老师导学

本章首先引入了消防安全管理的概念、作用以及消防安全管理工作的方针和原则，在此基础上，重点介绍了消防安全管理的主客体范围、管理的依据和方法。通过本章的学习，要求学员熟悉和了解消防安全管理的作用，清楚并理解消防安全管理工作的方针、原则、主体、客体以及管理中常用的消防法律依据，了解消防安全管理的主要方法，为实现单位消防安全管理奠定理论基础。

古人云："火善用之为福，不善用之为祸"。自从人类发现火并开始使用火之后，对火的正确使用和管理问题就摆在了人类的面前，且随着人类文明和科学技术的进步与发展，对火的管理要求也越来越高。加强全民消防安全素质教育，培养更多合格的消防安全管理人员，使其在各领域积极推行近似专业的消防安全管理，最大程度上研究"善用火"的方法和措施，消除"不善用之"的行为，对确保经济社会发展过程中各领域的消防安全有重要的现实意义。

第一节　消防安全管理的含义与作用

一、消防安全管理的含义

消防安全管理，简称消防管理。其含义包括涉及火灾预防和扑救的各有关事项。即指遵循火灾发生、发展规律及社会经济发展的规律，运用管理科学的原理和方法，为实现消防安全目标所进行的各种活动的总和。

消防安全管理包含消防行政主管部门及其他消防监督管理主体实施的消防监督管理和社会单位消防安全自我管理两部分。

二、消防安全管理的作用

通常火灾是一种破坏力很强的灾害事故，做好消防安全管理工作对保障公民的人身安全，保卫社会主义现代化建设具有重要的作用。具体来说加强消防安全管理工作是：

（一）保护公民生命财产安全的需要

火灾是严重危害人民生命财产安全的常见灾害之一。随着经济的发展，火灾各项指数总体呈上升趋势发展，群死群伤的火灾明显增多，居民住宅火灾仍然频繁，汽车火灾迅速增加。

【案例】 2009 年 6 月 5 日，成都市 9 路公交车遭人为纵火，造成 27 人死亡。2010 年 7 月 4 日，江苏无锡雪丰钢铁公司夜班车隧道内起火，造成 24 人死亡，19 人受伤。2011 年 7 月 22 日凌晨 4 点，京珠高速 35 座大客车燃烧，41 人死亡。2012 年 8 月 26 日卧铺客车追尾甲醇车，发生火灾致 36 人死亡。2012 年 10 月 1 日，载有德籍旅客的中型旅行车与大型集装箱车追尾，发生火灾致 6 人死亡，其中德国人 5 名，中国人 1 名。

在火灾发展过程中，一般情况下火灾会被控制在小范围内，人员有时间逃生。但由于一些建筑物，特别是公众聚集场所疏于消防安全管理，大量使用易燃可燃材料装修，疏散通道堵塞、消防设备失效现象严重，以致火灾迅速蔓延、损失扩大、人员大量伤亡。因此，必须加强消防安全管理，才能有效预防和减少火灾危害，确保公民生命财产的安全。

（二）保卫现代化经济建设的需要

在改革开放不断深入和社会主义市场经济持续发展的同时，也带来了一个严肃的课题，那就是如何让经济建设得到健康、安全的发展。其中有一个十分值得人们重视的问题：做好消防安全工作，保障现代化经济建设。因此，要始终把预防火灾放在首位，从思想上、组织上、制度上采取各种积极措施，以防止火灾的发生。建设一个车间、建造一幢高楼需要一两年，建设一片林场常需十几年、二十几年。但是一旦发生火灾，用不了多少时间，就会把人们长期辛勤劳动创造出来的财富化为灰烬。

【案例】 位于北京东三环路的中央商务区内，以“高、难、精、尖”著称的中央电视台新台址大楼于 2005 年 5 月 8 日正式开工建设，2009 年 1 月基本竣工，历时近 4 年。但 2009 年 2 月 9 日 21 时许，央视大楼配楼发生特大火灾事故，造成 1 人死亡，多人受伤，过火、过烟面积 21333m^2，直接经济损失近 1.6 亿元。2012 年 2 月 13 日 14 时，湖南省怀化通道侗族自治县独坡乡新丰、骆团两村发生特大火灾，大火整整烧了 5 个多小时，烧毁 230 多户人家的房屋，1100 多人受灾。一场大火，烧毁了人们一辈子的积蓄，灰烬之上是无声的哭泣和惋惜，美丽古朴的山村，城里人眼中的“世外桃源”，顷刻间只剩一片废墟。

应该说，做好消防安全管理工作就会使经济建设成果在很大程度上有了安全保障。尤其是随着我国现代化建设的迅猛发展，新材料、新设备和新工艺的广泛应用，用火、用电、用易燃化学物品的单位大量增多，新的不安全因素也不断增加，就更需要加强消防安全管理工作，以确保现代化建设事业的顺利进行。

（三）维护社会治安的需要

火灾危害程度随着经济社会发展而增加，这是客观规律。目前，我国虽然正处在经济建设高速发展时期，由于单位消防安全教育、安全检查、火灾隐患整改以及消防监督还不完备，加以人们消防安全意识淡薄，遇到火情缺乏处置经验，不能及时高效地应急处置，往往造成极大的人员伤亡和财产损失。

应该说，发生火灾不仅会给受害群众带来困难和不幸，也会给当地的社会治安带来一定的影响。因此，从维护社会治安的角度出发，也要求加强消防安全管理，以便减少这种治安灾害事故的发生。

消防安全管理涉及各行各业、千家万户，是全民事业。各级公安机关消防机构和社会单位应当本着高度负责的态度，把预防火灾作为自己应尽的责任，努力做好消防安全工作，大力减少和消除火灾的危害，创造良好的安全环境，确保社会秩序的稳定。

第二节　消防安全管理的方针与原则

一、消防安全管理的方针

消防安全管理作为消防工作的主要内容，其方针服从于《中华人民共和国消防法》（以下简称《消防法》）规定的消防工作方针，即“预防为主，防消结合”。该方针科学、准确地表达了“防”和“消”的辩证关系，反映了人类同火灾作斗争的客观规律，体现了我国消防安全管理的特色。

“预防为主”，就是要求消防安全管理工作立足于防患于未然，把预防火灾放在首位，积极贯彻落实各项防火措施，力求防止火灾的发生，实现本质安全。无数事实证明，只要人们有较强的消防安全意识，自觉遵守、执行消防法律、法规、规章以及消防技术规范，大多数火灾是可以预防的。因此，消防安全管理的首要任务是加强消防安全文化建设，营造消防安全氛围，通过消防安全教育与培训，提高全民消防安全意识和素质。

“防消结合”，是要求把同火灾作斗争的两个基本手段——防范和处置有机结合起来。因为，通过预防虽然可以防止大多数火灾的发生，但绝对杜绝火灾发生是不可能的，也是不现实的。而且随着科学技术的发展，新材料、新产品、新工艺不断出现，火灾不但不能杜绝，反而随着经济的发展会有所增加。所以，在做好预防火灾的同时，消防安全管理中必须切实做好扑救火灾的各项准备工作，一旦发生火灾，做到能够及时发现、有效扑救，最大限度地减少人员伤亡和财产损失。

防火和灭火是一个问题的两个方面，是辩证统一、相辅相成、有机结合的整体。

二、消防安全管理的基本原则

消防安全管理的基本原则是贯穿于消防安全管理工作中的基本准则和内在精神，是各管理主体在消防安全管理过程中应当遵循的准则。结合消防安全管理实践和《消防法》中关于我国消防工作基本原则的规定，消防安全管理的基本原则主要包括方向性原则、法制性原则、责任性原则、社会化原则、科学性原则和综合治理原则。

（一）方向性原则

社会消防安全管理的总体目标是：预防火灾和减少火灾危害，保护人身、财产安全，维护公共安全，保障社会经济协调、健康发展，为实现全面构建社会主义和谐社会的目标提供安全保障。消防安全管理工作的方向性原则是指为了达到全社会消防安全管理的总体目标，在政策上和业务上应该遵循的指导方针。

1. 政策上的方向性原则

消防安全是公共安全的重要组成部分，关系改革发展稳定大局，关系人民群众安居乐业。大力提升消防安全管理水平，是构建社会主义和谐社会的内在要求，是全社会的共同责任和义务。

2. 业务上的方向性原则

业务上的方向性原则是指坚持“预防为主，防消结合”的消防工作方针。在消防工作中，要把火灾预防放在首位，积极贯彻落实各项防火措施，力求防止火灾的发生。要求在千方百计预防火灾的同时，切实做好扑救火灾的各项准备工作，一旦发生火灾，能够及时发现、有效扑救，最大限度地减少人员伤亡和财产损失。

（二）法制性原则

法制性原则，又称依法管理原则，是指消防安全管理应当依照法律、法规的规定进行，防止随意性。消防监督执法部门依法行政，按照法律赋予的职责和权限实施消防安全监督检查，及时发现和纠正消防安全违法行为，从专业角度实施对社会的消防安全监督管理。机关、团体、企业、事业单位在消防安全管理中既是主体也是客体，当其作为主体实施消防安全管理时，应认真履行法律职责，如建立健全单位的消防安全管理制度，落实消防安全责任；加强消防设备设施建设，定期维护保养；加强员工消防安全教育与培训，提高其消防安全综合素质。当其作为客体接受执法部门消防安全监管时，应认真履行法定义务，按法律、法规的要求整改火灾隐患。

综上所述，法制性原则要求各级消防安全管理主体和相对人都能做到“有法可依、有章可循”和“有法必依，执法必严，违法必究”，使消防安全管理走上法制化轨道。

（三）责任性原则

责任性原则是指所有的责任主体和责任人都应当为自己职权范围内的事物承担责任。《消防法》明确规定，消防工作实行“消防安全责任制”。《机关、团体、企业、事业单位消防安全管理规定》（公安部令第 61 号）（以下简称《单位消防安全管理规定》）第 4 条规定，法人单位的法定代表人或非法人单位的主要负责人是本单位的消防安全责任人，对本单位的消防安全工作全面负责。规定体现了消防安全管理的责任性原则。

在消防安全管理实践中，责任性原则具体体现在“谁主管、谁负责；谁在岗、谁负责”的责任追究制度上。该制度的含义是指谁主管该项工作，谁就对该项工作中的消防安全工作负责；谁在工作岗位上，谁就对岗位上的消防安全工作负责。换言之，一个地区出了问题，就要追究该地区领导人的责任；一个部门出了问题，就要追究该部门领导人的责任；一个岗位出了问题，就要追究该岗位职工的责任。总之，“谁”负责的地区、部门、单位出了问题，“谁”就要对此负责；“谁”在工作岗位上出了问题，“谁”就要对此负责。通过贯彻“谁主管、谁负责；谁在岗、谁负责”的责任制度，可以促使各地区、各部门、各单位、各岗位充分发挥职能作用，自觉做好分内的消防安全管理工作，共同维护好社会消防安全。

（四）社会化原则

社会消防安全整体水平的高低取决于社会全体成员对消防工作的重视程度和参与管理的积极性，这一特点决定了消防安全管理工作必须实行社会化原则。消防安全管理工作是一项综合性的工作，需要政府及其职能部门的配合与协调，需要社会各界的广泛积极参与。因此，《消防法》第 2 条规定，消防工作实行“政府统一领导、部门依法监管、单位全面负责、公民积极参与”的原则，充分体现了我国消防工作社会化格局的发展要求。

（五）科学性原则

科学性原则要求消防安全管理在遵循客观规律的前提下，运用管理科学的理论和方法，结合消防安全特点实施有效管理、高效管理。首先，消防安全管理必须遵循火灾发生、发展的规律；火灾发生的因素随着经济的发展、生产技术领域的扩大和物质生活的提高而增加的规律；火灾成因与人们心理和行为相关的规律；火灾发生与行业、季节、时间相关的规律等。其次，消防安全管理要学习和运用管理科学的理论和方法，结合实践经验，采用现代化的技术手段和管理手段，提高工作效率和管理水平，取得最佳的管理效果。

（六）综合治理原则

消防安全管理在其管理主体、管理手段、管理内容上均表现出较强的综合性质。首先，在消防安全管理主体上，要求充分发挥各级政府、政府各部门、公安机关消防机构、社会各单位的作用，广泛发动和依靠群众积极参与消防工作的治理，形成齐抓共管的局面。其次，在消防安全管理手段上，要求治理火灾隐患时不仅要用法律手段，还要运用行政、经济、技术等手段，多管齐下，全面彻底消除火灾隐患。最后，在消防安全管理内容上，要把消防安全宣传、消防安全检查、火灾隐患整改、消防设施改善、消防演练等任务有机地结合起来。

第三节　消防安全管理的主体与客体

消防安全管理的主体、客体和对象是消防安全管理的三个基本要素。其中，消防安全管理主体研究的是“谁来管”的问题，消防安全管理客体研究的是“管谁”的问题，而消防安全管理对象研究的是“管什么”的问题。

一、消防安全管理的主体

消防安全管理主体是指负有消防安全管理职责的组织。由于消防安全管理涉及全社会所有的消防安全事务，所以消防安全管理主体是多元的和多层次的。主要包括：

（一）人民政府

《消防法》第 3 条规定，国务院领导全国的消防工作，地方各级人民政府负责本行政区域内的消防工作。这表明各级人民政府是消防安全管理的主体。此外，《消防法》第 70 条第 5 款规定，责令停产停业，对经济和社会生活影响较大的，由公安机关消防机构提出意见，并由公安机关报请本级人民政府决定。由此可见，各级人民政府还是具有执法权的监督管理主体。

（二）公安机关

公安机关是我国的行政机关，负责包括消防安全在内的公共安全事务的管理，依法行使国家公安行政执法权。我国公安机关按照从中央到地方的设置，分为公安部、公安厅（局）、公安处（局）、公安局（分局）和公安派出所。此外，铁路、交通、民航、林业部门中也设立了相应的公安机关。虽然具体的消防监督管理通常由公安机关消防机构实施，但对于特定的消防行政执法权限仍然由公安机关实施，如《消防法》第 70 条规定：“本法规定的行政处罚，除本法另有规定的外，由公安机关消防机构决定；其中拘留处罚由县级以上公安机关依照《中华人民共和国治安管理处罚法》的有关规定决定。”此外，《消防法》第53条规定：“公安派出所可以负责日常消防监督检查，开展消防宣传教育，具体办法由国务院公安部门规定”。《消防监督检查规定》（公安部令第120号）第四章对公安派出所如何开展日常消防监督检查和监督检查的具体内容和方式作出了明确规定。由此可以看出，各级公安机关是消防安全管理主体，且属于具有执法权的消防监督管理主体。

（三）公安机关消防机构

公安机关消防机构是公安机关设立的职能部门之一，是公安机关内部专门行使消防监督管理权的部门，根据法律授权可以以自己的名义独立执法。《消防法》第4条规定：“国务院公安部门对全国的消防工作实施监督管理。县级以上地方各级人民政府公安机关对本行政区域内的消防工作实施监督管理，并由本级人民政府公安机关消防机构负责实施。”由此可见，公安机关消防机构是地方各级人民政府消防监督管理权的实施者，是法律授权的消防监督管理主体。除了执行消防监督执法业务外，公安机关消防机构作为目前我国消防领域的专职部门，还承担着对社会的消防安全宣传教育、消防安全业务指导和培训等工作职责，因此，是非常重要的消防安全管理主体。

（四）主管部门

依据《消防法》的规定，县级以上人民政府其他有关部门在各自的职责范围内，依照相关法律、法规的规定做好消防安全管理工作。对于公安机关消防机构的监督管理，政府及其有关部门要依法予以支持。质量监管、工商、建设等部门，在消防执法工作中涉及消防产品生产、销售以及建设工程消防设计审核等工作的，要积极履职，结合各自职责要求，对发现的火灾隐患，依法查处或者移送、通报公安机关消防机构进行处理；教育、民政、铁路、交通、农业、文化、卫生、民航、广电、体育、旅游、文物、人防等部门，要建立健全消防安全工作领导机制和责任制，制定消防安全管理办法，定期组织消防安全专项检查，及时排查和整改火灾隐患。此外，依据《消防法》规定，军事设施的消防工作，由其主管单位监督管理，公安机关消防机构协助；矿井地下部分、核电厂、海上石油天然气设施的消防工作，由其主管单位监督管理。法律、行政法规对森林、草原的消防工作另有规定的，从其规定。

由此可见，上述政府有关部门是本单位、本系统消防安全管理的主体，同时承担着配合公安机关消防机构工作的职责。

（五）社会单位

每个单位本身都涉及消防安全管理问题，单位是自身消防安全管理的主体。《消防法》第16条第2款规定，单位的主要负责人是本单位的消防安全责任人。《单位消防安全管理规定》第4条也规定，法人单位的法定代表人或非法人单位的主要负责人是本单位的消防安全责任人，对本单位的消防安全工作全面负责。他们既是单位内部消防安全管理的主体，又是政府及其公安机关消防机构对单位实施消防监督管理的客体。

（六）群众自治组织

村民委员会、居民委员会是村民和居民自我管理、自我教育、自我服务的基层群众性自治组织，是社区、居民区、住宅小区、乡村消防安全管理工作的主体。《消防法》规定，村民委员会、居民委员会应当协助人民政府以及公安机关等部门，加强消防安全宣传教育；应当确定消防安全管理人，组织制定消防安全公约，进行消防安全检查；应当根据需要，建立志愿消防队等多种形式的消防组织，开展群众性自防自救工作。

二、消防安全管理的客体

消防安全管理的客体有时也称消防安全管理相对人，是指在消防安全管理中与消防管理主体相对应的处于被管理地位的单位和个人。由于消防安全管理主体的多元性和层次性，不同的消防安全管理主体所对应的消防安全管理客体不尽相同。主要包括以下方面：

（一）国家机关

国家机关是指管理国家事务的单位或机构。国家机关包括国家权力机关、国家行政机关和司法机关。虽然根据分工分别行使国家权力，但在消防安全问题上，这些机关都是消防安全管理的客体，都应当接受公安机关消防机构的监督和管理。

（二）社会团体

社会团体是指为一个共同的目的、利益而联合或正式组织起来的群体。社会团体主要包括：人民团体，如共青团、妇联等；社会公益团体，如红十字会；文艺团体，如艺术家协会；学术团体，如法学会；宗教团体，如佛教协会等。根据《消防法》规定，工会、共产主义青年团、妇女联合会等团体应当结合各自工作对象的特点，组织开展消防安全宣传教育，接受消防安全培训。

（三）企业、事业单位

企业是从事生产、运输、贸易等经济活动的单位。企业包括中资企业、外资企业和中外合资企业等。事业单位一般是指没有生产收入，由国家经费开支，不进行经济核算，为国家创造和改善生产条件，促进社会福利，满足人民文化、卫生等需要的组织，如教育事业单位、科技事业单位、文化事业单位、卫生事业单位、体育事业单位、新闻出版事业单位等。

根据消防法律、法规的规定，企业、事业单位在涉及消防事务的活动中，应当遵守消防法律、法规，接受消防行政执法主体的依法监督和有关部门的消防安全管理，从而成为消防管理的客体之一。

（四）个体工商户

根据《中华人民共和国民法通则》第 26 条规定，公民在法律允许的范围内，依法经核准登记，从事工商业经营的，为个体工商户。为确保消防安全，根据《消防监督检查规定》第 37 条的规定，有固定生产经营场所且有一定规模的个体工商户，应当纳入消防监督检查范围。由此可见，个体工商户也是消防安全管理的客体。

（五）自然人

消防安全管理的自然人包括我国公民和我国境内的外国人。

公民是指具有我国国籍并根据我国法律规定享有权利、承担义务的自然人。公民在消防行政法律关系中是十分重要的相对人，《消防法》中对公民应享有的权利和应承担的义务作了明确的规定。其次，在消防安全管理中，对应单位消防安全管理主体——单位的领导机构来说，其消防安全管理的相对人主要是本单位的职工和本单位的下级组织。

外国人包括外国公民和无国籍人。我国《宪法》第 32 条规定：“中华人民共和国保护在中国境内的外国人的合法权利和利益，在中国境内的外国人必须遵守中华人民共和国的法律。”在中国境内从事某些活动的外国人，有可能成为我国消防监督管理相对人。作为消防监督管理相对人的外国人与我国公民在消防行政管理活动中的法律地位是平等的。

第四节　消防安全管理的依据与方法

一、消防安全管理的依据

消防安全管理的依据是指消防安全管理主体实施消防安全管理行为所依据的一系列规范的总称。消防安全管理的依据包括公共政策依据、法律依据和标准依据以及单位消防安全管理规章制度等。

（一）公共政策依据

公共政策是党和政府等公共组织为解决社会公共问题，规范和指导机关、团体或个人的行动，在广泛参与下所制定的行为准则。

公共消防政策是党和政府等公共组织为满足社会的消防安全需要而制定的行为准则，属于公共政策的范畴，是管理消防工作的指导准则，它决定着消防监督管理活动的方向和目标。我国影响较大的公共消防政策主要有：1995 年 2 月 20 日国办发【1995】11 号，国务院办公厅转发的公安部《消防改革与发展纲要》；2006 年 5 月 10 日国发【2006】15 号，《国务院关于进一步加强消防工作的意见》；以及 2011 年 12 月 30 日国发【2011】46 号，《国务院关于加强和改进消防工作的意见》等，它们均在一定时期为我国消防工作的健康、稳定发展指明了方向。

【阅读链接】 从消防发展史来看，党中央、国务院历来高度重视消防工作，能结合社会发展各阶段的消防工作特点及消防安全形势，积极制定并出台相应的公共消防政策，引导和推动消防工作的发展方向。近五个“五年规划”期间，国务院都分别下发了关于加强消防工作的文件：“八五”期间的《消防改革与发展纲要》；“九五”期间的《关于认真贯彻消防法进一步加强消防工作的通知》；“十五”期间的《关于“十五”期间消防工作发展指导意见》；“十一五”期间的《关于进一步加强消防工作的意见》以及“十二五”期间的《关于加强和改进消防工作的意见》。这些政策性文件，对推动消防事业发展发挥了十分重要的作用。

（二）法律依据

法律是由国家制定、认可并由国家保证实施的，反映由特定物质生活条件决定的统治阶级意志，以权利和义务为内容，以确认、保护和发展统治阶级所期望的社会关系和社会秩序为目的的行为规范体系。消防法律依据体系包括宪法、法律、法律解释、行政法规、地方性法规、自治条例和单行条例、行政（部门）规章、地方政府规章。

1. 宪法

宪法是国家的根本大法，由国家最高权力机关——全国人民代表大会制定，是制定其他法律规范的依据，具有最高的法律地位，其他法律、法规、规章等都不得与宪法相抵触。宪法是消防监督管理的重要依据。

2. 法律

我国消防监督管理工作中，法律依据分为消防管理专门法律，与消防管理相关的法律和国家行政管理基本法律。

例如，《消防法》是目前我国消防管理的专门法律；《中华人民共和国安全生产法》（以下简称《安全生产法》)、《中华人民共和国治安管理处罚法》(以下简称《治安管理处罚法》)、《中华人民共和国产品质量法》(以下简称《产品质量法》) 等是消防监督管理中应用较多的相关法律;《中华人民共和国行政处罚法》(以下简称《行政处罚法》)、《中华人民共和国行政许可法》《中华人民共和国行政诉讼法》 和《中华人民共和国行政复议法》 等是消防管理中应用较多的国家行政管理基本法律。

3. 法律解释

法律解释，即全国人民代表大会常务委员会对狭义的法律作出的有关解释。

4. 行政法规

行政法规是由国务院根据宪法和法律制定并颁布的规范性文件。消防监督管理涉及的行政法规主要包括《森林防火条例》《草原防火条例》《危险化学品安全管理条例》《民用核设施安全监督管理条例》《特别重大事故调查程序暂行规定》 和《生产安全事故报告和调查处理条例》 等。

5. 地方性法规

地方性法规是由省、自治区、直辖市、较大市的人民代表大会及其常务委员会根据本行政区域的具体情况和实际需要，在不与宪法、法律、行政法规相抵触的前提下，制定并颁布的规范性文件。如《山东省消防条例》 和《上海市消防条例》。

6. 自治条例和单行条例

自治条例和单行条例是由民族区域自治地方的人民代表大会依照当地民族的政治、经济和文化特点，制定并颁布的规范性文件。

7. 部门规章

部门规章是由国务院各部委、中国人民银行、审计署和具有行政管理职能的直属机构，根据法律和国务院的行政法规、决定、命令，在本部门的权限范围内，制定并颁布的规范性文件。目前，作为消防监督管理依据的部门规章有 30 多部，常用的有:《建设工程消防监督管理规定》(公安部令第 119 号)、《消防监督检查规定》(公安部令第 120 号)、《火灾事故调查规定》(公安部令第 121 号)、《社会消防安全教育培训规定》《公安机关办理行政案件程序规定》《公共娱乐场所消防安全管理规定》《单位消防安全管理规定》 以及《集贸市场消防安全管理办法》 等。部门规章是消防监督管理主体日常执法中最常遵循的法律依据。

8. 地方政府规章

地方政府规章是由省、自治区、直辖市和较大市的人民政府，根据法律、行政法规和本省、自治区、直辖市的地方性法规，制定并颁布的规范性文件。作为消防监督管理依据的地方政府规章通常是有关消防安全管理的规范性文件。

以上是我国消防法律依据体系的主要内容，是消防行政部门进行社会监管以及社会各单位实现消防安全自我管理的主要依据。

(三) 标准依据

消防标准是国务院各部委或各地方政府部门依据《中华人民共和国标准化法》 的有关法定程序单独或联合制定颁发的，用以规范消防技术领域中人与物、物与物的科学技术关系的准则或标准。消防标准具有极强的科学性、技术性和可操作性。当这些标准在法律上被确认后，就成为技术法规，具有法律上的约束力。

【阅读链接】 《消防法》 第 9 条、第 26 条、第 27 条分别要求建设工程消防设计与施工，建筑构件、建筑材料以及室内装修、装饰材料的防火性能，消防产品的安装与使用等都要符合消防技术标准，从而使消防标准因为《消防法》的确认而具备了法律效力，成为消防监督管理的依据。据统计，现行《消防法》中，有19个条款涉及标准，有36处提到标准。

消防标准是消防科学管理的重要技术基础，是社会各单位在工程建设的设计、施工、生产管理、消防产品的生产销售以及公安机关消防机构实施消防监督管理的重要依据，对提高消防产品质量、合理调配资源、保护人身和财产安全以及创造经济效益和社会效益都有相当重要的作用。截至2013年11月，我国已发布实施的消防国家标准有240余部，消防行业标准160余部，消防技术规范30余部，消防地方标准240余部，合计680余部。目前，我国成立专门的全国消防标准化技术委员会，负责制定和出台各类消防标准。

消防标准有不同的分类方法：

1. 按制定主体的不同划分

根据制定主体的不同可划分为国家标准、行业标准、地方标准和企业标准。

（1）国家标准　国家标准由国务院标准化行政主管部门批准发布，在全国范围内适用。国家标准是消防技术标准的主要组成部分，其内容涉及建设工程、石油化工、机械加工、电器、器材装备以及其他有关专业领域。如《建筑设计防火规范》（GB 50016—2006）、《火灾自动报警系统设计规范》（GB 50116—1998）、《自动喷水灭火系统设计规范》（GB 50084—2001）、《气体灭火系统施工及验收规范》（GB 50263—2007）、《建筑灭火器配置设计规范》（GB 50140—2005）等。

（2）行业标准　行业标准又称部门标准，是由国务院有关行政主管部门在没有国家标准的情况下，为了在全国某个行业范围内统一有关技术要求而制定的，在本行业范围内适用。如《消防产品现场检查判定规则》（GA 588—2012）、《人员密集场所消防安全管理》（GA 654—2006）等。制定行业标准，必须报国务院标准化行政主管部门备案，在相应的国家标准公布实施之后，该项行业标准即行废止。

（3）地方标准　地方标准由省、自治区、直辖市标准化行政主管部门在没有国家标准和行业标准的情况下，为了在本辖区范围内统一有关技术要求而制定，在本行政区域范围内适用。如广东地方标准《细水雾灭火系统设计、施工及验收规范》（DBJ/T 15-41—2005）、上海地方标准《重点单位重要部位安全技术防范系统要求系列标准》（DB 31-329—2005）、重庆地方标准《重庆市坡地高层民用建筑设计防火规范》（DB 50/5031—2004）。制定地方标准，必须报国务院标准化行政主管部门和国务院有关行政主管部门备案，在相应的国家标准或者行业标准公布实施之后，该项地方标准即行废止。

（4）企业标准　企业标准是企业生产的产品在没有国家标准和行业标准的情况下，由企业制定的标准，作为组织生产的依据。企业的产品标准须报当地政府标准化行政主管部门和有关行政主管部门备案。已有国家标准或者行业标准的，国家鼓励企业制定高于国家标准或者行业标准的企业标准，在企业内部适用。在没有国家标准和行业标准的情况下，企业标准就是判定该企业产品是否合格的依据，当企业标准高于国家标准或行业标准时，企业产品承诺的企业标准就是判断该企业产品是否合格的依据，而不是国家标准或行业标准。

2. 按标准的内容划分

按照标准的内容可分为基础标准、工程技术标准、产品标准和管理标准。

(1) 消防基础标准　消防基础标准主要是规范消防基本术语、基本方法、基本概念的标准，如《火灾分类》(GB/T 4968—2008)。

(2) 消防工程技术标准　消防工程技术标准主要是规范建筑、库房、桥梁、涵洞以及消防设施等建设工程的设计、施工和验收等方面的标准。如《火灾自动报警系统施工及验收规范》(GB 50166—2007)、《自动喷水灭火系统施工及验收规范》(GB 50261—2005)等。

(3) 消防产品标准　消防产品标准主要是规范固定灭火系统、灭火剂、消防车、防火材料、建筑构件、灭火器、消防装备等消防产品的技术参数、性能要求、检测试验以及使用维护等方面的标准，如《消防员隔热防护服》(GA 634—2006)、《独立式感烟火灾探测报警器》(GB 20517—2006)。

(4) 消防管理标准　消防管理标准主要是规范消防安全管理方面的标准，既包括社会单位和公民个人自我管理方面的标准，又包括公安机关消防机构等行政主体对社会消防工作实施监督检查以及内部管理等方面的标准，如《住宿与生产储存经营合用场所消防安全技术要求》(GA 703—2007)、《消防监督检查员岗位资格条件》(GA/T 707—2007)。

3. 按标准的强制约束力不同划分

按照标准的强制约束力不同可分为强制性标准和推荐性标准。

(1) 强制性标准　强制性标准是指具有法律属性，在一定范围内通过法律、行政法规等强制手段加以实施的标准。对于强制性标准无论是建设、设计、施工、生产、销售、使用的社会单位和个人，还是公安机关消防机构、规划、建委等行政主管部门，都必须执行，不执行就要承担相应法律后果。我国绝大部分消防标准都属于强制性标准。

(2) 推荐性标准　推荐性标准又称非强制性标准，是指生产、交换、使用方面，通过经济手段调节而自愿采用的一类标准。这类标准是否采用由单位自己决定，国家鼓励采用推荐性标准，而不能强制。但对生产性企业一旦承诺采用某推荐性标准，其产品就必须符合该标准，否则，为不合格产品。我国的消防技术标准只有少部分属于推荐性标准。

除此之外，社会单位依据国家公共消防政策依据、消防法律依据以及标准依据而制定的符合本单位消防安全要求的规章制度等也是单位实现消防安全管理的依据。单位消防安全规章制度的制定首先必须依据国家消防法律、法规和有关政策、标准规定的内容，其次必须符合单位消防安全工作特点，对消防安全管理具有简明、清晰的规范、指导、操作价值。

二、消防安全管理的方法

消防安全管理的方法是消防安全管理主体对消防安全管理对象施加作用的基本方式，是消防安全管理主体行使管理职能的基本手段。

在消防安全管理工作中，消防安全管理主体要把正确的消防工作方针、原则和要求转化为消防安全管理对象的实际行动，就必须选择和运用相应的消防安全管理方法。管理方法是否恰当，直接影响管理职能的作用和管理的效果。

消防安全管理的方法通常分为基本方法和技术方法两类。

(一) 基本方法

1. 行政方法

行政方法是指依靠行政机构和领导者的职权，通过强制性的行政命令直接对管理对象发生影响，按照行政系统来管理的方法。行政管理系统一般采用命令、指示、规定、指令性计划、规章制度等方式对子系统进行控制。

【阅读链接】 公安机关消防机构对单位日常实施的消防监督检查，对新建、改建、扩建的建设工程实施的设计审核、竣工验收等都属于消防安全管理中行政方法的运用。这些业务不以管理对象的意愿为转移，通过法律手段加以强制约束。例如，公安机关消防机构实施消防监督检查中发现火灾隐患，在责令单位立即或限期改正隐患的同时，还要对单位并处相应的罚款。而单位接到相应处罚决定后，必须在规定的时间整改隐患，并到指定银行缴纳罚款，如若不执行处罚决定，公安机关消防机构可向有关部门申请采取强制执行措施。

行政方法是管理消防安全事务的重要方法。这种方法是建立在民主集中制原则的基础上，以鲜明的权威和服从为前提的，具有强制性、稳定性、时效性、具体性、保密性、垂直性等特性。它的适用范围广、适应性强，在消防安全管理主体的各种活动中都离不开行政方法，其他方法与行政方法结合，可弥补行政方法的不足。

2. 法律方法

法律方法是以国家的法律、法规、条例等强制性手段来处理、调解、制裁一切危害消防安全行为和矛盾的一种方法。法律方法具有极大的权威性和强制性，是发挥管理作用的特殊方式。

法律方法原则上适用于消防安全管理的许多方面。但由于法律方法有概括性、稳定性等特点，因此它只适宜处理某些共性的问题，而不宜于处理特殊的个别问题。不能用法律方法代替行政方法，行政方法有一定的时效，宜于处理一些特殊的问题。但行政方法需要法律对其加以规定，明确其强制力，两种方法可以相辅相成。

3. 宣传教育方法

宣传是指人们借助各种符号和信息传播手段传播思想、观念和信息，以影响对方的思想和行为的一种社会活动。

消防安全管理工作中的宣传教育方法就是指利用各种信息传播手段，向被管理者传播消防法律法规、方针、政策以及消防安全管理任务和消防安全知识与技能，使被管理者树立消防安全意识和观念，激发正确的行为，去实现消防安全目标的管理方法。

在消防安全管理中，宣传教育方法是必不可少的重要方法之一。对社会进行消防安全宣传教育的目的是使广大群众、干部认识到消防安全人人有责，使领导者真正认识到消防安全管理工作是生产力的一个组成部分，抓消防安全就是抓经济效益，增强他们同火灾作斗争的自觉性和主动性。

"消防工作的成败，消防安全宣传教育工作系于一半"。因此，应当高度重视消防安全宣传教育工作，充分发挥消防安全宣传教育的舆论导向功能、启发教育功能、群众监督功能、理论解释功能、常识灌输功能以及文化娱乐功能等。

4. 行为激励方法

行为激励是指通过一定的条件和刺激，使人的行为动机被激发，以有效地达到行为目标。

行为激励是一个有序的过程。行为科学的研究表明，需求是行为激励过程的起点，需求的满足是行为激励过程的结束。行为激励是一种内在的心理活动，它起到加强、激发、推动、调控行为的作用。

5. 其他方法

在消防安全管理中，除上述基本方法外，还有经济奖惩方法、咨询顾问方法等。

（1）经济奖惩方法　经济奖惩方法是指利用经济利益去推动消防安全管理对象自觉自愿地开展消防安全工作的管理方法。经济奖惩方法围绕着经济利益展开，建立在人们对经济利益的认识和利用的基础上。从一定意义上讲，经济奖惩方法就是利用经济利益去推动被管理系统自愿做什么、怎么做，以调动被管理系统的积极性，把单位的生产安全同单位和职工个人的物质利益相结合，促使全体人员关心本人工作和单位的安全。

用经济奖惩方法吸引单位职工积极参加单位的生产、科研安全管理活动有两个方面的意思：一方面是奖励；另一方面是惩罚。只有奖惩并用，才能充分发挥经济手段的作用。在奖励方面，通常运用综合奖、消防安全单项奖、消防安全合理化建议奖、消防安全技术革新奖等形式，奖励坚持消防安全工作方针、采取安全措施、安全工作显著、管理有方的职工、工程技术人员和管理人员，以调动他们的积极性。对于管理混乱，不重视安全，工作失误以及违反消防安全规定拒不整改等行为，以不发奖金或罚款的形式予以惩罚，以促进人们加强消防安全工作的责任心。另外，消防行政处罚中的罚款和刑事处罚中的罚金等也可认为是涉及法律方法的经济处罚。

经济奖惩方法虽然是管理的一个重要的、有效的方法，但绝不是一个万能的方法，不可滥用。消防安全管理运用经济奖惩方法的重点是把它作为工作的手段，以强化行政、法律等方法的作用。

（2）咨询顾问方法　咨询顾问方法是指消防安全管理者借助专家的智慧进行分析、论证和决策的管理方法。

公安机关消防机构设置的专门科研机构、专业院校、国家和地方的消防协会、跨行业的各种学会或协会、某些消防技术服务机构等单位中拥有各种具备丰富科学知识和经验的专业人才，这些人才可承担复杂、长远的战略性决策项目的研究，为消防决策机构提供服务。中央和地方设置的科技信息机构也是消防安全管理不可缺少的咨询服务机构，可以获取国内外有关消防技术、管理经验的信息。各级消防协会是消防科技和专业工作者群集的学术性群众团体，其任务之一就是为发展消防事业提供建议、信息，进行技术咨询服务。

此外，从消防工作岗位上退下来或退居二线的领导和专业技术人员，许多人也有丰富的经验和很好的才能，在他们身体条件允许的情况下，可通过定期或不定期地召开咨询会议，或开展专题咨询活动，充分听取他们的各种意见。同时还可以向社会上其他部门或单位的个人进行咨询，征求合理化建议，或出题目征求对策和在适当报刊上组织讨论等形式，吸收各方面的意见。

总之，消防安全管理中采取的咨询顾问方法，其咨询的对象范围很广，蕴藏的潜力很大，可以运用各种形式，不拘一格地使用人才，多层次、多渠道地广泛开发智力。

（二）技术方法

1. ABC 分类法

ABC 分类法是以数理统计为基础，对事物构成因素进行分类排队，分清重点和一般，从而有区别地确定管理方式的一种可以抓住事物主要矛盾的科学管理技术方法。换言之，就是把管理对象，或按影响因素，或按事物的属性，或按因素所占比例等，划分为 ABC 三个部分，分别给予重点和一般等不同程度的对待和管理，以达到合理利用资源的一种科学管理方法。由于这种方法的分析过程主要是依靠排列图完成的，所以又称为排列图分析法。

ABC分类法的基本原理是处理任何事情都应分清主次、轻重、缓急，区分关键的少数和次要的多数，根据不同的情况进行区别对待、分类指导和分类管理。在消防领域，应用ABC分类法可以进行火灾分析、消防安全目标管理、消防安全重点管理、危险品分类管理及指导工作，找出主要火灾原因、发生火灾的主要行业、影响火灾发生的关键因素、重点防火部位、危险品储存管理方式等。

2. 因果图分析法

因果图分析法即是用因果分析图分析各种问题产生的原因和由此原因可能导致后果的一种分析方法。由于因果分析图形状像鱼刺，所以又称为鱼刺图。它由结果、原因和枝干三部分组成。结果表示期望进行改善、追查和控制的对象；原因表示对结果可能施加影响的因素；枝干表示原因与结果、原因与原因之间的关系。

用因果图分析法，可把引起事故的错综复杂的因果关系直观地表述出来，用以分析事故产生的原因和研究预防事故的措施。消防工作人员应用因果图分析法可以追查复杂的火灾原因和分析复杂的火灾隐患，以采取相应的处置措施；也可以分析工作状况以及工作中可能出现的差错和问题，以便采取预防性和控制性措施。因果图分析法属于定性分析方法，使用方便、层次分明、简单直观。

3. 事故树分析法

事故树分析法又称为故障树分析法、失效树分析法、事故逻辑分析法、缺陷树分析法等。

事故树是事故树分析的必要工具，应用事故树分析方法对系统进行故障分析的前提是绘制事故树图，即一种从结果到原因描绘事故（火灾、爆炸等不希望事件）发生的树形模型图，利用这种事故树图可以对事故因果关系进行逻辑推理分析。

4. 安全检查表法

安全检查表是一份进行安全检查或出了事故进行事故诊断的项目明细表。通常是根据安全生产情况、安全规范标准以及以往事故教训进行周密考虑，将系统中需要查明的问题或需检查的项目一一列在表上，以备安全检查和事故分析查询时使用。使用时按项可用“是”或“否”、用“√”或“×”、或用简单参数进行回答，并留一栏处理意见，最后是检查日期或检查人员签字。

利用安全检查表可对被检查对象的安全状况进行定性分析，便于查找重点、避免遗漏；可作为安全检查人员履行职责的依据，有利于落实安全生产责任制，有利于安全人员提高现场安全检查水平。安全检查表自20世纪70年代末传到我国，经过发展已被广泛应用于各个单位、各个行业、各个工作岗位等的安全检查工作中。

5. 消防安全评价方法

通常，企业、事业单位或家庭等系统都有发生火灾爆炸的危险性，只是这些系统发生火灾爆炸的概率有的比较大，有的比较小。消防安全评价是在系统消防安全分析的基础上，对系统的火灾爆炸危险性大小及危害性大小进行评价。

消防安全评价的目的是根据评价的结果对系统及其构成要素进行调整，加强薄弱环节，尽量消除火灾隐患，尽量降低事故发生概率和事故危害程度，使系统在满足经济效益和社会效益的前提条件下，达到最佳的消防安全状态。

自学指导

本章学习重点：消防安全管理的方针与原则；消防安全管理的主体与客体。

1）消防安全管理的方针与原则：消防安全管理的方针是“预防为主、防消结合”。其原则包括方向性原则、法制性原则、责任性原则、社会化原则、科学性原则和综合治理原则。

2）消防安全管理的主体是指负有消防安全管理职责的组织。包括人民政府、公安机关、公安机关消防机构、主管部门、社会各单位、群众自治组织。

3）消防安全管理的客体有时也称消防安全管理相对人，是指在消防安全管理中与消防管理主体相对应的处于被管理地位的单位和个人。包括国家机关、社会团体、企事业单位、个体工商户、自然人。

本章学习难点：消防安全管理的依据；消防安全管理的方法。

1）消防安全管理的依据是指消防安全管理主体实施消防安全管理行为所依据的一系列规范的总称。消防安全管理的依据包括公共政策依据、法律依据、标准依据以及单位消防安全管理规章制度等。

2）消防安全管理的方法包括基本方法和技术方法两大类。其中，基本方法主要包括行政方法、法律方法、宣传教育方法、行为激励方法和其他方法；技术方法主要有 ABC 分类法、因果图分析法、事故树分析法、安全检查表法以及消防安全评价法。

复习思考题

一、单项选择题（将正确的答案填写在括号内，错选、多选、未选均不得分）

1. 以下不属于消防安全管理主体的是（　　）。

A. 人民政府　B. 社会单位　C. 群众自治组织　D. 自然人

2. 行政法规的制定主体是（　　）

A. 全国人大及其常委会　B. 国务院　C. 公安部　D. 地方人民政府

二、填空题（将正确的答案填写在括号中）

1. 我国消防安全管理工作的方针是预防为主、(　　　　)。

2. 消防标准根据制定的主体不同可以分为国家标准、行业标准、(　　　　) 和企业标准四类。

三、简答题

1. 简述消防安全管理的客体范围。

2. 简述消防安全管理法律依据体系的内容。

3. 消防安全管理的技术方法有哪些？

四、论述题

结合实践，论述消防安全管理的基本原则。

第二章 消防安全管理职责

学习目标

1. 应了解、知道的内容

◇ 消防安全管理组织。

◇ 各级人民政府的消防安全职责。

◇ 社区的消防安全职责。

2. 应理解、清楚的内容

◇ 公民的消防安全权利与义务。

◇ 政府有关执法部门的消防安全职责。

3. 应掌握、学会的内容

◇ 社会各单位的消防安全职责。

4. 应熟练掌握的内容

◇ 社会单位申报有关行政许可的内容和程序。

自学时数 8学时。

老师导学

本章主要介绍政府及政府各部门的消防安全职责、社会各单位（社区）的消防安全职责、公民的消防安全权利与义务等，并阐述了社会单位申报有关消防行政许可的内容和程序，对实际工作具有很强的指导意义。学习本章时注意结合实际及《消防法》《单位消防安全管理规定》等法律、法规。

消防安全管理职责是指消防安全管理主体在消防安全管理过程中，为实现消防安全应履行的职责或义务。

第一节 消防安全管理组织

消防安全管理组织是指对消防安全事务有管理权限和责任的组织，分为政府消防安全管理组织和非政府消防安全管理组织。

政府消防安全管理组织主要是公安机关消防机构及其所属的消防部队，承担消防监督管理和灭火救援任务。

非政府消防安全管理组织包括消防协会、消防技术服务机构以及社会单位内部的消防组织和民间消防组织。

一、政府消防安全管理组织

（一）各级人民政府公安消防序列

1. 公安部消防局

在公安部中设消防局，负责对全国消防工作进行监督管理，并代表国务院、公安部起草国家的消防政策法规、技术标准，对全国省级以下各级公安机关消防机构进行指导，领导公安消防部队。

2. 省（自治区、直辖市）公安厅（局）消防局

各省级公安厅（局）设消防局，又称公安消防总队，承担本省（市、区）的消防监督管理和灭火救援工作，并代表本省（市、区）政府、公安厅起草本省（市、区）的地方性消防政策法规、技术标准，公安消防总队下辖司令部、政治部、后勤部、防火监督部四个部门，一个直属机构（培训基地）。

3. 市（地、州、盟）公安局（处）消防分局

各市（地、州、盟）公安局（处）设消防分局，又称公安消防支队，承担本辖区的消防监督管理和灭火救援工作。公安消防支队下辖司令部、政治处、后勤处、防火监督处四个部门和直属特勤消防大队。

4. 县（区、县级市、旗）公安局消防大队

县（区、县级市、旗）级公安局设公安消防大队，承担本辖区的消防监督管理和灭火救援工作。

5. 公安派出所

根据《消防法》的规定，公安派出所承担乡镇、社区的消防监督管理。

（二）其他行政部门的公安消防机构

特殊行业部门公安消防机构是指公安部设在其他部门，不属于各级人民政府公安机关的机构，负责监督管理本系统、本行业的消防安全工作。主要包括铁路公安、交通公安、民航公安、森林公安。它们与法律授权的特殊行业主管部门不同，它们仍属于公安序列。

二、非政府消防安全管理组织

非政府消防安全管理组织主要包括消防社团组织、消防技术服务机构以及社会单位内部的消防组织。

（一）消防社团组织

消防社团组织是指由从事消防职业的公民自愿组成的，为实现会员共同意愿，按照章程开展活动的非营利组织，主要包括中国消防协会、地方消防协会、行业消防协会等。其主要职责为组织学术交流、开展消防安全宣传、进行消防职业培训等。

（二）消防技术服务机构

消防技术服务机构是指依法设立，并按照有关规定取得相应消防技术服务资质证书，在许可业务范围内提供有关消防技术服务的组织。相关业务范围包括建筑消防设施检测、电气防火检测、建筑消防设施维修保养、消防安全监测、消防安全评估及消防技术咨询等。据不完全统计，截至2012年底，全国纳入监管的各类消防技术服务机构共有2000多家，从业人员2万余人。

（三）非公安消防队

非公安消防队主要有以下形式：

1. 企业专职消防队

企业专职消防队由企业单位出资兴办，管理人员为企业单位的职工。队员分两种情况，

有的是单位正式职工，有的是聘任合同制。

2. 企业联合消防队

企业联合消防队由多家企业联合出资兴办，管理人员为企业单位的职工。消防队员分两种情况，有的是单位正式职工，有的是聘任合同制。

3. 志愿消防队

志愿消防队分为单位志愿消防队和社区、农村志愿消防队。管理人员和消防队员全为兼职。

第二节　政府及政府部门的消防安全职责

政府及政府部门包括各级人民政府、政府中有关行政执法部门和政府中各行业主管部门，它们的消防安全管理职责因各自的权限不同而有所区别。

一、各级人民政府的消防安全职责

（一）中央人民政府（国务院）的消防安全职责

中央人民政府即国务院，是国家最高行政机关。消防工作是一项重要的社会事务，是中央人民政府的一项重要职能。《消防法》明确规定，国务院领导全国的消防工作。其具体职责是：

1）对全国的消防工作实行领导。

2）组织制定、批准全国消防发展规划和计划。

3）制定发布消防行政法规和法规性文件。

4）必要时组织对特大火灾事故调查、处理。

（二）地方各级人民政府的消防安全职责

地方人民政府是组织和管理一个地区的政治、经济、文化等社会事务的行政机关。消防工作具有很强的地方性，是一项重要的地方公共事务，是地方各级人民政府的一项重要职能。因此，《消防法》规定，地方各级人民政府负责本行政区域内的消防工作。根据《消防法》的规定，地方各级人民政府消防工作的主要职责是：

1）将消防工作纳入国民经济和社会发展计划，保障消防工作与经济建设和社会发展相适应。

消防安全是国民经济发展与社会发展的重要保障，消防事业的发展应当与国民经济发展、社会发展同步。国民经济和社会发展计划是国家对国民经济和社会发展各项内容所进行的分阶段的具体安排，是党和国家发展国民经济的战略部署，是国家组织国民经济和社会发展的依据。将消防工作纳入国民经济和社会发展计划，有利于加快消防事业的发展，有利于扭转消防工作滞后于经济和社会发展的被动局面，提高全社会抗御火灾的能力，为经济建设和社会发展提供有力的安全保障。

2）组织制定并落实城乡消防规划。

消防规划是城市总体规划的重要组成部分。消防规划是否合理，是衡量一个城市总体规划是否合理的重要标志之一。在城市建设和发展中，如果片面追求城市发展速度和经济效益，忽视消防规划，不能保证消防安全布局的合理安排，不能确保消防站、消防供水、消防通信、消防车通道等消防基础设施与城市总体建设同步进行，一旦发生火灾，由于缺少合理布局、缺少防控设施、缺少灭火装备，就会造成重大经济损失，甚至影响和阻碍城市的发展，在这方面，一些地方的教训是十分深刻的。因此，城市人民政府必须将消防规划纳入城市总体规划，使城市的消防安全布局、消防站、消防供水、消防通信、消防车通道以及消防装备等方面的建设与其他市政基础设施建设统一规划、统一设计、统一建设。公共消防设施、消防装备不足或者不适应实际需要的，应当增建、改建、配置或者进行技术改造。《消防法》对此作了明确规定。

乡镇、农村消防规划也是政府的一项重要职责。

3）组织消防科学研究，推广、使用先进消防技术、消防装备。

随着城市建设的发展，高层建筑、大型商场、集贸市场不断涌现，新型建筑装饰材料广泛应用，这给消防工作提出了新的要求。城市消防如果不采用先进设备、吸收先进的经验、应用先进技术和材料而沿用老办法，就很难解决消防工作中出现的新问题。因此，有必要在引进国外先进消防技术的同时，加强我国消防科学技术的研究，开发、推广、使用先进的消防技术，逐步运用科学的理论和现代化的技术、设备，改变我国消防科学研究和消防器材生产落后的状况。同时，也使消防管理成为由多学科组成的综合性应用学科和管理科学，以便发挥最佳消防安全效果，为保卫社会主义经济建设和人民生命财产安全做出贡献。

4）组织开展各种形式的消防安全宣传教育，提高全民消防安全意识。

消防安全宣传教育是提高全民消防安全素质的重要途径，是各级人民政府的职责之一。《消防法》第 6 条明确规定，各级人民政府应当组织开展经常性的消防宣传教育，提高公民的消防安全意识。无数的火灾事故表明，火灾的发生大多数是由于社会公民、岗位操作人员缺乏消防常识引起的。如果说我国的消防基础设施和消防技术装备落后，那么我国的社会公民消防安全意识、消防法律知识和消防科学知识更加落后。要从根本上改变这种落后的局面，就必须下大力气进行消防安全宣传教育，建立消防职业学校或消防培训中心，健全职工消防安全培训制度，只有这样才能提高公民的消防安全意识，自觉地遵守消防法规，预防火灾事故发生。

5）根据经济和社会发展的需要，建立多种形式的消防队伍。

消防组织是抗御火灾、保卫经济建设和人民安居乐业的重要力量。我国从 20 世纪 60 年代开始创建兵役制的消防组织，目前共有约 16 万人。但是，随着城乡建设和经济建设的发展，火灾逐年增多，仅靠公安现役消防人员承担日益繁重的消防安全保卫任务，已难以适应日益增长的消防安全需求，必须从我国实际情况出发，借鉴国际通行作法，充分发挥中央和地方政府以及社会各方面的积极性，解决消防力量不足的问题。各级人民政府应当把消防队伍建设作为一项重要职责，在加强公安消防队伍建设的同时，积极发展县办、镇办、乡办和企业专职消防队以及遍布城乡的志愿消防队伍，增强全社会抗御火灾的能力。

6）针对本行政区域内的火灾特点制定应急预案，建立应急反应和处置机制，为火灾扑救和应急救援工作提供人员、装备等保障。

这是《消防法》赋予县级以上地方人民政府的一项重要职责。根据经济社会发展对保障和改善民生、完善应急救援机制的需要，《消防法》在总则中明确立法目的之一是“加强应急救援工作”，并进一步强化了公安消防队和专职消防队应急救援建设和保障措施，明确了地方人民政府应当针对本行政区域内的特点制定应急预案，建立应急反应和处置机制，为火灾扑救和应急救援工作提供人员、装备等保障；《消防法》规定公安消防队、专职消防队按照国家规定组织实施专业技能训练，配备并维护保养装备器材，提高火灾扑救和应急救援的能力，承担重大灾害事故和其他以抢救人员生命为主的应急救援工作。

7）统一指挥大型灭火抢险救援活动，调集所需要物资支援灭火。

大型火灾的扑救，重大事故的抢险救援工作，是一项政策性强、危险性大、多专业力量参与的工作。要完成大型火灾扑救或重大事故的抢险救援工作，仅靠公安消防队的指挥和施救力量往往是不够的，必须在政府统一指挥调度下实施。特别是在扑救大型火灾、进行重大事故处置，需要供水、电力、救护等方面力量和物资时，只有在政府的统一调集、指挥下，才能迅速调集，快速参战，及时完成火灾扑救和抢险救援任务。

8）对本级人民政府有关部门履行消防安全职责的情况进行监督检查，并根据季节特点和本地特点组织防火检查。

这实际上包括两项：一是对本级人民政府有关部门履行消防安全职责的情况进行监督检查，督促其履行消防安全职责；二是在农业收获季节、森林和草原防火期间、重大节假日期间以及火灾多发季节，组织开展消防安全检查。

消防安全检查，是做好消防工作的一项基本措施，也是一项长期的、经常性的工作。各级人民政府要在农业收获季节、森林和草原防火期间、重大节假日、重要活动期间以及火灾多发季节，组织消防安全检查，督促落实消防安全防控措施，确保消防安全。抓好消防安全检查工作，消防工作就有了主动权。

9）督促、协调解决本辖区的重大火灾隐患。

地方各级人民政府及公安消防等部门要建立健全监督检查机制，依法督促有关单位及时整改和消除重大火灾隐患。公安消防部门对检查发现和群众举报、投诉并经认定的重大火灾隐患，要立案并抄报有关主管部门，及时提请当地人民政府挂牌督促整改。当地人民政府要明确整改责任，责令限期整改。下级人民政府要及时向上级人民政府报告重大火灾隐患整改情况，对未按期整改完毕的，上级人民政府要明确整改责任并备案督办。对严重威胁公共安全的重大火灾隐患，上级人民政府要直接挂牌督办，公安消防部门要依法报请当地人民政府决定责令停产停业，当地人民政府要在接报后7日内作出决定。对自身确无能力整改的严重威胁公共安全的重大火灾隐患，有关单位要及时报请本行业或本系统管理部门和当地人民政府确定整改措施，并认真落实。

10）决定对经济和社会生活影响较大的停产停业处罚。

在消防安全方面，因严重违反消防法规，构成重大火灾隐患，需停产停业整改，对经济和社会生活影响较大的，如对供水、供气、供电等重要厂矿企业，重要的基建工程，交通、邮电通信枢纽，以及其他重要单位、场所的责令停产停业，公安机关消防机构必须报请当地人民政府，由当地人民政府依法作出责令停产停业决定后，公安机关消防机构再执行。

（三）乡、镇（办事处）人民政府的消防安全职责

1）指导和监督社区（村民委员会、居民委员会）的消防工作。

2）根据需要建立专职消防队、志愿消防队。

3）组织消防安全检查。

二、有关行政执法部门的消防监管职责

（一）公安机关消防机构的消防监管职责

公安机关消防机构是公安机关的组成部分，经《消防法》授权，拥有独立执法权，是

具体实施消防监督管理的主管部门。其主要职责是：

1）参与编制城乡消防规划并监督实施。

督促政府和城乡规划部门在制定城乡规划时，同时制定消防规划，参与消防规划过程，并监督消防规划的实施。

2）进行消防安全宣传教育。

制订消防安全宣传教育计划，督促政府有关部门、宣传机构开展消防安全宣传教育。

3）对建设工程实施消防监督管理。

依据《消防法》和《建设工程消防监督管理规定》对建设工程进行消防设计审核、竣工消防验收以及备案抽查。

4）实施消防监督检查。

依据《消防法》《消防监督检查规定》和《消防产品监督管理规定》对机关、团体、企业、事业单位进行监督检查，对消防产品进行监督检查，对建设工程施工现场进行检查。

5）发现火灾隐患、消防违法行为责令有关单位、个人改正，并实施行政处罚。

对在消防监督检查中发现的或群众举报的火灾隐患、消防违法行为进行查处，责令有关单位、个人改正，并实施行政处罚。

6）确定本辖区内的消防安全重点单位，并报本级人民政府备案。

《消防法》规定，县级以上地方人民政府公安机关消防机构应当将发生火灾可能性较大以及发生火灾可能造成重大的人身伤亡或者财产损失的单位，确定为本行政区域内的消防安全重点单位，并由公安机关报本级人民政府备案。

7）承担火灾扑救及其他灾害事故的抢险救援。

公安机关消防机构所领导的消防部队，首要的任务是扑救火灾。除此之外，根据《公安消防部队执勤战斗条令》规定，公安消防部队还依照国家规定主要承担下列重大灾害事故和其他以抢救人员生命为主的应急救援工作：①危险化学品泄漏事故；②道路交通事故；③地震及其次生灾害；④建筑坍塌事故；⑤重大安全生产事故；⑥空难事故；⑦爆炸及恐怖事件；⑧群众遇险事件。

另外，公安消防部队还参与配合处置水旱灾害，气象灾害，地质灾害，森林、草原火灾等自然灾害，矿山、水上事故，重大环境污染、核与辐射事故和突发公共卫生事件。

8）对专职、志愿消防队进行业务指导，并有权调动其灭火。

企业、事业单位根据消防工作的需要成立的专职消防队是扑救本单位火灾的基本力量，是社会灭火救援的重要补充力量；社会各单位的志愿消防队是扑救初起火灾的基本力量。但是，它们由于缺乏专业消防知识和技能，其作用往往受到限制，因此，公安机关消防机构有责任、有义务对它们进行业务指导。同时，在需要时可以调动它们参与社会灭火救援任务。

9）组织火灾事故调查，认定火灾原因与火灾事故责任，统计火灾损失，查明火灾事故责任。

《消防法》规定，“公安机关消防机构有权根据需要封闭火灾现场，负责调查火灾原因，统计火灾损失。火灾扑灭后，发生火灾的单位和相关人员应当按照公安机关消防机构的要求保护现场，接受事故调查，如实提供与火灾有关的情况。公安机关消防机构根据火灾现场勘验、调查情况和有关的检验、鉴定意见，及时制作火灾事故认定书，作为处理火灾事故的证据。”

10）对举办具有火灾危险的大型群众性活动进行检查。

大型群众性活动是指大型体育活动、大型文艺演出、重要的庆典活动等，这类活动由于参加的人员众多，场地内使用可燃物多、使用电多等，易引发火灾且易造成重大人员伤亡。因此，根据《消防法》第20条的规定，“承办人应当依法向公安机关申请安全许可，制定灭火和应急疏散预案并组织演练，明确消防安全责任分工，确定消防安全管理人员，保持消防设施和消防器材配置齐全、完好有效，保证疏散通道、安全出口、疏散指示标志、应急照明和消防车通道符合消防技术标准和管理规定。”公安机关消防机构收到公安机关治安管理部门的通知时，派消防执法人员到现场进行消防监督检查，并将检查意见报治安管理部门。

11）对消防技术服务机构进行监督管理。

消防技术服务机构是依法成立的从事消防技术服务的社会组织，其应当依法开展消防技术服务，公开竞争，为自己的行为负责。公安机关消防机构对其有监督管理职责。

12）对注册消防工程师进行注册管理。

我国已经实行了注册消防工程师制度。注册消防工程师应当遵守消防法规，在自己从业的机构中依法开展业务，接受公安机关消防机构的监督管理。

（二）其他有关行政执法部门的消防监管职责

政府有关行政执法部门是指各级公安、安全生产监督管理、建设、工商、质检、文化等承担日常社会管理的政府部门。依照法律法规和政策规定，这些部门应当依法履行相应的消防安全监管职责。

1. 安全生产监督管理部门的主要消防监管职责

消防安全是安全生产的重要组成部分，安全生产监督管理部门在对本行政区域内安全生产工作实施综合监督管理，以及在对生产经营单位的安全生产情况实施检查、审查、验收，对危险化学品进行监督管理、发放安全生产许可证时，应当依法对相关的消防安全内容进行监督管理。

2. 建设行政主管部门的主要消防监管职责

建设行政主管部门包括城市规划、城市建设、城市管理、房地产行政主管部门。根据相关法律、法规，建设行政主管部门在实施城市详细规划审批、建设项目选址审批、建设用地规划许可、建设工程规划许可、施工图设计文件审查、建设工程施工许可、乡（镇）村企业、乡（镇）村公共设施、公益事业等建设开工审批、建设工程竣工验收备案等涉及消防安全的行政管理事项时，应当依法对有关的消防安全内容进行监督管理。

3. 工商行政管理部门的主要消防工作职责

工商行政管理部门作为政府市场监管和行政执法的职能部门，依据有关法律、法规，承担相应的消防工作职责。首先，工商行政管理部门对流通领域的消防产品质量负有监督管理职责；其次，在企业登记、注册时，要审核其消防安全条件，对不符合消防安全条件的不予登记、注册；再次，对于不符合消防安全条件，公安机关消防机构建议吊销企业营业执照的，应及时依法办理。同时，工商行政管理部门应当依法对流通领域消防产品的质量实施监督管理。

4. 质检行政管理部门的主要消防工作职责

质检行政管理部门对生产领域的消防产品质量负有监督管理职责。质检部门对消防产品质量的检验、监督检查和假冒伪劣消防产品的查处，对消防产品生产企业，对消防产品质量检验机构，对有关消防技术标准的制定和实施等工作，负有相应的监督管理责任。

5. 文化行政部门的主要消防工作职责

文化行政部门对互联网上网服务营业场所的设立进行审批时，应当对营业场所的消防安全条件是否经公安机关批准进行审查；在向娱乐场所颁发娱乐经营许可证之前，应当就拟设立娱乐场所的建筑的选址是否符合基本的消防安全条件进行实地检查。

三、有关行业主管部门的消防安全职责

各级人民政府的教育、民政、交通、农业、文化、卫生、体育、旅游、文物、人防等部门以及铁路、民航单位，对本行业、系统负有相应的监管职责。教育部门对学校等各类教育机构的消防安全工作负有监管职责；民政部门对养老院、福利院等社会福利机构的消防安全工作负有监管职责；农业部门对农村、乡镇企业、草原的消防安全工作负有监管职责；文化部门对文化活动、演出活动的消防安全工作负有监管职责；卫生部门对医院等各类医疗机构的消防安全工作负有监管职责；铁路部门对列车、铁路沿线建筑和设施及有关单位的消防安全工作负有监管职责；交通部门对船舶、港口、码头、水上运输等方面的消防安全工作负有监管职责；民航部门对飞机、机场及相关单位的消防安全工作负有监管职责；林业部门负责组织协调、指导监督森林防火工作；体育部门对体育场馆、设施和有关单位的消防安全工作负有监管职责；旅游部门对有关宾馆、饭店和相关单位的消防安全工作负有监管职责；文物部门对文物古建筑和有关单位的消防安全工作负有监管职责；人防部门对人防工程和有关单位的消防安全工作负有监管职责。

上述部门消防安全工作职责的主要内容如下：

一是建立健全消防安全工作领导机制和责任制，明确消防安全工作分管领导，明确负责消防安全工作的部门、机构和人员，及时研究解决涉及消防安全的重大问题，通过制定规范性文件、签订消防安全责任状等形式落实消防安全工作责任制，将消防安全工作责任落实到部门、单位和个人，对消防安全工作成绩突出的单位和个人给予奖励，对违反消防法律、法规、规章与规定的单位和个人及时予以处理。

二是结合本行业、系统特点，研究制定行业、系统消防安全管理办法，推进本行业、系统消防安全管理工作的规范化、法制化建设。

三是针对影响本行业、系统消防安全工作的突出问题，及时组织开展消防安全检查，督促整改火灾隐患，尤其要加强对本行业、系统单位重大火灾隐患整改工作的领导，努力消除不安全因素。

四、法律授权的其他特殊行业消防监管职责

法律授权的其他特殊行业的消防工作由其主管部门进行监督管理，而各级政府中的公安机关消防机构不承担对其消防工作的监督管理。对此，《消防法》有明确的规定。

（一）军事设施

“军事设施的消防工作，由其主管单位监督管理，公关机关消防机构协助。”这是考虑军事设施的特殊性作出的规定，其消防监督管理的责任主体是军事设施的主管单位，公安机关消防机构仅根据主管单位的需要提供防火技术指导、扑救火灾、调查火灾原因等帮助。

（二）核电站

“核电站消防工作由核电主管部门负责。”主要是考虑核反应设施和材料的危险性及专业技术的特殊性，由其主管单位进行消防监督管理更符合实际，更有利于加强此类单位的消防工作。

（三）矿井地下部分

矿井地下部分的消防工作由其主管部门负责，地上部分由当地公安机关消防机构监督管理。

（四）海上石油天然气设施

海上石油天然气设施的消防工作由其主管部门负责监督管理。

（五）森林消防

根据1989年国家森林防火总指挥部、公安部、林业部《关于划分森林消防监督职责范围的通知》，对森林消防监督职责范围作如下划分：

1）城市市区以外的一切森林、林木、林地的森林防火工作，不论是国有、集体或个体的，统一由当地森林防火指挥部负责，未设森林防火指挥部的地方，由同级林业主管部门负责。市区园林的消防工作，由当地公关机关实施监督。

2）市区外寺庙、宾馆、饭店、仓库等建筑物及其周围30m内的林木的消防工作，由当地公安机关实施监督。

3）林区内林业城镇和职工聚居点的消防工作，除东北、内蒙古国有林区由当地林业公安机关实施监督外，其他仍由当地公安机关实施监督。

（六）草原消防

草原的消防工作由农牧业主管部门负责，地方草原的消防工作由地方人民政府确定的部门负责。

（七）铁路消防

列车、车站及直接为其服务的设施、仓库等的消防工作由铁路公安机关消防机构负责，其他由当地公安机关消防机构负责。

（八）交通消防

沿海、内河的船舶、水上设施、港口、码头的消防工作由交通部公安机关消防机构负责。

（九）机场消防

民用机场内的一切建筑、设施、航空器和所属单位，机场外直接为航空运营服务的油库、仓库、导航台、发射台，军民合用的民用部分的消防工作由民航主管部门负责监督。

第三节　社会各单位（社区）的消防安全职责

社会单位是指机关、团体、企业、事业单位，是相对于个人和家庭而言的。社会单位与家庭是组成社会的最基本的单元。所有的火灾不是发生在家庭，就是发生在单位。因此，加强社会单位的消防安全管理，强化社会单位的消防责任主体意识，对于公共消防安全意义重大。

一、单位的消防安全职责

（一）一般单位的消防安全职责

根据《消防法》第16条规定，机关、团体、企业、事业单位应当履行下列消防安全职责：

1）落实消防安全责任制，制定本单位的消防安全制度、消防安全操作规程，制定灭火和应急疏散预案。

2）按照国家标准、行业标准配置消防设施、器材，设置消防安全标志，并定期组织检验、维修，确保完好有效。

3）对建筑消防设施每年至少进行一次全面检测，确保完好有效，检测记录应当完整准确，存档备查。

4）保障疏散通道、安全出口、消防车通道畅通，保证防火防烟分区、防火间距符合消防技术标准。

5）组织防火检查，及时消除火灾隐患。

6）组织进行有针对性的消防演练。

7）法律、法规规定的其他消防安全职责。

（二）消防安全重点单位的消防安全职责

根据《消防法》第17条规定，消防安全重点单位除应当履行一般单位的消防安全职责外，还应当履行下列消防安全职责：

1）确定消防安全管理人，组织实施本单位的消防安全管理工作。

2）建立消防档案，确定消防安全重点部位，设置防火标志，实行严格管理。

3）实行每日防火巡查，并建立巡查记录。

4）对职工进行岗前消防安全培训，定期组织消防安全培训和消防演练。

（三）相关单位的消防安全职责

相关单位是指多产权单位或实行承包、租赁或者委托经营的单位等，在许多情况下由于职责划分不清，易导致消防安全管理失控漏管，因此必须对相应的消防安全职责进行明确。

1. 多产权建筑相关单位的消防安全职责

《消防法》第18条规定，“同一建筑物由两个以上单位管理或者使用的，应当明确各方的消防安全责任，并确定责任人对共用的疏散通道、安全出口、建筑消防设施和消防车通道进行统一管理。住宅区的物业服务企业应当对管理区域内的共用消防设施进行维护管理，提供消防安全防范服务。”

2. 对于实行承包、租赁或者委托经营的单位的消防安全职责

1）产权单位应当提供符合消防安全要求的建筑物。

2）当事人在订立的合同中明确各方的消防安全责任。

3）消防车通道、涉及公共消防安全的疏散设施和其他建筑消防设施应当由产权单位管理，或者是委托统一管理。

4）承包、承租或者受委托经营、管理的单位应当遵守消防法律、法规的规定，在其使用、管理范围内履行消防安全职责。

二、社区（居民委员会、村民委员会）的消防安全职责

社区（含农村社区），是指聚居在一定地域范围内的人们所组成的社会生活共同体。社区是构成社会的有机组成单位之一，但它与一般单位—— 机关、团体、企业、事业单位又有所不同，它一般不具有法人资格，有时它可能是多个单位的集合。社区的管理组织居民委员会、村民委员会对其辖区内的单位、公民个人（家庭）拥有组织、管理义务，是消防安全管理的一个重要层级。根据《消防法》的规定，居民委员会、村民委员会应当履行下列消防安全职责：

1）确定消防安全管理人。

2）协助政府及相关部门加强消防安全宣传教育工作。

3）组织制定防火安全公约。

4）组织开展群众性的消防安全工作。

5）组织防火安全检查。

6）根据需要，建立志愿消防队等多种形式的消防组织，开展群众性自防自救工作。

三、新闻媒体的宣传与监督职责

新闻媒体既是一个社会单位，应当履行社会单位应当履行的消防安全职责，又是一个具有一定公权力的监督部门，对政府和社会其他单位具有舆论监督的职责，对公众具有消防安全宣传教育的职责。

（一）消防安全宣传教育职责

《消防法》第6条规定，新闻、广播、电视等有关单位，应当有针对性地面向社会进行消防安全宣传教育。

（二）舆论监督职责

新闻媒体对政府和社会承担着舆论监督职责。就消防工作而言，它一方面可能监督政府及有关部门履行消防安全职责的情况，另一方面可以监督社会各单位履行消防安全职责的情况，对于社会单位存在的重大火灾隐患进行曝光，督促政府、有关单位履行消防工作职责，整改火灾隐患。

四、社会单位申请有关行政许可、申报备案的内容和程序

社会单位在正常运行过程中有些事项需要向公安机关消防机构申请行政许可，有些事项需要向公安机关消防机构申报备案。主要包括：

（一）建设工程消防设计审核、验收及备案

根据《消防法》第10～13条规定，需要进行消防设计的建设工程，其消防设计与竣工消防验收需要向公安机关消防机构申报或备案。

1. 申请

符合《建设工程消防监督管理规定》第13条、第14条的建设工程，建设单位应当向当地公安机关消防机构申请消防设计审核与消防验收。

建设单位申请消防设计审核应当提供下列材料：

1）建设工程消防设计审核申报表。

2）建设单位的工商营业执照等合法身份证明文件。

3）设计单位资质证明文件。

4）消防设计文件。

5）法律、行政法规规定的其他材料。

依法需要办理建设工程规划许可的，应当提供建设工程规划许可证明文件；依法需要城乡规划主管部门批准的临时性建筑，属于人员密集场所的，应当提供城乡规划主管部门批准的证明文件。

具有下列情形之一的，建设单位除提供规定的材料外，应当同时提供特殊消防设计文件，或者设计采用的国际标准、境外消防技术标准的中文文本，以及其他有关消防设计的应用实例、产品说明等技术资料，由公安机关消防机构组织专家评审：

1）国家工程建设消防技术标准没有规定的。

2）消防设计文件拟采用的新技术、新工艺、新材料可能影响建设工程消防安全，不符合国家标准规定的。

3）拟采用国际标准或者境外消防技术标准的。

建设单位申请消防验收应当提供下列材料：

1）建设工程消防验收申报表。

2）工程竣工验收报告和有关消防设施的工程竣工图纸。

3）消防产品质量合格证明文件。

4）具有防火性能要求的建筑构件、建筑材料、装修材料符合国家标准或者行业标准的证明文件、出厂合格证。

5）消防设施检测合格证明文件。

6）施工、工程监理、检测单位的合法身份证明和资质等级证明文件。

7）建设单位的工商营业执照等合法身份证明文件。

8）法律、行政法规规定的其他材料。

2. 受理

对符合条件、申报资料齐全的应当登记受理，并出具受理凭证。对不符合条件（资料不全）的要一次告知需要补正的全部材料，并出具不予受理凭证。

3. 审查与检查

公安机关消防机构应当自受理消防设计审核申请之日起20日内出具书面审核意见。但是依照《建设工程消防监督管理规定》需要组织专家评审的，专家评审时间不计算在审核时间内。

公安机关消防机构应当自受理消防验收申请之日起20日内组织消防验收，并出具消防验收意见。

公安机关消防机构对申报消防验收的建设工程，应当依照建设工程消防验收评定标准对已经消防设计审核合格的内容组织消防验收。

4. 填写法律文书

不论是否合格，公安机关消防机构都要出具《建设工程消防设计审核意见书》或《建设工程消防验收意见书》。

对于不符合消防标准要求的，公安机关消防机构提出变更设计建议，设计单位根据

《建设工程消防设计审核意见书》修改设计，修改后重新申报审核。

对于验收不合格的，施工单位根据公安机关消防机构整改意见进行整改，整改完毕申请复验。

5. 备案抽查

对《建设工程消防监督管理规定》第 13 条、第 14 条规定以外的建设工程，建设单位应当在取得施工许可、工程竣工验收合格之日起 7 日内，通过省级公安机关消防机构网站进行消防设计、竣工验收消防备案，或者到公安机关消防机构业务受理场所进行消防设计、竣工验收消防备案。

建设单位在进行建设工程消防设计或者竣工验收消防备案时，应当分别向公安机关消防机构提供备案申报表、《建设工程消防监督管理规定》第 15 条规定的相关材料及施工许可文件复印件或者第 21 条规定的相关材料。按照住房和城乡建设行政主管部门的有关规定进行施工图审查的，还应当提供施工图审查机构出具的审查合格文件复印件。

依法不需要取得施工许可的建设工程，可以不进行消防设计、竣工验收消防备案。

公安机关消防机构收到消防设计、竣工验收消防备案申报后，对备案材料齐全的，应当出具备案凭证；备案材料不齐全或者不符合法定形式的，应当当场或者在 5 日内一次告知需要补正的全部内容。

公安机关消防机构应当在已经备案的消防设计、竣工验收工程中，随机确定检查对象并向社会公告。对确定为检查对象的，公安机关消防机构应当在 20 日内按照消防法规和国家工程建设消防技术标准完成图纸检查，或者按照建设工程消防验收评定标准完成工程检查，制作检查记录。检查结果应当向社会公告，检查不合格的，还应当书面通知建设单位。

建设单位收到通知后，应当停止施工或者停止使用，组织整改后向公安机关消防机构申请复查。公安机关消防机构应当在收到书面申请之日起 20 日内进行复查并出具书面复查意见。

建设、设计、施工单位不得擅自修改已经依法备案的建设工程消防设计。确需修改的，建设单位应当重新申报消防设计备案。

建设工程的消防设计、竣工验收未依法报公安机关消防机构备案的，公安机关消防机构应当依法处罚，责令建设单位在 5 日内备案，并确定为检查对象；对逾期不备案的，公安机关消防机构应当在备案期限届满之日起 5 日内通知建设单位停止施工或者停止使用。

（二）公众聚集场所投入使用、营业的申报

1. 申请

公众聚集场所在投入使用、营业前，建设单位或者使用单位应当向场所所在地的县级以上人民政府公安机关消防机构申请消防安全检查，并提交下列材料：

1）消防安全检查申报表。

2）营业执照复印件或者工商行政管理机关出具的企业名称预先核准通知书。

3）依法取得的建设工程消防验收或者进行竣工验收消防备案的法律文件复印件。

4）消防安全制度、灭火和应急疏散预案、场所平面布置图。

5）员工岗前消防安全教育培训记录和自动消防系统操作人员取得的消防行业特有工种职业资格证书复印件。

6）法律、行政法规规定的其他材料。

依照《建设工程消防监督管理规定》不需要进行竣工验收消防备案的公众聚集场所申请消防安全检查的，还应当提交场所室内装修消防设计施工图、消防产品质量合格证明文件，以及装修材料防火性能符合消防技术标准的证明文件、出厂合格证。

公安机关消防机构对消防安全检查的申请，应当按照行政许可有关规定受理。

2. 检查

对公众聚集场所投入使用、营业前进行消防安全检查，应当检查下列内容：

1）建筑物或者场所是否依法消防验收合格或者竣工验收消防备案抽查合格；依法进行竣工验收消防备案但没有进行备案抽查的建筑物或者场所是否符合消防技术标准。

2）消防安全制度、灭火和应急疏散预案是否制定。

3）自动消防系统操作人员是否持证上岗，员工是否经过岗前消防安全培训。

4）消防设施、器材是否符合消防技术标准并完好有效。

5）疏散通道、安全出口和消防车通道是否畅通。

6）室内装修材料是否符合消防技术标准。

7）外墙门窗上是否设置影响逃生和灭火救援的障碍物。

（三）举办大型群众性活动申报

1. 申请

举办大型群众性活动，承办人应当依法向公安机关申请安全许可，制定灭火和应急疏散预案并组织演练，明确消防安全责任分工，确定消防安全管理人员，保持消防设施和消防器材配置齐全、完好有效，保证疏散通道、安全出口、疏散指示标志、应急照明和消防车通道符合消防技术标准和管理规定。

对大型群众性活动现场在活动举办前进行的消防安全检查，公安机关消防机构应当在接到本级公安机关治安管理部门书面通知之日起 3 个工作日内进行检查，并将检查记录移交本级公安机关治安管理部门。

2. 检查

在大型群众性活动举办前对活动现场进行消防安全检查，应当重点检查下列内容：

1）室内活动使用的建筑物（场所）是否依法通过消防验收或者进行竣工验收消防备案，公众聚集场所是否通过使用、营业前的消防安全检查。

2）临时搭建的建筑物是否符合消防安全要求。

3）是否制定灭火和应急疏散预案并组织演练。

4）是否明确消防安全责任分工并确定消防安全管理人员。

5）活动现场消防设施、器材是否配备齐全并完好有效。

6）活动现场的疏散通道、安全出口和消防车通道是否畅通。

7）活动现场的疏散指示标志和应急照明是否符合消防技术标准并完好有效。

（四）被临时查封或责令停止施工、停止使用、停产停业，申请解除或恢复

被临时查封或责令停止施工、停止使用、停产停业处罚的，当火灾隐患整改完毕拟恢复施工、使用或经营的，当事人应当向原公安机关消防机构提出申请。当事人提出申请的，公安机关消防机构应当自收到书面申请之日起 3 个工作日内进行检查，自检查之日起 3 个工作日内作出决定，送达当事人。

第四节　公民的消防安全权利与义务

公民是构成社会的最基本单元之一。社区是由家庭组成的，家庭是由个人组成的，社会单位都是由许多人组成的。所以，提高每个人的消防安全意识和素质，对于提高整个社会的消防安全水平具有重要意义。

一、公民个人在消防安全管理中的地位

公民个人是消防安全管理的基础，是消防安全管理创新的源泉，是消防安全管理服务的基本对象。

（一）高水平的消防安全管理建立在全体公民的消防安全高素质基础之上

公民是构成社会的基本单元之一，公民个人素质的高低决定着一个国家的文明程度。同样，一个国家消防安全管理水平的高低，在很大程度上取决于全体公民的消防安全素质和参与程度。只有公民的消防安全素质提高了，消防安全管理水平才能提高。

（二）公民的积极参与是消防社会化的必然要求

《消防法》规定消防工作实行“政府统一领导、部门依法监管、单位全面负责、公民积极参与”的原则。消防工作没有公民的参与，便是空中楼阁。

（三）公民参与消防安全管理是公民管理国家的重要方式之一

公民有参与管理国家的权利。消防安全管理是公共管理的组成部分，公民参与消防安全管理是实现参与公共管理的渠道之一。

（四）消防安全管理的重要任务之一是保护公民的生命健康安全

在消防安全管理中要充分尊重和保护公民的合法权益，如果采取侵权的方式维护消防安全是不符合消防监管目标的。

二、公民的消防安全权利

《国务院关于进一步加强消防工作的意见》规定：“切实维护公民的消防安全权益。地方各级人民政府要切实采取措施保障公民对火灾危险的知情、监督、投诉、举报等权利，并定期向社会公布本地区的重大火灾隐患及整改情况。公安消防部门要公布举报电话、信箱或者电子邮件地址，认真受理并及时依法处理公民对火灾隐患和消防违法行为的投诉、举报；工会、共青团、妇联、残联、消费者权益保护组织等要切实承担起依法维护相关人员消防安全权益的责任。存在重大火灾隐患的生产经营场所和为公众服务的场所，要采取公告、广播、设置警示牌等方式告知公民火灾危险和保护生命财产安全的方法。”公民的消防安全权利包括实体权利和程序权利。

（一）公民的消防实体权利

1）获得消防行政许可的权利。

2）获得消防安全信息、了解身边消防安全状况的权利。

3）免费获得火灾扑救的权利。

4）获得消防行政赔偿和补偿（包括医疗、抚恤）的权利。

5）接受消防安全教育和培训的权利。

（二）公民的消防程序权利

1）申辩权、陈述权。

2）听证的权利。

3）申请回避的权利。

4）要求执法人员出示执法证件的权利。

5）行政救济权（行政复议、行政诉讼、行政赔偿）。

6）检举权、举报权、控告权。

7）为保护自身合法权益而抵抗消防行政主体非法侵害的权利。

三、公民的消防安全义务

1）维护消防安全、遵守消防法规的义务。

2）保护消防设施、保障消防通道畅通的义务。

3）报告火警的义务。

4）成年公民有参加有组织的灭火工作的义务。

5）协助消防行政的义务。

自学指导

本章学习重点：社会各单位的消防安全职责；社会单位申报有关行政许可的内容和程序。

1）社会各单位的消防安全职责包括一般单位的消防安全职责、消防安全重点单位的消防安全职责、相关单位的消防安全职责。

2）社会单位申报有关行政许可的内容和程序包括建设工程消防设计审核、验收及备案程序；公众聚集场所投入使用、营业的申报程序；举办大型群众性活动申报程序和被临时查封或责令停止施工、停止使用、停产停业，申请解除或恢复的程序。

本章学习难点：政府有关执法部门的消防安全职责。

政府有关执法部门包括公安机关消防机构、安全生产监督管理部门、建设行政主管部门、工商行政管理部门、质检行政管理部门、文化行政部门等，它们在各自的职权范围内依法实施消防监管职责。

复习思考题

一、单项选择题（将正确的答案填写在括号内，错选、多选或未选均不得分）

1. 下列属于政府消防安全管理组织的是（　　）。

A. 消防协会　　B. 消防技术服务机构

C. 公安机关消防机构　　D. 企业专职消防队

2. 下列不属于消防社团组织的职责是（　　）。

A. 组织学术交流　　B. 开展消防宣传

C. 进行消防执法监督　　D. 进行行业自律

3. 下列不属于技术服务机构的业务范围的是（　　）。

A. 建筑消防设施检测　　B. 电气防火检测

C. 建筑消防设施维修保养　　D. 消防监督检查

4. 督促、协调解决本辖区的重大火灾隐患是（　　）的职责。

A. 地方县级以上各级人民政府　　B. 乡镇人民政府

C. 社会各单位　　D. 中央人民政府

5. 决定对经济和社会生活影响较大的停产停业的处罚是（　　）的职责。

A. 地方县级以上各级人民政府　　B. 乡镇人民政府

C. 社会各单位　　D. 中央人民政府

6. 下列不属于公安机关消防机构职责的是（　　）。

A. 消防技术服务　　B. 消防行政许可

C. 消防行政处罚　　D. 消防行政强制

7. 对危险化学品进行监督管理、发放安全生产许可证时，应当依法对相关的消防安全内容进行监督管理是（　　）的职责。

A. 公安机关　　B. 安全生产监督管理部门

C. 建设行政主管部门　　D. 工商行政管理部门

8. 建设单位应当在取得施工许可、工程竣工验收合格之日起（　　）日内，通过省级公安机关消防机构网站进行消防设计、竣工验收消防备案，或者到公安机关消防机构业务受理场所进行消防设计、竣工验收消防备案。

A. 5　　B. 7　　C. 10　　D. 20

二、简答题

1. 非公安消防队主要有哪几种类型？

2. 简述实行承包、租赁或者委托经营的单位的消防安全职责。

3. 建设单位申请建设工程消防设计审核应当提供哪些材料？

4. 建设单位申请建设工程消防验收应当提供哪些材料？

5. 公众聚集场所投入使用、营业前，应当向公安机关消防机构申请消防安全检查，要提交哪些材料？

6. 对公众聚集场所投入使用、营业前进行消防安全检查，应当检查哪些内容？

7. 对大型群众性活动现场在活动举办前进行的消防安全检查，应当检查哪些内容？

8. 公民的消防实体权利有哪些？

三、论述题

论述公民个人在消防安全管理中的地位。

第三章　消防安全制度

学习目标

1. 应了解、知道的内容

◇ 消防安全责任制度的含义。

◇ 消防安全管理制度的含义。

◇ 消防安全操作规程的含义。

2. 应理解、清楚的内容

◇ 消防安全责任制度的制定与落实。

◇ 消防安全管理制度的制定要求。

◇ 消防安全操作规程的制定要求。

3. 应掌握、学会的内容

◇ 消防安全责任制度的种类。

◇ 消防安全管理制度的种类。

◇ 消防安全操作规程的种类。

4. 应熟练掌握的内容

◇ 消防安全责任制度的内容。

◇ 消防安全管理制度的内容。

◇ 消防安全操作规程的内容。

自学时数　10 学时。

老师导学

本章依据《消防法》和《单位消防安全管理规定》，分别介绍了单位消防安全责任制度、消防安全管理制度以及消防安全操作规程的建设要求。通过本章的学习，要求学员重点掌握各种制度的分类及其具体内容，熟悉制度及规程的制定要求，结合文中给出的消防安全责任制度示例、消防安全管理制度示例以及消防安全操作规程示例等，领会单位消防安全制度建设的内容和方法，能独立制定各类消防安全制度。

消防安全制度是单位消防安全管理中各种制度的总称，是用文字形式，对涉及消防安全目标的各项管理制度、行为准则、操作规程以及责任分工等进行的明确规定，是单位全体职工消防安全行为的规范和准则。

消防安全制度按照其内容分为消防安全责任制度、消防安全管理制度以及消防安全操作规程三类。

第一节　消防安全责任制度

一、消防安全责任制度的含义

消防安全责任制度是单位消防安全制度中最根本的制度，是单位及单位全体人员落实消防安全责任制的重要保障，也是单位开展各项消防安全管理工作的基础。

二、消防安全责任制度的种类及内容

消防安全责任制度就是要求各级人民政府，各机关、团体、企业、事业单位和个人，在经济和社会生产、生活过程中依照法律规定，对消防安全工作各负其责的制度。各级人民政府、各地区、各部门、各行业、各单位以及每个社会成员都应当自觉学习消防法律、法规和规章，不断增强消防法制观念，提高消防安全意识，切实落实“安全自管、隐患自除、责任自负”的消防安全责任制度，增强单位的自我管理，自我加压、自我保护意识，使其能更自觉、更主动地履行消防安全义务，真正做到消防工作责任到人，措施到位。

（一）消防安全责任制度的种类

消防安全责任制度应当包括各级领导和各级组织的逐级消防安全责任制度，还应当包括全体职工的岗位消防安全责任制度。具体分为单位消防安全责任制度和各类人员消防安全责任制度两大类。

（二）消防安全责任制度的主要内容

消防安全责任制度的主要内容包括单位普遍履行的消防安全一般职责；消防安全重点单位的职责；承包、租赁或委托经营时单位的消防安全职责；多产权建筑物中各单位的消防安全职责；大型活动举办时单位的消防安全职责。

单位各类人员岗位消防安全责任制度的主要内容包括单位消防安全责任人职责；单位消防安全管理人职责；专（兼）职消防安全管理人员职责；自动消防系统操作人员职责；专职消防队员职责；志愿消防队员职责；单位其他岗位员工职责等。

以上内容，单位在制定消防安全责任制度时，应根据单位消防安全管理需要适当增减，并随着情况的变化及时更新，与此同时更应采取措施确保消防安全责任制度的落实，确保单位各项消防安全工作有效开展。

三、消防安全责任制度的制定与落实

制定和落实消防安全责任制度是单位消防安全管理的基础和核心内容。《消防法》和《单位消防安全管理规定》等法律、法规对单位制定和落实消防安全责任制都作出了明确的规定，根据有关规定，要进一步做好以下几方面的工作：

（一）建立消防安全管理组织网络，明确消防安全责任

单位应当按照消防法律、法规的要求，明确本单位消防安全责任人、消防安全管理人，建立消防安全管理机构或确定专（兼）职消防安全管理人员，自上而下地建立起一级抓一级、一级对一级负责的消防安全管理组织网络。同时要明确单位的分管领导、各部门以及其他所有岗位工种人员是本职工作范围内的消防安全责任人，对本职工作中的消防安全负责。通过明确各级、各岗位的消防安全责任人，为建立和落实单位消防安全责任制提供有力的组织保障，形成单位消防安全工作人人参与、齐抓共管的良好局面。

（二）层层分解消防安全责任，落实消防安全工作目标

通过制定消防安全责任制度、签订消防安全责任状等形式，明确各级、各部门、各岗位在单位消防安全管理工作中的职责、权限，建立健全消防安全工作指标体系，实行消防安全目标控制和管理，做到分工合理、责任分明，各司其职、各尽其责，使单位的各项消防安全

工作得到落实，保障本单位的消防安全。

（三）健全消防安全管理制度，完善消防安全管理措施

建立和完善消防安全管理制度是单位落实消防安全责任制的必要保证。消防安全责任制的落实贯穿于单位生产经营等各项活动的全过程，其根本目的是确保本单位的消防安全。因此，单位要结合本单位的特点和消防安全工作的实际需要，建立和完善各项消防安全管理制度，明确消防安全管理的程序、方法和措施。通过组织学习和培训，使单位全体人员了解本单位、本岗位的消防工作特点和要求，掌握消防工作的具体方法，真正承担起与其职务、岗位工种相适应的消防安全责任。

（四）强化检查考评，推动消防安全责任制的落实

单位要开展经常性检查，督促各级领导、各部门、各岗位抓好消防安全责任制的落实。坚持权、责、利统一的原则，将消防安全责任制的落实情况纳入本单位年度考核以及对各级领导业绩考核、对员工岗位考核的内容，并与个人评优评先、职务任免、晋升以及其他经济利益等挂钩，严格落实奖惩措施。通过奖惩激励，切实增强单位全体人员的消防安全责任感，调动全体人员关心单位消防工作、参与单位消防工作的积极性和主动性，促进消防安全责任制的落实。

【示例】

××公司消防安全责任制度

一、公司一般消防安全职责

依据《消防法》的规定，认真贯彻预防为主、防消结合的消防工作方针，全面履行法律赋予的下列消防安全职责，切实保障本单位的消防安全。

1）落实消防安全责任制，制定本单位的消防安全制度、消防安全操作规程，制定灭火和应急疏散预案。

2）按照国家标准、行业标准配置消防设施、器材，设置消防安全标志，并定期组织检验、维修，确保完好有效。

3）对建筑消防设施每年至少进行一次全面检测，确保完好有效，检测记录应当完整准确，存档备查。

4）保障疏散通道、安全出口、消防车通道畅通，保证防火防烟分区、防火间距符合消防技术标准。

5）组织防火检查，及时消除火灾隐患。

6）组织进行有针对性的消防演练。

7）法律、法规规定的其他消防安全职责。

二、公司消防安全责任人的消防安全职责

1）贯彻执行消防法规，保障单位消防安全符合规定，掌握本单位的消防安全情况。

2）将消防工作与本单位的生产、经营、管理的活动统筹安排，批准实施年度消防工作计划。

3）为本单位的消防安全提供必要的经费和组织保障。

4）确定逐级消防安全责任，批准实施消防安全制度和保障消防安全的操作规程。

5）组织防火检查，督促落实火灾隐患整改，及时处理涉及消防安全的重大问题。

6）根据消防法规的规定建立专职（志愿）消防队。

7）组织制定符合本单位实际的灭火和应急疏散预案，并实施演练。

三、公司消防安全管理人的消防安全职责

1）拟定年度消防工作计划，组织实施日常消防安全管理工作。

2）组织制定消防安全管理制度和保障消防安全的操作规程，并检查督促其落实。

3）拟定消防安全工作的资金投入和组织保障方案。

4）组织实施防火检查和火灾隐患整改工作。

5）组织实施对本单位消防设施、灭火器材和消防安全标志的维护保养，确保其完好有效。

6）组织管理专职（志愿）消防队。

7）在员工中组织开展消防安全知识、技能的宣传教育和培训，组织灭火和应急疏散预案的实施和演练。

8）单位消防安全责任人委托的其他消防安全管理工作。

四、公司专（兼）职消防安全管理员的消防安全职责

1）组织贯彻落实消防法规以及本单位的消防安全管理规章制度，督促基层分公司、负责公司机关工作人员的消防安全知识、技能的宣传教育和培训、灭火和应急疏散预案的实施和演练。

2）掌握本单位的消防工作情况，收集和整理有关消防安全方面的信息，建立本单位消防档案，为领导决策提供可靠的资料。

3）检查本单位的火灾隐患，制止违章作业，督促火灾隐患的整改工作。

4）制订消防安全工作计划，修订本单位消防安全管理规章制度，负责本单位日常消防安全管理工作。

5）负责本单位消防设施、器材的配置和维护管理工作。

6）协助公安机关消防机构做好火灾现场保护和火灾事故调查工作。

7）对在消防工作中成绩突出者和事故责任者以及违反消防安全管理规章制度者，提出奖惩意见。

8）积极配合公安机关消防机构做好工作，及时汇报有关消防安全工作情况。

9）认真完成单位消防安全组织机构布置的其他各项消防安全管理工作。

五、公司消防领导小组消防安全职责

1）公司消防领导小组是领导和组织全公司、分公司消防工作的管理机构，行使消防安全管理职能。

2）公司消防领导小组实行逐级消防安全负责制，各分公司消防领导小组向公司消防领导小组组长负责，并负责本单位的消防安全管理工作，公司消防领导小组组长向总经理负责，做好全公司消防安全管理工作。

3）执行上级下达的消防工作任务，并督促落实。

4）结合实际，制定公司、分公司消防安全管理规定和实施办法，把消防工作列入装卸生产、基本建设、营销管理之中。

5）根据单位生产特点和消防安全管理工作的要求，组织开展消防安全检查，督促和整改火灾隐患，对职工进行消防安全教育，适时开展消防演练活动。

6）定期召开消防领导小组会议，研究部署公司消防安全工作，解决消防安全工作中存

在的重大问题，总结、推广消防工作经验，表彰消防安全先进单位和个人。

7）支持配合公安机关消防机构依法实施监督，提供必要的消防装备和活动经费，充分发挥消防监督作用。

8）调查处理火灾事故，运用法律、行政和经济手段处罚违反消防安全管理的责任单位以及责任人和火灾事故肇事者。

六、公司消防安全领导小组办公室职责

1）公司、分公司消防安全领导小组办公室是公司、分公司消防安全领导小组的具体办事机构。

2）认真贯彻执行《消防法》及其他消防行政法规和消防技术规范，落实上级和公司部署的消防安全工作要求和任务。

3）起草公司、分公司消防工作计划、文件，提出消防工作的意见、建议。

4）掌握公司、分公司消防工作情况、动态，收集消防信息，建立、健全各项工作台账，定期分析工作状况，剖析火灾原因，探索火灾规律，制定相应对策。

5）组织、实施公司、分公司消防安全宣传、教育、检查、评比，总结、推广消防先进典型。

6）完成公司、分公司消防安全领导小组和上级交办的其他消防工作。

七、班组消防安全职责

1）认真执行消防法规，遵守车间、岗位的防火安全制度，不违反操作规程，不准在禁止吸烟和使用明火作业的区域内吸烟和使用明火作业。

2）对本班组配备的消防器材负责管理和使用、保养，不准私自挪用消防设施和器材。

3）由班组长组织对本班组、本岗位作业处所进行日常的防火安全检查工作，发现问题及时解决。

4）火险就是命令，听到报警和发现火险时，班组长要立即采取措施，积极组织职工扑救，尽量减少损失。

八、职工岗位消防安全职责

1）认真执行消防法规，不在严禁吸烟的场所吸烟。

2）懂得本岗位的防火安全制度，遵守车间、班组防火安全管理。

3）严禁将烟头、可燃物、油脂类等易燃物品乱丢。

4）每位职工必须做到消防安全的“三懂、三会”，即懂得本岗位的火灾危险性、懂得预防火灾的措施、懂得火灾的扑救办法；会报警、会使用灭火器、会扑救初起火灾。

九、职工个人消防安全职责

1）严格遵守各项防火规章制度和安全操作规程，把防火贯穿于自己日常工作、生活之中。

2）施工现场、油库附近、仓库、木材料场、木工操作间等禁止吸烟，吸烟请到吸烟室。

3）在班前班后清理操作现场易燃物，做到班后场地清、电源断、火种熄。

4）不准挪用或损坏消防器材，协助现房管理员保管好消防器材和设施，敢于同违反防火安全规定行为的个人作斗争，并向有关部门和领导反映。

5）发生火灾事故时，积极参加扑救，并保护好现场，主动协助领导查清起火原因。

十、项目经理消防安全职责

1）对项目工程中的消防工作负全面领导责任。

2）贯彻落实消防法律、法规和各项规章制度，结合项目工程特点及施工全过程的情况，制定本项目消防保卫管理办法或提出要求，并监督实施。

3）根据工程特点确定消防保卫管理体制和人员，并明确各业务责任人的消防保卫责任和考核指标，支持、指导消防人员工作。

4）组织落实施工组织设计中的消防措施，组织并监督项目施工中消防技术交底制度和设备、设施验收制度的实施。

5）领导、组织施工现场定期的消防安全检查，发现问题，制定措施及时解决，对上级提出的消防安全管理方面的问题，要定时、定人、定措施予以解决。

6）发生事故要做好现场保护与抢救工作，及时上报，组织、配合事故的调查，认真落实整改措施，吸取事故教训。

7）对工程分包队伍加强消防安全管理，并对其进行评价。

8）参加消防安全检查，对施工中存在的不安全因素，从技术方面提出整改意见和方法予以消除。

9）参加火灾及重大未遂事故的调查，从技术方面分析事故原因，提出防范措施、意见。

第二节　消防安全管理制度

一、消防安全管理制度的含义

消防安全管理制度是单位在消防安全管理和生产经营活动中，为保障消防安全所制定的具体制度、程序、办法和措施，是对消防安全责任制的细化，是国家消防法律、法规在单位内的延伸和具体化。

二、消防安全管理制度的种类及内容

（一）消防安全管理制度的种类

依据《消防法》和《单位消防安全管理规定》，单位消防安全管理制度主要包括消防安全教育、培训制度；防火检查、巡查制度；安全疏散设施管理制度；消防（控制室）值班制度；消防设施、器材维护管理制度；火灾隐患整改制度；用火、用电安全管理制度；易燃易爆危险品和场所防火防爆管理制度；专职和志愿消防队的组织管理制度；灭火和应急疏散预案演练制度；燃气和电气设备的检查、管理（包括防雷、防静电）制度；消防安全工作考评和奖惩制度以及其他必要的制度。

（二）各种消防安全制度应当包括的主要内容

1. 消防安全教育、培训制度

主要内容包括责任部门、责任人和职责、教育与培训频次、培训对象（包括特殊工种及新员工）、培训要求、培训内容、考核办法、情况记录等主要内容。

2. 防火巡查、检查及火灾隐患整改制度

主要内容包括责任部门、责任人和职责、检查频次、参加人员、检查部位、内容和方法、火灾隐患认定、处理和报告程序、整改责任和防范措施、情况记录等主要内容。

3. 消防（控制室）值班制度

包括责任范围和职责、突发事件处置程序、报告程序、工作交接、值班人数和资质要求（持证上岗情况）、情况记录等主要内容。

4. 安全疏散设施管理制度

包括责任部门、责任人和职责、安全疏散部位、设施检测和管理要求、情况记录等主要内容。

5. 用火、用电安全管理制度

包括责任部门、责任人和职责、设施登记、施工人员资格、动火审批程序、检查部位和内容、检查工具、发现问题的处置程序、情况记录等主要内容。

6. 消防设施、器材维护管理制度

包括责任部门、责任人和职责、设备登记、保管及维护管理要求、情况记录等主要内容。

7. 灭火和应急疏散预案演练制度

包括预案制定和修订的责任部门、组织分工、演练频次、演练范围、演练程序、注意事项、演练情况记录、演练后的小结与评价等主要内容。

8. 消防安全工作考评和奖惩制度

包括责任部门和责任人，考评目标、内容和办法，奖惩措施等主要内容。

9. 易燃易爆危险物品和场所防火防爆制度

包括责任部门、责任人和职责、易燃易爆物品的火灾危险性、场所情况、检查及险情记录等主要内容。

10. 燃气和电气设备的检查和管理制度（包括防雷、防静电）

包括责任部门、责任人和职责、设施设备情况、检查管理情况记录等主要内容。

11. 专职和志愿消防队的组织管理制度

包括责任部门、责任人和职责、人员情况和履职情况记录等主要内容。

三、消防安全管理制度的制定要求

各单位应根据消防法律法规及其他相关规定，结合本单位实际，建立健全各项消防安全管理制度，并采取措施确保制度落实到位。单位消防安全管理制度的制定应满足以下要求：

（一）符合本单位消防安全工作的客观需要

各单位应根据法律法规对消防安全管理制度的种类和内容要求，结合本单位消防安全工作的实际需要制定相应的消防安全管理制度，防止千篇一律和模式化。

（二）吸取经验，便于操作

单位制定消防安全管理制度要广泛吸取同行业和本单位消防安全管理中的经验教训，结合消防安全工作需要确定各项消防安全制度的具体要求，从而增强消防安全管理制度的针对性和可操作性，使其成为单位全体人员共同遵守的行为准则。

（三）便于奖惩考核

制定的消防安全管理制度要有定量的指标和量化的标准，从而方便考核。要结合防火巡查、消防安全检查等工作，加强对各项消防安全管理制度落实和执行情况的检查，将检查结果与部门、个人的利益挂钩，严格考核奖惩。对遵守和执行好的，以及对单位消防安全做出贡献的，要予以表彰奖励；对违反规定的，要按照考核奖惩制度的规定给予批评教育和相应的处分；对因此造成火灾事故的，要依法追究有关人员的法律责任。通过严格考核奖惩，树立消防安全管理制度的权威性，增强执行消防安全管理制度的自觉性和严肃性，从而将单位各项消防安全管理制度落到实处，有力保障单位的消防安全。

【示例】

××宾馆消防安全管理制度

一、消防安全教育、培训制度

1）消防安全责任人将消防安全教育、培训工作列入年度消防工作计划，为消防安全教育、培训提供经费和组织保障。

2）消防安全管理人制订单位年度消防安全教育、培训计划，负责在员工中组织开展消防知识、技能的宣传教育、培训。

3）根据年度消防安全教育、培训计划，确定培训内容及授课人，组织志愿消防队开展消防业务理论学习和灭火技能训练。

4）严格按照年度消防安全教育、培训计划，组织全体人员参加消防教育、培训。

5）对员工应当每半年进行一次培训，并将组织开展宣传教育的情况做好记录。

下列人员应当接受消防安全专门培训：

① 宾馆的负责人、消防安全管理人。

② 专、兼职消防安全管理人员。

③ 消防控制室的值班人员和自动消防系统的操作人员，并保证其培训后持证上岗。

④ 负责组织、引导群众疏散的人员。

⑤ 其他根据需要应当接受消防安全专门培训的人员。

6）消防安全教育培训的内容：

① 有关消防法律法规、消防安全制度和保障消防安全的操作规程。

② 各岗位的火灾危险性和防火措施。

③ 有关消防设施的性能、逃生自救器具、灭火器材的使用方法。

④ 报火警、扑救初起火灾、自救逃生的知识和技能。

⑤ 组织引导在场群众疏散的技能。

7）新上岗员工和重新调整到新岗位的员工，应经培训合格后方可上岗。

二、防火巡查制度

1）宾馆应当进行每日防火巡查，并确定巡查的人员、巡查的路线、部位和频次。巡查的内容应当包括：

① 用火、用电有无违章情况。

② 安全出口、疏散通道是否畅通，安全疏散指示标志、应急照明是否完好。

③ 消防设施、器材和消防安全标志是否完好。

④ 其他消防安全情况。

2）防火巡查人员应当及时纠正违章行为，妥善处置火灾危险，无法当场处置的，应当立即报告。发现初起火灾应当立即报警并及时扑救。

3）防火巡查应当填写巡查记录，巡查人员及其主管人员应当在巡查记录上签名。

三、防火检查制度

1）宾馆的防火检查应当由消防安全责任人或消防安全管理人组织实施。

2）宾馆应当至少每月进行一次防火检查。

3）宾馆防火检查的主要内容：

① 火灾隐患的整改情况以及防范措施的落实情况。

② 安全疏散通道、疏散指示标志、应急照明和安全出口情况。

③ 消防车通道、消防水源情况。

④ 灭火器材配置及有效情况。

⑤ 用火、用电有无违章情况。

⑥ 重点工种人员以及其他员工消防知识的掌握情况。

⑦ 消防安全重点部位的管理情况。

⑧ 易燃易爆危险物品防火防爆措施的落实情况以及其他重要物资的消防安全情况。

⑨ 消防（控制室）值班情况和设施运行、记录情况。

⑩ 防火巡查情况。

⑪ 消防安全标志的设置情况和完好、有效情况。

⑫ 其他需要检查的内容。

4）防火检查应当填写检查记录。检查人员和被检查部门负责人应当在检查记录上签名。

四、安全疏散设施管理制度

1）宾馆在营业期间安全出口严禁锁闭，疏散通道严禁占用。

2）疏散通道、安全出口应保持畅通，不得被浆洗的被褥、蔬菜、啤酒箱等杂物阻塞。

3）疏散指示标志、消防应急照明等疏散设施不得被圈占、挪用、遮挡、覆盖，并应经常维护保养。

4）疏散指示标志、消防应急照明、疏散楼梯间的防排烟设施等应定期进行测试，发现问题及时处理。

五、消防控制室管理制度

1）宾馆消防控制室实行24h值班制度。

2）值班人员要提前10min到岗，按照要求交接班，并在值班记录上签字确认，做好上岗前的准备工作。

3）值班人员接班后，要利用设备自检功能对室内的消防设备设施进行巡检，并将巡检结果认真填写在巡检记录上，对巡检中发现的设备故障，要及时填写故障通知单交设备维修部门签字维修。

4）值班期间发生各种报警，值班人员要按照相应的报警处置程序进行灵活有效的处理，要严格执行火警报警制度。

5）值班人员要遵守值班纪律，不得私自串班，不得擅离职守，不准长时间占用值班电话，接收和发出报警要及时进行电话录音，不准随意删除报警电话录音。

6）严禁在监控室内睡觉、打瞌睡，严禁在室内喝酒、吸烟、会客和搞各种娱乐活动，严禁酒后上岗。

7）值班期间要保持头脑清醒，对各种报警提示音要迅速做出反应并及时确认。做到“耳细听、眼勤看、头脑清、反应快”，处置得当。不漏报、不误报，报警准确率达100%。

8）值班人员严禁擅自关闭、改变室内消防设备设施的工作状态，对外来人员要认真登记，厂家的工作人员维修设备必须经主管领导批准，并由维修部门的人员陪同方可进入室内工作。

六、消防设施、灭火器材管理制度

1）消防设施包括消火栓、自动喷水灭火系统、防火分隔设施、疏散设施、手动报警器、声光报警器等。

2）室内消火栓，由设置部位的所在部门指定人员管理。做到：

① 消火栓内配齐的消防水带及其开关、按钮等，必须保持完好，不准锈死、损坏，非灭火需要严禁动用。

② 装修或摆放商品时，不准遮挡、阻碍消火栓。

③ 发现故障或破损时，应及时报告消防设备维修人员立即修复。

3）防火门、楼梯间前室、防火卷帘、疏散指示灯、标志灯、火灾事故照明灯，由设置部位的所在部门指定人员管理。做到：

① 通道和出口不得摆摊设柜台堵塞通行。

② 不准在防火卷帘下设柜台或堆放物品，妨碍降落。

③ 不准遮挡、人为破损。

④ 发现破损，应立即报消防设备维修部门及时修复。

4）消防器材按有关规定和实际情况配置。

5）各设置点的消防器材应指定专人管理。并做到：不准挪动，不准在周围摆放物品遮挡堵塞，不准损坏、不准随意试验或挪作他用。

6）消防器材进行补充、更换和维修时，应保证消防器材原配备的数量。

7）火灾自动报警系统、自动喷水灭火系统、防排烟等自动消防设施和灭火器材应当定期检测、调试、维修，并按时认真填写检查、检测、维修保养记录。未经公安机关消防机构同意，不得擅自停用消防设施。

七、火灾隐患整改制度

1）对公安机关消防机构确定的火灾隐患的处理：

① 对《责令限期改正通知书》确定的火灾隐患，消防安全责任人应落实整改；整改完毕或限期届满时填写《火灾隐患整改复函》，申请公安机关消防机构复查。

② 对《重大火灾隐患限期整改通知书》确定的火灾隐患或需要动用较大数额资金整改的隐患，消防安全责任人制订具体整改计划，内容包括隐患情况，整改方案，整改时限等报上级主管领导批示后，督促落实，整改期间采取临时性防范措施，整改完毕或期限届满时填写《火灾隐患整改复函》，申请公安机关消防机构复查。

2）对本单位在防火巡查、检查中发现的火灾隐患的处理：对不能当场改正的，单位应当登记备案，并制定整改方案，确定整改的措施、期限以及负责整改的部门、人员。需要资金投入的，宾馆负责人应当落实整改资金。在火灾隐患未消除之前，应当落实防范措施，保障消防安全。对不能确保消防安全，随时可能引发火灾或者一旦发生火灾将严重危及人身安全的，应当将危险部位停产停业整改。

3）对一时确有困难（含时间、技术、资金）难以整改的火灾隐患应书面报告公安机关消防机构，制定分段整改方案，并采取有效措施或停止使用，保证不因隐患而引发事故。

八、用火用电管理制度

1）宾馆营业期间，严禁在顾客入住、就餐、娱乐的建筑内进行焊接、切割、烘烤、熬炼和喷灯等明火作业。

2）在其他部位进行明火作业必须由单位主管消防安全的部门批准方可进行。

3）明火作业前，在作业现场必须配备足量的相应消防器材，明火作业负责人对全体作业人员详细讲明动火方案和动火过程中可能发生的异常情况、预防措施和处理办法，做好作业现场的安全检查及清理工作，消防安全主管部门派人进行现场监督。

4）动火作业完毕，消防安全主管部门应对动火现场进行检查，监督作业现场的清理，确保安全。

5）厨房炉灶用火应落实专人管理炉灶，做到人走火灭，使用燃油、燃气的炉灶，在厨房下班后应落实专人检查所有阀门，保证其处于关闭状态。

6）严禁私拉、乱接临时电源。确须临时电源的，由宾馆的消防安全主管部门指定专职电工按操作规程作业，用后由单位消防安全主管部门监督拆除。

7）宾馆的电源、电器开关等应落实专人负责。负责人应负责每日的最后关闭，发现异常及时报单位修复。

8）宾馆的电气线路应定期进行检测，发现有线路老化，电阻过大现象时，应及时更换电气线路。

9）宾馆的客房、餐厅、娱乐室、活动室、会议室、多功能厅等有顾客活动的房间严禁拉接临时电源和敷设临时电气线路。

九、易燃易爆物品管理制度

1）宾馆的客房、餐厅、娱乐室、活动室、会议室、多功能厅等有顾客活动的房间及相邻房间严禁存放易燃易爆物品。

2）宾馆使用燃油、燃气锅炉和器具的，其燃油、燃气应按国家有关规定存放（见技术标准）。

3）不准客人携带易燃易爆物品进入宾馆，宾馆迎宾台的工作人员应主动提示客人勿带易燃易爆物品入住，已经携带的，规劝客人由宾馆代为寄存，否则不准入住。

4）宾馆应设立代客人存放易燃易爆物品的寄存处。

十、灭火和应急疏散预案演练制度

1）宾馆应每半年开展一次灭火和应急疏散演练，演练内容主要包括报警、灭火、疏散、检查、总结。具体内容按照“灭火和应急疏散预案”进行。

2）灭火和应急疏散演练由消防安全责任人组织，消防安全管理人、各岗位或部分岗位全体员工或部分员工参加。

3）灭火和应急疏散演练应事先定好演练方案，演练时按方案施行。

4）演练结束后，对演练情况进行总结讲评，发现不足之处应及时修改和完善预案。

5）灭火和应急疏散预案，应根据本宾馆的实际情况编制。预案可包括下列内容：

① 组织机构包括灭火行动组、通信联络组、疏散引导组、安全防护救护组。

② 报警和接警处置程序。

③ 应急疏散的组织程序和措施。

④ 扑救初起火灾的程序和措施。

⑤ 通信联络、安全防护救护的程序和措施。

⑥ 组织引导在场群众疏散的程序和措施应专门编制。

十一、消防安全管理奖惩制度

1）将消防安全工作纳入本单位综合检查、考核、评比内容。

2）对在消防安全工作中成绩突出的部门和个人应当给予表彰奖励。

3）对未依法履行消防安全职责或违反单位消防安全制度的行为，应当按照有关规定对责任人员给予行政纪律处分或其他处理。

第三节　消防安全操作规程

一、消防安全操作规程的含义

消防安全操作规程是单位特定岗位和工种人员必须遵守的、符合消防安全要求的各种操作方法和操作程序的总称，具有较强的专业技术性。

二、消防安全操作规程的种类及内容

（一）消防安全操作规程的种类

消防安全操作规程的种类主要包括消防设施操作规程（包括消防控制室、消防水泵房、消防电梯、高位水箱间、增压泵、风机房等）；变（配）电设备操作规程；电气线路安装操作规程；设备安装操作规程；燃油、燃气设备及压力容器使用操作规程；电焊、气焊操作规程；其他有关消防安全操作规程。

（二）消防安全操作规程的重要内容

各项消防安全操作规程一般都应包括岗位人员应具备的资格；设施、设备的操作方法和程序、检修要求；容易发生的问题及处置方法；操作注意事项等主要内容。

三、消防安全操作规程的制定要求

单位应当根据国家有关规定，结合本单位实际，建立健全各项消防安全操作规程，督促有关岗位或工种人员严格遵守。操作规程的制定应满足以下要求：

（一）立足单位实际，避免操作规程的模版式发展

单位消防安全操作规程要涵盖单位消防安全工作的各个方面。就不同单位而言，由于其性质、特点不同，消防安全工作的内容和要求也有所不同。即使相同性质的工作岗位，由于单位生产条件和环境不同，其消防安全操作规程也应在原则的基础上，立足实际进行制定，防止照搬照抄的模版式发展。

（二）符合国家有关消防法规和技术规范的要求

单位制定消防安全操作规程时，应当以国家有关消防法规和消防技术规范为依据，结合单位生产、经营等各项活动和各个环节，将国家的有关规定细化和具体化，进一步规范单位全体人员的消防安全行为，明确消防安全要求，促进单位各岗位消防安全工作的规范化和制

度化。

（三）广泛征求和吸收群众的建议

制定单位消防安全操作规程要充分发挥单位消防安全管理机构或各岗位工作人员的作用，广泛征求其工作中总结出的意见和建议，从而增强消防安全操作规程的针对性和可操作性，使消防安全操作规程的制定和实施建立在广泛的群众基础之上，成为各岗位人员自觉遵守的行为准则。

【示例】

××建设集团消防安全操作规程

为了认真贯彻“预防为主、防消结合”的消防工作方针，规范施工、安装作业、防火重点岗位及消防设施安装程序，落实岗位责任，消除和控制施工作业过程中的不安全行为，预防火灾事故，确保作业人员的安全健康，本公司特制定本规程。

一、一般规定

1）各工种作业人员必须遵守国家有关施工现场消防安全的法律、法规以及集团公司有关施工现场消防安全的制度规定。

2）各工种作业人员必须经过消防安全培训，掌握一定的消防安全知识和技能，经考试合格后方可上岗作业。

3）各工种作业人员必须熟悉本工种操作规程、本岗位火灾危险性和施工现场消防安全管理制度，在施工过程中必须严格执行消防安全措施交底和各自的消防安全操作规程，不在施工现场吸烟，不违章作业，并应制止他人违章作业。发现问题应及时报告。

4）各工种作业人员禁止在施工现场和生活区及宿舍内随意动火。如有特殊情况或生产需要动火的，必须经有关部门审批。

5）各工种作业人员在施工过程中，要爱护现场设置的消防设施和灭火器材及各类消防标志，不得随意挪动、损坏或使其失效。

6）电气焊、气割等使用明火作业的人员，在作业前必须申请办理动火证，之后彻底清理现场内的易燃物品和封堵孔洞，并设专人看火，配备灭火器和水桶。作业后必须确认无火源隐患后方可离开。

7）施工中使用易燃易爆材料（如稀料、汽油等）须经有关部门批准，使用人员应随用随领，限当天用量使用，不准在工程内存放，废弃料应及时清除。严禁将易燃物品带到宿舍或其他地方。

8）各工种作业人员严禁在宿舍内私接乱拉电线；严禁使用“热得快”、电饭锅、电褥子等用电器具；严禁使用塑料制品、纸类物品等易燃材料支搭（吊顶）和围挡床铺；不得卧床吸烟。

9）电工、电气焊、气割作业人员必须按照国家有关规定经过专门的安全作业培训，并取得特种作业操作资格证书后（外地特种作业操作资格证，必须换成本市临时操作资格证），方可上岗作业。

10）使用新技术、新工艺、新设备、新材料施工和调换工作岗位人员，必须进行消防安全教育，未经教育不得上岗操作。

11）发生火灾要立即报告，并迅速扑救，保护好现场。在火势较大危及生命的情况下，要按疏散通道的指示标志迅速撤离火灾现场。撤离火场时，如遇浓烟应用湿毛巾或衣物捂住口、鼻，尽量低下身体行进。

二、开具动火证人员

1）施工现场（单位）应当对动用明火实行严格的消防安全管理。禁止在具有火灾、爆炸危险的场所使用明火；因施工生产需要进行电、气焊等明火作业的，应当按照单位的用火管理制度办理审批手续，落实现场监护人（看火人员），确认无火灾、爆炸危险后方可动火施工。

2）动火证应由消防安全保卫人员开具，由其他人员代理的应有书面委托。

3）消防安全保卫人员应按时参加生产调度会，全面掌握生产进度、各工种作业情况、各种材料购进存放情况。

4）动火操作前应对电气焊工等作业人员以班组或分包为单位，进行动火操作交底，填写《动火申请审批表》，项目主管负责人签字（有效期10天），开具当天动火证，方允许动火操作。

5）动火前，消防安全保卫人员应对工程内操作部位上下和周围环境及现场堆放材料情况进行检查，确保没有易燃、可燃材料、防水施工和其他交叉作业危险后方允许开动火证。

6）动火证必须由现场总包负责管理，消防安全保卫人员具体开具填写。开具动火证时，应对焊工操作有效性进行审查，防止非焊工和持有过期操作证电气焊工进行用火操作。

7）动火证上应写有针对性的用火措施，禁止将措施打印或提前填写。动火证当日有效。用火地点变换，要重新办理用火证手续，动火证应写明限定的时间、地点、范围，作业结束，动火证应收回。

8）在高层、外檐及孔洞周围作业时，必须要求焊工配备接挡工具（如接火盘、石棉布等），并在动火证上注明具体要求。

三、电气焊工

1）电气焊工必须经过消防安全培训，掌握消防安全知识，经有关部门考试合格后，方可上岗。

2）电气焊作业操作前，必须经单位防火负责人和消防保卫部门审批，办理动火证。电气焊工应本人到动火审批部门办理用火审批手续，不得由他人代理。焊工在操作中应随身携带操作证及其复印件。作业人员必须按动火证限定的时间、地点、范围进行电气焊割作业，作业结束，交回动火证。

3）电气焊割作业前，必须仔细检查作业地点的安全状况，必须清除周围一切可燃物，配备必要的灭火器材或灭火用水，并设专人现场监护。点火前要检查焊割器具软管、接口螺钉是否处于安全状态。

4）焊、割存放过化学危险物品的容器或设备，在处于危险状态时，不得进行焊割。必须采取安全清洗措施后，方准进行焊割。

5）焊割作业不准与防水施工、油漆、喷漆、木工、聚苯保温材料、塑料模板等易燃易爆操作同部位、同时间上下交叉作业。冷却塔、贵重设备安装（如冷水机组）和安装后也应避免同部位、同时间上下交叉作业，特殊情况需对该设备上下周围进行电气焊操作，应有专项措施方案，确保安全后方准许操作。

6）高层、外檐及孔洞周围作业必须有接挡、封堵措施。严禁在有火灾爆炸危险场所进行焊割作业。

7）电焊机必须设立专用地线，不准将地线搭接在建筑物、机器设备或各种管道、金属架上。

8）氧气瓶导管、软管、瓶阀等不得与油脂、沾油物品接触。氧气瓶和乙炔瓶应分开放置，两瓶之间工作间距不小于5m，两瓶与明火作业距离不小于10m，并不得倾倒和受热。

9）在遇有五级以上大风等恶劣气候时，应停止高处、露天焊割作业。

10）作业完毕或焊工离开现场时，必须切断气源、电源，检查现场，确无火险，方可离去。

四、防水作业

1）防水作业施工前，作业人员应接受消防安全教育，签订消防安全责任书，认真执行消防安全要求。

2）防水材料应设专用库房，并设专人负责。库房严禁吸烟和使用明火，配备足够的消防器材。

3）装卸溶剂（苯、汽油）的容器，必须配软垫，不准猛推猛撞。使用容器后，其容器盖必须及时盖严，容器远离火点。

4）配料人员在配料前，必须检查搅拌器和电器设施，以防损坏漏电。

5）防水作业施工期间现场应有专人巡视检查，并设置严禁烟火标志，周围30m内严禁动用明火及使用电动工具，工程内施工的，操作范围楼层上方孔洞应堵严。

6）作业现场和配料场地应通风良好，施工中通风条件差的应有防爆通风设备。不得使用明露高热强光源灯具。灯具应安装保护罩（网），以防灯具破碎打火。

7）作业现场严禁吸烟和使用其他明火。

8）电气设备开关应设在场外，并减少铁制工具的使用，防止金属工具碰撞产生火花和电器打火遇挥发气体发生爆燃。

9）施工中应做好人员疏散和灭火准备，在狭窄基坑内施工应有疏散逃生措施，并备有耐火爬梯，以便突发火情时，人员能及时撤离到安全地点。遇有火灾发生时，在保证人员安全的情况下应及时有效地进行扑救，并立即报告，抢救伤员，保护现场。

10）防水作业完毕后，必须确保易燃气体挥发干净，无火灾危险方可明火作业。

11）防水卷材采用热熔结，使用明火（如喷灯）操作时，应办理动火证，设专人看护，配备灭火器材。

12）刷底油和粘结卷材不能同步进行，待底油气体挥发干净后，方可进行粘结卷材作业。

13）防水卷材采用热熔粘结使用汽油喷灯前，应检查开关及零部件是否完好，喷嘴要畅通。

14）喷灯点火时，火嘴不准对着人。汽油喷灯加油不得过满，打气不能过足。

15）下班清洗工具，未用完的溶剂，必须装入容器，及时盖严。

五、使用聚苯保温材料

1）保温材料的使用要做到随进随用，不在现场存放，临时周转要封闭管理，远离火源、电源。

2）使用前应制定可靠的防火措施，对有关人员进行教育和消防安全交底，经现场消防保卫部门审批，主管领导批准后方准安装使用。

3）安装部位严禁明火作业，外墙严禁拉接线路。

4）安装后保温材料外露未封堵的应采取技术措施及时作界面处理（如甩胶灰等），以达到防火效果。

5）明确落实现场主管领导责任，落实存放、使用安装和安装后有关部门及人员责任。做到追踪管理，措施到位。

六、现场存放、安装贵重设备

1）贵重设备是指工程内安装的机电设备，如冷冻机组、电梯等贵重机器设备。

2）贵重设备存放、安装应认真执行施工组织设计制定的专项防火方案和工艺流程，并按规定区域和工序安排进场存放。

3）各种设备进场存放时应明确负责单位或部门并责成专人负责。

4）各种设备进场，应放置在不妨碍施工的安全地点，避开用火区域及电源和配电箱处，防止火源及电火花引燃包装箱。严禁在地下室存放。

5）管理单位应将贵重设备临时存放的地点列入重点防火部位，明确防火责任，昼夜24h有人照管，同时现场成品保护人员或护场警卫人员要进行巡视检查，以确保消防安全。

6）安装作业在工艺允许的情况下尽量不用电气焊，如特殊情况，须进行电气焊作业时需开具动火证，有可靠的安全措施，并由有经验的焊工进行作业。设备采用易燃可燃材料包装的，应将包装箱拆除，用石棉布将设备遮挡严密后再施焊。

7）做好应急准备工作，疏散通道应保持畅通，配备足够的灭火器材，必要时应接好水龙带，以便应急使用。

七、冷却塔安装

1）安装冷却塔必须有工长交底，并亲自组织班组长落实，选择有经验的人操作，明确消防安全责任人，工长经常检查交底落实情况。

2）禁止冷却塔焊接和屋面防水施工同时进行。冷却塔的就位、安装与防水施工要服从整个工程的整体计划安排，严格按工艺规程进行。冷却塔上的易燃材料、可燃材料应尽可能在电气焊后再行安装。冷却塔上动力线路必须严格检查，防止线路打火等故障。

3）冷却塔进行电气配管安装时，在工艺允许的情况下，尽可能不使用电气焊进行施工，采取其他方法代替，可以在冷却塔下组装施焊的不得在冷却塔上施焊。

4）特殊情况需要电气焊作业时，必须对冷却塔周围的易燃物进行彻底清理。施工焊接时必须用石棉布围挡，接好水龙带，将冷却塔易燃材料浇湿，防止电气焊的火花、熔渣落在易燃材料上。五级风以上必须停止电气焊作业。

5）焊接时必须配有看火人员，坚守岗位，配备足够的干粉等灭火器材。

6）进行冷却塔安装施工时，必须考虑有人员能及时撤离的疏散通道。

八、液化石油气的使用

1）液化石油气使用人员必须接受消防安全教育，掌握必要的燃气用火常识和扑救燃气火灾的技能。

2）施工现场凡使用液化石油气前必须提出申请，填写“××建设集团燃气用火消防审批表”，经项目安全消防部门（人员）检查，确认符合使用标准，发给使用合格证后，方准使用。

3）液化石油气灶设置及钢瓶的存放处均应按消防重点部位管理，有专人负责液化气的开启使用前、使用中、关闭后的检查工作。

4）使用液化气应有专用房间或厨房，不得使用易燃、可燃材料搭建，钢瓶应与用气灶间分开单独放置，并保持通风，严禁在地下、半地下及工程内使用燃气。

5）钢瓶必须直立放置，严禁卧放、倒放，钢瓶上不准放置杂物，并远离热源，环境温度不得超过45℃，禁止用火烤、开水烫或在阳光下暴晒。

6）检查液化石油气设备是否漏气，应使用肥皂水，禁止使用明火测试，发现钢瓶角阀、减压阀漏气，应送供应站更换，不得自行拆修。减压阀密封圈变形或胶管老化漏气，应在指定或正规站点更换购件，灶具转芯门漏气，应请专业人员及时修复。

7）使用中如有液化气气味，应立即关闭阀门，打开门窗通风，在泄漏气体未驱散掉和漏气现象未排除前，严禁在此范围内使用手机、座机和动用明火及开启电气设备。

8）使用燃气灶时应有专人看管，防止汤水沸溢或吹风使火焰熄灭。使用完毕应首先关闭角阀，再关灶具开关。严禁私自倾倒钢瓶残液，禁止使用超量充装的钢瓶。

9）更换液化石油气钢瓶要到市煤气公司供应站，严禁私换乱换，以保证燃气和钢瓶的质量。搬运钢瓶时要轻拿轻放，不得摔、磕、碰撞。

10）做好灭火准备工作，液化石油气设备周围应配备充足的灭火器材，发现火情应及时报警并组织人员扑救。

九、木工

1）应了解本工种在施工现场的消防安全重要性，掌握一定的防火知识和灭火技能。

2）严禁在现场和木工棚操作间内吸烟和使用明火。

3）支搭和拆除模板时严禁与电气焊用火和其他明火操作上下立体交叉作业。

4）对采用的新技术、新材料、新工艺必须充分掌握其安全技术特性，采取有效的消防安全措施。如使用塑料模板，周围应禁止电气焊操作。

5）冬季使用聚苯板对大模板保温时，保温材料应达到阻燃要求。

6）木工操作间内存放的木料不得超过一日的使用量，成品应运往使用地点，不得在操作间内存放。

7）木工操作间内的剩余碎木料、刨花、锯末应当日清除，倒在指定地点。

十、油漆工

1）油漆工应了解本工种的火灾危险性，掌握必要的防火知识和灭火技能。

2）库房和调料间照明灯具及排风装置应使用防爆型器具，开关应设在房间外面。

3）作业场所和临时存放的库房严禁动用明火。

4）室内作业时应有良好的通风条件。

5）不准在工程内存放油漆、稀料等易燃可燃材料。

6）调制油漆应在通风良好的房间内进行，不得在工程内和库房内调制。调制油漆后，容器盖要盖严。

7）工作完毕，冲洗工具、物品的溶剂应注意回收，不得随意泼洒。沾过油漆、稀料的棉纱或棉布等物应妥善处理，严禁将易燃物品带到宿舍或其他场所。

十一、电工

1）电工必须经过培训并考试取得电工证后方能从事电气工作，严禁无证电工从事电气工作。

2）电气设备的设置、安装、防护、使用、维修必须符合《施工现场临时用电安全技术规范》（JGJ 46—2005）。

3）变（配）电室必须保持清洁、干燥、通风。室内不准存放无关物品。电工值班住人部分，应与变（配）电室隔离。变（配）电室5m内不准存放易燃材料。

4）使用固定式或移动式电气设备要有专人管理，定期检查维修。

5）各种配电箱内不准存放杂物，并做好接地或安装自动断电设备。

6）经常检查电气绝缘程度，防止漏电短路。电气设备不准带病运行，以防连电。电热器具和发热部件必须安装在不燃的基座上，并远离可燃物，做到专人负责看管，用毕或中途停电时，务必拉闸断电。

7）有火灾爆炸危险的部位，必须采用有专门防护装置的电气设备（如油漆库房、调料间照明，防水施工场所的排风设备等），以防止电火花、电弧和高温引起场所中的可燃物或有爆炸危险的混合物发生燃烧或爆炸。

8）临时用电线路，应根据使用环境，如潮湿、高温等选择不同类型的导线，必要时要穿套管，导线之间、导线与墙壁、金属物之间应保持适当的距离或架套管保护。根据电气设备的容量，正确使用相应的截面面积导线，并安装符合容量的熔丝，以防超负荷。严禁使用铜丝、钢丝代替熔丝。工程内用聚苯保温材料做外墙保温时，严禁在有保温材料一侧架线、穿线。

9）各种电气设备不应超过安全负荷，并且要接头牢靠绝缘良好和装有合格的保险设备。

10）电气设备应经常检查，发现可能引起火花、短路、发热和绝缘损坏等情况时必须立即修理更换。

11）安装消防水泵房用电时，应设专用配电线路，线路应引自施工现场总断路器的上端，以保证连续不间断供电。

12）各种电气设备要有防雨、防雷措施。

十二、仓库保管人员

1）仓库保管员应认真贯彻执行公安部《仓库防火管理规则》，工作中坚守岗位，尽职尽责。

2）严格遵守仓库的入库、保管、出库交接班等各项制度。

3）库房内不准吸烟和使用明火，对领料人员严格监管，防止将火种和易燃物品带入库内。

4）保管人员应熟悉和掌握所存物品的性质，并根据要求进行储存和操作。

5）易燃易爆危险物品要按类、项标准和特性分类存放，贵重物品要与其他材料隔离存放，进入易燃易爆库房的人员不得穿带钉的鞋和化纤衣服，搬动物品要防止摩擦和碰撞，不得使用能产生火星的工具。

6）库房内不准超量储存，应留有主要通道和检查堆垛的通道，垛与垛和垛与墙、柱、屋架之间应有规定的防火间距。

7）经常检查物品堆垛、包装，发现洒漏、包装损坏等情况时应及时处理，并按时打开门窗或通风设备进行通风。

8）遇水或受潮能发生化学反应的物品，不得露天存放或存放在低洼潮湿的地方；遇热易分解自燃的物品，应储存在阴凉通风的库房内。

9）从进货渠道上保证暂设和施工现场使用的安全网、围网和保温材料符合消防安全规定，对负责进货现场使用的保温材料（如聚苯板、保温草帘）应进行检测，确保阻燃性能，保温草帘氧指数应达到50以上，点火测试时不起火、不微燃、不炭化；外墙保温使用的聚苯板氧指数应达到30以上，燃烧分级达到B1级以上，点火测试时难起火、难微燃、难炭化，当火源移走后燃烧或微燃立即停止。

10）库房内严禁住人和做操作间使用。

11）下班前应仔细检查库房内外，拉闸断电，关好门窗，上好门锁。

12）保管员应熟悉、会用库内的灭火器材、设施，并加强维护保养，使其完好有效。

13）为施工现场电气焊配齐接火和隔挡工具，如石棉布、接火盘等。

十三、防火巡查人员

1）消防安全重点单位应当进行每日防火巡查，防火巡查一般由经警、保安、成品保护人员担任。防火巡查人员要经过培训上岗，掌握必要的防火知识、灭火技能和消防安全业务。防火巡查的主要业务内容有：

① 电气焊操作周围是否有易燃物；有无防止熔渣溅落的接挡措施；孔洞是否堵严。

② 工程内和库房是否有住人现象。

③ 宿舍有无私接乱拉电线，违章使用电器（“热得快”“电炉子”、电褥子、电饭锅）现象。

④ 聚苯保温材料存放、使用有无防火措施。

⑤ 安全疏散出口是否畅通，安全标志、应急照明是否完好。

⑥ 消防设施和器材是否完好有效。

⑦ 消防安全重点部位人员在岗情况。

⑧ 施工现场有无吸烟现象。

⑨ 其他消防安全情况。

2）防火巡查人员应当及时纠正违章行为，妥善处置火灾危险，无法当场处置的，应当立即报告。发现初起火灾应当立即报警并及时扑救。

3）防火巡查人员应当填写巡查记录，巡查人员及其主管人员应当在巡查记录上签字。

4）单位应根据施工现场情况确定巡查的内容、部位和频次。

自学指导

本章学习重点：单位消防安全制度的分类；单位各类消防安全制度的种类及具体内容。

1）单位消防安全制度按照其内容分为消防安全责任制度、消防安全管理制度以及消防安全操作规程三类。

2）单位消防安全责任制度分为单位消防安全责任制度和各类人员消防安全责任制度两大类。责任制度的内容包括单位总体的消防安全责任分工；单位消防安全责任人职责；专（兼）职消防安全管理人员职责；自动消防系统操作人员职责；专职消防队员职责；志愿消防队员职责；单位其他岗位员工职责等。

3）单位消防安全管理制度的种类包括消防安全教育、培训制度；防火检查、巡查制度；安全疏散设施管理制度；消防（控制室）值班制度；消防设施、器材维护管理制度；火灾隐患整改制度；用火、用电安全管理制度；易燃易爆危险品和场所防火防爆管理制度；

专职和志愿消防队的组织管理制度；灭火和应急疏散预案演练制度；燃气和电气设备的检查、管理（包括防雷、防静电）制度；消防安全工作考评和奖惩制度以及其他必要的制度。以上各制度的具体内容包括责任部门、责任人和职责以及制度相关的其他内容。

4）单位消防安全操作规程的种类主要包括消防设施操作规程（包括消防控制室、消防水泵房、消防电梯等）；变（配）电设备操作规程；电气线路安装操作规程；设备安装操作规程；燃油、燃气设备及压力容器使用操作规程；电焊、气焊操作规程；其他有关消防安全操作规程。各项消防安全操作规程的具体内容包括岗位人员应具备的资格；设施、设备的操作方法和程序、检修要求；容易发生的问题及处置方法；操作注意事项等主要内容。

本章学习难点：单位消防安全制度的制定。

单位消防安全制度包括责任制度、管理制度和操作规程，各类制度根据规定都有其规范的建设内容，与此同时，要结合各单位消防安全工作实际细化内容，确保制度内容的可操作性。

复习思考题

一、单项选择题（将正确的答案填写在括号内，错选、多选、未选均不得分）

以下不属于消防安全管理制度的是（　　）。

A. 消防教育与培训制度

B. 单位灭火与应急疏散预案

C. 单位防火检查、巡查制度

D. 单位电焊操作规程

二、填空题（将正确的答案填写在括号中）

单位消防安全制度按照其内容分为消防安全责任制度、（　　　　　　　　）以及消防安全操作规程三类。

三、简答题

1. 简述单位消防安全教育与培训制度的内容。

2. 简述消防安全操作规程的种类。

四、论述题

参照消防安全管理制度示例，简要制定一份商场的消防安全管理制度。

第四章　消防安全教育

学习目标

1. 应了解、知道的内容

◇ 消防安全教育的含义。

◇ 不同教育对象的消防安全教育内容。

◇ 消防安全教育工作者的基本能力要求。

2. 应理解、清楚的内容

◇ 消防安全教育的内容设计要求。

◇ 开展消防安全教育的要求。

3. 应掌握、学会的内容

◇ 消防安全教育的基本内容。

◇ 消防安全教育的渠道。

◇ 消防安全教育的方式。

4. 应熟练掌握的内容

◇ 消防安全教育工作者的基本技能要求。

自学时数　10 学时。

老师导学

本章的内容主要是对消防安全教育的内容、消防安全教育的渠道和开展方式以及对消防安全教育工作者的基本素质要求进行了详细介绍。在本章的学习中，应重在应用，能够熟悉消防安全教育的内容，掌握开展消防安全教育的基本技能，熟练运用各种教育方式开展消防安全教育。

消防安全教育是指各级政府、有关行政部门、新闻媒体和各单位、社会团体以增强消防法制观念、消防安全意识和消防安全素质为目的，运用宣传教育、基础教育和短期培训途径，普及消防法律、法规和消防安全知识及技能的行为。《消防法》明确规定了各级人民政府和机关、团体、企业、事业单位开展和组织消防安全教育的法定职责。广泛开展消防安全教育对于强化全民消防意识，提高全民消防安全素质、增强全社会抗御火灾能力，最大限度地减少火灾危害，促进社会和谐稳定具有十分重要的意义。

第一节　消防安全教育内容

加强消防安全教育是增强全社会的消防安全意识和整体提升消防安全素质的重要途径。消防安全教育的对象必须是广大的社会民众，从学龄前儿童到古稀老人，从无业人员到在岗职工都是消防安全教育的对象，消防安全教育的内容也由于教育对象的广泛性而涉及面广、内容丰富；同时，针对不同的消防安全教育对象特点，教育内容也有所区别。《社会消防安全教育培训规定》（公安部令第 109 号），规定了消防安全教育的基本内容，公安部、教育部、人力资源和社会保障部联合印发的《社会消防安全教育培训大纲（试行）》针对 13 类人员的特点，从消防安全基本知识、消防法规基本常识、消防工作基本要求和消防基本能力训练四个方面，进一步明确了消防安全教育的具体内容。

一、消防安全教育的基本内容

按照我国统一的消防安全教育大纲的要求，消防安全教育的基本内容通常包括以下几个方面。

（一）国家消防工作方针、政策

国家消防工作方针、政策包括消防工作方针、原则；有关消防工作的重大决策、部署和号召；各级党委、政府领导关于消防工作的批示、讲话和指示精神等。消防工作方针、政策、决策和部署关系到消防事业发展全局和社会安定、人民生命财产安全，因此，应贯穿在整个消防安全教育工作中。这将有利于全民了解消防安全整体形势，为政策法规的顺利推行和实施奠定舆论基础。

（二）消防法律、法规

消防法律、法规是“依法治火”的重要依据，是所有社会成员必须遵循的行为准则。消防安全教育应侧重于消防法律、法规的不可违背性和遵守的必要性，以及社会各单位和公民的消防安全责任和义务。通过消防法律、法规的宣传教育，使全社会了解消防法律、法规的内容和要求，明确单位和公民享有的消防安全权利，应履行的职责和义务以及消防违法责任，从而使公民自觉地遵守消防法律、法规。同时，还可以提高广大人民群众防范火灾的警惕性、与火灾作斗争的自觉性，增强社会责任意识，主动维护公共消防安全，从而促进消防法制建设和社会公共安全建设，在全社会营造良好的消防法治氛围。

（三）火灾预防知识

火灾预防知识主要是指人们生产、生活中用火、用油、用电、用气等方面的消防安全知识以及火灾多发时节的防火注意事项等，具体包括燃烧基础知识、防火基本原理、防火知识以及建筑消防设施功能等。向社会公众普及火灾预防知识，目的是提高群众消防安全意识，尽可能减少由于人的不安全行为引起的火灾，从源头上杜绝火灾的发生。

（四）火灾扑救、人员疏散逃生和自救互救知识

1. 火灾扑救知识

火灾扑救知识主要是指灭火基本原理和方法以及灭火器、消火栓使用方法和常见火灾扑救的方法及注意事项等。向社会公众开展初起火灾扑救知识的宣传，有助于提高扑救初起火灾的战斗力，对于减少人员伤亡和财产损失具有十分重要的意义。

2. 疏散逃生和自救互救知识

疏散逃生知识主要是指安全疏散路线、疏散指示标志识别，火场逃生的各种途径和正确方法及火场自救与互救的方式、方法。通过疏散逃生知识和技能的教育，能够提高公众应对火灾的自救、互救能力，最大限度地减少火灾中的人员伤亡。

（五）其他消防安全教育内容

除以上安全教育内容外，重大消防事件和消防工作动态、消防科学技术以及消防部队队伍建设和英模事迹也是常见的消防安全教育内容。

1. 重大消防事件和消防工作动态

重大消防事件主要是指群死群伤火灾和可能引起社会震动的重大灾害事件以及国务院、公安部和各级地方政府、公安机关召开的重要消防会议、重大消防工作部署等重要消防活动。消防工作动态主要是指阶段性火灾情况，火灾形势研判报告及经验教训等。通过及时对重大消防事件和消防工作动态的宣传教育可使公众了解国内外消防工作动态和相关消防信息，扩大消防工作的影响。

2. 消防科学技术

消防科学技术主要包括消防科普知识、国内外消防科技动态和消防科研最新成果。宣传消防科学技术的目的是让社会了解和应用消防科技新成果、新技术、新方法，推进消防科技成果转化为现实消防力量。

3. 消防英模事迹

消防英模事迹不仅包括灭火战斗、抢险救援中涌现出的英雄人物事迹，也包括在消防安全管理等过程中表现突出的人物事迹。通过对英雄人物事迹的宣传，可以激励民众以此为榜样，向英雄学习。

二、不同教育对象的消防安全教育内容

（一）社会单位消防安全责任人、消防管理人和专职消防安全管理人员

消防安全教育的对象主要是指机关、团体、企业、事业单位消防安全责任人、消防安全管理人、专（兼）职消防安全管理人员。目的是通过教育，使其熟悉消防法律、法规、规章和有关标准，知道消防工作法定职责，掌握消防安全基本知识和消防安全管理基本技能，提高检查消除火灾隐患、组织扑救初起火灾、组织人员疏散逃生和消防宣传教育能力。

1. 消防安全基本知识

（1）火灾基本知识　火灾的概念及分类，火灾发生的原因，防火的基本原理，火灾的危害，火灾蔓延的途径，不同类别火灾的特点以及火灾等级划分的标准。

（2）火灾扑救基本知识　火灾报警的方法、内容和要求，火灾扑救的基本原则，冷却、隔离、窒息、抑制等灭火原理，常见灭火剂的种类及适用范围，常用灭火设施、器材的种类及使用方法。

（3）火场疏散逃生基本知识　疏散逃生的基本方法和要求，消防自救呼吸器、救生绳（袋）、缓降器等救生器材的使用方法，疏散指示标志的识别，安全出口、疏散通道、应急照明、防火门、防火卷帘、火灾警报装置等常见疏散逃生相关设施的识别。

（4）典型火灾案例分析　不同类型社会单位火灾的原因及应该吸取的教训。

2. 消防法规基本常识

消防法规基本常识包括消防法规体系及主要消防法规；消防工作的方针和原则；《消防法》《国务院关于特大安全生产事故行政责任追究的规定》和《单位消防安全管理规定》等法律、法规有关单位消防工作职责的规定；法律、法规规定的有关消防行政、刑事责任。

3. 消防工作基本要求

消防工作基本要求的内容包括消防工作在单位生产经营、管理和发展中的重要作用；单位组织开展消防工作的方法、内容及要求；单位消防安全组织、制度建设的内容及要求；单位消防安全责任人、消防安全管理人等消防安全职责；消防安全重点单位管理的内容及要

求；单位重点部位、重点工种、火源、电气、易燃易爆危险品（设备）等消防安全管理的方法、内容及要求；单位员工消防安全教育的方法、内容及要求；消防设施、器材特点、用途及检查、维护、保养的基本要求；消防安全检查、巡查、岗位自查的方法、内容及要求；火灾隐患的判定标准及整改要求；《人员密集场所消防安全管理》《消防控制室通用技术要求》和《建筑消防设施的维护管理》等行业标准的相关规定；单位专职消防队、志愿消防队建设、管理的内容及要求；单位灭火和应急疏散预案的内容及演练要求；组织扑救初起火灾的基本原则和基本方法；单位消防档案的内容及管理要求。

4. 消防基本能力训练

消防基本能力训练的内容包括常用消防设施、器材操作训练；扑救初起火灾训练；火场疏散逃生、自救互救基本方法训练；消防安全宣传教育和消防安全检查训练。

（二）自动消防系统操作、消防安全监测人员

消防安全教育对象主要是指机关、团体、企业、事业单位从事自动消防系统操作的从业人员和消防安全监测执业人员，如消防控制室的值班人员、操作人员。该工种人员应经过标准学时的消防安全专业培训并通过职业技能鉴定，持证上岗。通过教育，使其熟悉消防法律、法规和有关标准规定，知道消防工作法定职责，掌握消防安全基本知识和操作消防设施的基本技能，提高消防控制室值班人员管理水平和应急处置能力。

1. 消防安全基本知识

（1）燃烧基本知识　燃烧的概念和条件，燃烧的类型和特点，燃烧的主要产物及其毒性，热传播的途径。

（2）火灾基本知识　火灾的概念及分类，火灾发生的原因，防火的基本原理，火灾的危害，火灾蔓延的途径，不同类别火灾的特点以及火灾等级划分的标准。

（3）爆炸基本知识　爆炸的种类及特点，爆炸的原因、发生条件及危害。

（4）电气防火基本知识　电气线路、电气设备的防火要求，防雷电、防静电和电器防爆的主要措施。

（5）建筑防火基本知识　建筑火灾发展和蔓延的基础知识，建筑材料的燃烧性能及分级，防火门、防火阀等防火分隔设施的基础知识，建筑物防火、防烟分区的基础知识，总平面布局和防火间距等的基础知识，安全出口、疏散通道等安全疏散的基础知识。

（6）相关学科知识　电工学、水力学、建筑学、燃烧学、有机化学等有关消防基础学科的知识。

（7）火灾扑救基本知识　火灾报警的方法、内容和要求，火灾扑救的基本原则，冷却、隔离、窒息、抑制等灭火原理，常见灭火剂的种类及适用范围，常用灭火设施、器材的种类及使用方法。

（8）火场疏散逃生基本知识　疏散逃生的基本方法及要求，消防自救呼吸器、救生绳（袋）、缓降器等救生器材的使用方法，疏散指示标志的识别，安全出口、疏散通道、应急照明、防火门、防火卷帘、火灾警报装置等常见疏散逃生相关设施的识别。

（9）典型火灾案例分析　不同类型火灾的原因及应该吸取的教训。

2. 消防法规基本常识

消防法规基本常识包括消防法规体系及主要消防法规；消防工作的方针和原则；《消防法》《中华人民共和国刑法》（以下简称《刑法》）、《治安管理处罚法》和《单位消防安全管理规定》等法律、法规的有关条款；《消防控制室通用技术要求》和《建筑消防设施的维护管理》等标准的相关规定；法律、法规规定的有关消防行政、刑事责任。

3. 消防工作基本要求

消防工作基本要求的内容包括自动消防系统操作人员、消防安全监测人员的消防安全职责；建筑防火、防烟分区划分和防火门、防火窗、防火卷帘以及安全疏散设施、消防电梯等设置、操作使用和维护管理要求；火灾自动报警系统的基本形式及使用范围、主要组件工作原理及主要功能，火灾报警控制器的分类及主要功能；消防控制室设备的基本组成及设计要求；消防控制室对消防联动控制器、自动喷水灭火系统、消火栓系统、防烟排烟系统及通风空调系统、防火门及防火卷帘系统、电梯、消防电话、消防应急广播、消防电源等控制和显示功能及操作要求；火灾应急处置程序和要求，消防控制室的资料管理和信息记录要求；消火栓系统的分类、构成及组件，系统的消防用水量、工作压力要求，系统供水、消火栓、增压措施等设置、操作使用和维护管理要求；自动喷水灭火系统的类型及其组成、组件工作原理及其特性，系统的设置场所、组件及配件设置、喷头布置及工作压力、供水、操作控制等要求，系统设置场所火灾危险等级划分、设计喷水强度、作用面积等要求，系统的操作使用和维护管理要求；气体灭火系统、泡沫灭火系统等类型及其组成、组件工作原理及其特性，系统的设置、操作使用和维护管理要求；防烟排烟系统的类型及其组成、组件工作原理及其特性，系统的设置、操作使用和维护管理要求；暖通空调的防火要求；灭火器配置设计、配置验收和检查的技术标准要求；消防安全检查的方法与内容；一般火灾隐患的认定标准与整改要求；引导火灾现场人员疏散逃生的基本原则和方法；扑救初起火灾的基本方法。

4. 消防基本能力训练

消防基本能力训练包括常用消防设施、器材操作训练；火场逃生、自救互救基本方法训练；消防控制室应急处置训练；火灾报警控制器操作、自动灭火系统控制装置操作、室内消火栓系统控制装置操作、防烟排烟系统及空调通风系统控制装置操作、常开防火门和防火卷帘控制装置操作、电梯回降控制装置操作、火灾应急广播控制装置操作、火灾警报装置控制装置操作、火灾应急照明与疏散指示标志控制装置操作等消防控制室监控装置操作训练；引导火灾现场人员疏散逃生训练。

（三）易燃易爆危险化学品从业人员

消防安全教育对象主要是指从事易燃易爆危险化学品经营、储存、运输、销毁的从业人员。目的是通过教育，使其熟悉消防法律、法规、规章和有关标准，知道消防安全法定职责，掌握消防安全基本知识和易燃易爆危险化学品危险特性、消防安全措施，提高预防和处置易燃易爆危险化学品火灾的能力。

1. 消防安全基本知识

（1）燃烧基本知识　燃烧的概念和条件，燃烧的类型和特点，燃烧的主要产物及其毒性，热传播的途径。

（2）火灾基本知识　火灾的概念及分类，火灾发生的原因，防火的基本原理，火灾的危害，火灾蔓延的途径，不同类别火灾的特点，火灾等级划分的标准。

（3）爆炸基本知识　爆炸的种类及特点，爆炸的原因、发生条件及危害。

（4）火灾扑救基本知识　火灾报警的方法、内容和要求，火灾扑救的基本原则，冷却、隔离、窒息、抑制等灭火原理，常见灭火剂的种类及适用范围，常用消防设施、器材的种类及使用方法。

（5）火场疏散逃生基本知识　疏散逃生的基本方法及要求，消防自救呼吸器、救生绳（袋）、缓降器等救生器材的使用方法，疏散指示标志的识别，安全出口、疏散通道、应急照明、防火门、防火卷帘、火灾警报装置等常见疏散逃生相关设施的识别。

（6）典型火灾案例分析　易燃易爆危险化学品火灾原因及应该吸取的教训。

2. 消防法规基本常识

消防法规基本常识包括消防法规体系及主要消防法规；消防工作的方针和原则；《刑法》《消防法》《治安管理处罚法》《危险化学品安全管理条例》和《单位消防安全管理规定》等法律、法规有关易燃易爆危险化学品从业人员消防安全职责的规定；法律、法规规定的有关消防行政、刑事责任。

3. 消防工作基本要求

消防工作基本要求包括易燃易爆危险化学品的分类、编号、标志及火灾危险性；易燃易爆危险化学品的包装要求；易燃易爆危险化学品生产、储存场所的平面布置、危险性分类、防火间距、防火分区、建筑防火分隔设施、建筑疏散设施等建筑防火基本常识；易燃易爆危险化学品仓库的消防安全管理措施和消防安全检查要求；易燃易爆危险化学品的出入库检查、安全装卸和储存要求；易燃易爆危险化学品仓库的一般配电线路、常用电气设备、防爆电器的防火要求以及静电、雷电防护要求；点火源的种类及控制要求；简易防护面具、空气呼吸器等常用防护器材的使用方法；警戒器材和警戒标志使用要求；常用堵漏器材、输转器材、洗消器材、侦毒测爆器材的使用方法；室内外消火栓系统、火灾自动报警系统、自动灭火系统、泡沫灭火系统等易燃易爆危险化学品场所常用固定消防设施的工作原理及其操作方法；易燃易爆危险化学品泄漏事故和火灾事故处置程序及要求；易燃易爆危险化学品中毒预防与现场急救常识；组织、引导储存易燃易爆危险化学品的人员密集场所现场人员安全疏散的方法、程序及要求。

4. 消防基本能力训练

消防基本能力训练包括常用消防设施、器材操作训练；火场疏散逃生、自救互救基本方法训练；易燃易爆危险化学品生产、储存场所消防安全检查训练；扑救易燃易爆危险化学品初起火灾训练；处置易燃易爆危险化学品泄漏训练；心肺复苏、创伤救护等初级急救技能训练。

（四）电工、电气焊工等特殊工种作业人员

消防安全教育对象主要是指电工、电气焊工等特殊工种作业人员。目的是通过教育，使其熟悉消防法律、法规的有关规定，知道消防安全法定职责，掌握消防安全基本知识和电工、电气焊等作业的消防安全措施及要求，提高预防和处置初起火灾能力。

1. 消防安全基本知识

（1）燃烧基本知识　燃烧的概念和条件，燃烧的类型和特点，燃烧的主要产物及其毒性，热传播的途径。

（2）火灾基本知识　火灾的概念及分类，火灾发生的原因，防火的基本原理，火灾的危害，火灾蔓延的途径，不同类别火灾的特点，火灾等级划分的标准。

（3）火灾扑救基本知识　火灾报警的方法、内容和要求，火灾扑救的基本原则，冷却、隔离、窒息、抑制等灭火原理，常见灭火剂的种类及适用范围，常用消防设施、器材的种类及使用方法。

（4）火场疏散逃生基本知识　疏散逃生的基本方法及要求，消防自救呼吸器、救生绳（袋）、缓降器等救生器材的使用方法，疏散指示标志的识别，安全出口、疏散通道、应急照明、防火门、防火卷帘、火灾警报装置等常见疏散逃生相关设施的识别。

（5）典型火灾案例分析　电器、电气焊火灾原因及应该吸取的教训。

2. 消防法规基本常识

消防法规基本常识包括消防法规体系及主要消防法规；消防工作的方针和原则；《消防法》《治安管理处罚法》《建筑工程安全管理条例》《建设工程安全生产管理条例》和《单位消防安全管理规定》等法律、法规有关电工、电气焊工消防安全职责的规定；法律、法规规定的有关消防行政、刑事责任。

3. 消防工作基本要求

消防工作基本要求包括电工、电气焊工的特种作业人员上岗资格证书管理要求；《厂区动火作业安全规程》和《焊接与切割安全》的相关规定；电气设备及线路安装、电气调试、施工现场变（配）电及维修、施工现场照明安装等作业的火灾危险性及防火措施；电工作业、电气焊作业相关安全操作规程；动火的分级、固定动火区的划分及动火审批制度的具体要求；电气焊作业的火灾危险性及消防安全检查的方法、内容和要求；各种作业环境下电气焊作业前、作业过程中、作业结束后的火灾危险性与防范措施；作业现场火灾处置程序及措施；发生火灾时，电工的应急处置程序；电气防火检查的方法、内容和要求。

4. 消防基本能力训练

消防基本能力训练包括常用消防设施、器材操作训练；火场疏散逃生、自救互救基本方法训练；消防安全检查训练；扑救电器、电气焊引发的初起火灾训练。

（五）保安员

消防安全教育对象主要是指保安服务公司和单位自行招用的保安人员。目的是通过教育，使其熟悉消防法律、法规、规章，知道消防工作职责，掌握消防安全基本知识和消防安全管理要求，提高消防安全巡查检查、初起火灾扑救、引导人员疏散和消防宣传的能力。

1. 消防安全基本知识

（1）燃烧基本知识　燃烧的概念和条件，燃烧的类型和特点，燃烧的主要产物及其毒性，热传播的途径。

（2）火灾基本知识　火灾的概念及分类，火灾发生的原因，防火的基本原理，火灾的危害，火灾蔓延的途径，不同类别火灾的特点，火灾等级划分的标准。

（3）火灾扑救基本知识　火灾报警的方法、内容和要求，火灾扑救的基本原则，冷却、隔离、窒息、抑制等灭火原理，常见灭火剂的种类及适用范围，常用消防设施、器材的种类及使用方法。

（4）火场疏散逃生基本知识　疏散逃生的基本方法及要求，消防自救呼吸器、救生绳（袋）、缓降器等救生器材的使用方法，疏散指示标志的识别，安全出口、疏散通道、应急照明、防火门、防火卷帘、火灾警报装置等常见疏散逃生相关设施的识别。

（5）典型火灾案例分析　不同类型社会单位火灾的原因及应该吸取的教训。

2. 消防法规基本常识

消防法规基本常识包括消防法规体系及主要消防法规；消防工作的方针和原则；《刑

法》《消防法》《治安管理处罚法》《危险化学品安全管理条例》和《单位消防安全管理规定》等法律、法规规定的有关消防安全职责及消防行政、刑事责任。

3. 消防工作基本要求

消防工作基本要求包括防火检查、巡查、岗位自查的方法、内容及要求；各类场所人员疏散的基本方法和要求；初起火灾扑救的基本原则和方法；安全用火、用电、用油、用气常识；灭火器的种类、适用范围、使用方法、设置及日常维护保养要求；消火栓工作原理、操作方法及日常维护保养要求；消防控制室的控制功能及控制室值班人员的职责和任务；《人员密集场所消防安全管理》的相关内容；《建筑灭火器配置验收及检查规范》等相关消防技术规范的相关规定。

4. 消防基本能力训练

消防基本能力训练包括常用消防设施、器材操作训练；扑救初起火灾训练；火场疏散逃生、自救互救基本方法训练；消防安全宣传教育和消防安全巡查检查训练。

（六）社会单位员工

消防安全教育对象主要是指机关、团体、企业、事业单位员工。目的是通过教育，使其熟悉基本消防法律、法规和规章，知道消防工作法定职责，掌握消防安全基本知识和消防基本技能，提高火灾预防、初起火灾处置及火场疏散逃生能力。

1. 消防安全基本知识

（1）燃烧基本知识　燃烧的概念和条件，燃烧的类型和特点，燃烧的主要产物及其毒性，热传播的途径。

（2）火灾基本知识　火灾的概念及分类，火灾发生的原因，防火的基本原理，火灾的危害，火灾蔓延的途径，不同类别火灾的特点，火灾等级划分的标准。

（3）火灾扑救基本知识　火灾报警的方法、内容和要求，火灾扑救的基本原则，冷却、隔离、窒息、抑制等灭火原理，常见灭火剂的种类及适用范围，常用消防设施、器材的种类及使用方法。

（4）火场疏散逃生基本知识　疏散逃生的基本方法及要求，消防自救呼吸器、救生绳（袋）、缓降器等救生器材的使用方法，疏散指示标志的识别，安全出口、疏散通道、应急照明、防火门、防火卷帘、火灾警报装置等常见疏散逃生相关设施的识别。

（5）典型火灾案例分析　不同类别火灾的原因及应该吸取的教训。

2. 消防法规基本常识

消防法规基本常识包括消防法规体系及主要消防法规；消防工作的方针和原则；《刑法》《消防法》《治安管理处罚法》《危险化学品安全管理条例》和《单位消防安全管理规定》等法律、法规规定的有关消防安全职责及消防行政、刑事责任。

3. 消防工作基本要求

消防工作基本要求包括本岗位火灾危险性及检查、消除火灾隐患的基本方法及要求；根据本单位制定的灭火和应急疏散预案，扑救初起火灾和组织、引导在场人员安全疏散的方法、程序及要求；消防安全巡查检查、消防设施维护管理、消防安全防范服务、消防安全宣传教育的方法、内容及要求。

4. 消防基本能力训练

消防基本能力训练包括常用消防设施、器材操作训练；扑救初起火灾训练；火场疏散逃生生、自救互救基本方法训练；消防安全巡查检查训练。

（七）居（村）民

消防安全教育对象主要是指社区居民、农村村民。目的是通过教育，使其掌握消防安全基本知识和消防法规基本常识，增强消防安全意识，提高防火、灭火和疏散逃生能力。

1. 消防安全基本知识

消防安全基本知识包括燃烧的条件；火灾的危害，火灾发生的原因；火灾报警的方法、内容和要求；发生火灾时，影响逃生的心理和行为误区，逃生自救的基本原则和方法；常见的消防安全标志；常见的建筑消防设施、器材；日常生活防火的基本方法；家庭安全用火、用电、用油、用气的常识；家庭常见火灾隐患的查找方法和整改要求；农村、社区消防安全管理的基本要求；家庭常见火灾的灭火方法；灭火器、缓降器、救生绳等家庭常备消防器材的使用方法；室内消火栓等建筑灭火设施的使用方法；农村、社区典型火灾发生的原因及应该吸取的教训。

2. 消防法规基本常识

消防法规基本常识包括《消防法》有关公民的基本消防法律义务和禁止性规定；《刑法》、《治安管理处罚法》的有关规定；法律、法规规定的有关消防行政、刑事责任。

3. 消防基本能力训练

消防基本能力训练包括常用消防设施、器材操作训练；火场疏散逃生、自救互救基本方法训练；农村、社区及家庭消防安全检查训练；家庭常见火灾扑救训练。

三、消防安全教育内容设计要求

消防安全教育的内容设计要本着求真务实的原则，具备知识性、真实性和针对性。

（一）知识性

任何事物的发生、发展都有其内在的原因和规律，火灾的发生也不例外。在进行消防安全教育时就必须设法让人们知道火灾发生、发展的原因和规律性，掌握防止火灾发生的有效措施，因此，要求在教育的方法和内容上要有知识性。例如，在居民日常生活中，常见有人因电表熔丝熔断而用铜丝代替，如果只是说这样做很不安全，不说或说不出为什么不安全的道理来，那么是不会达到消防安全教育的根本目的，应当将知识性寓于其中。通过知识性的教育，群众能掌握消防安全科学原理，自然就能举一反三，自觉注意消防安全。

（二）真实性

由于消防安全教育工作是教育人的工作，是通过各种渠道和形式的教育活动来提高人们的消防安全意识。所以，教育材料的内容、讲授例证必须按照事物的本来面目加以说明，用事实真相教育人，不可随意夸大或扭曲客观事实，这样群众才会信服并乐于接受教育，从中获得知识，受到启迪，取得良好的教育效果。

（三）针对性

消防安全宣传教育内容涉及面广、内容丰富，但实施时应当针对不同的教育对象有所侧重，使消防安全教育内容选择具有较强的针对性；同时，消防安全教育工作在不同时期也应有不同的重点；所以，在进行教育时，要注意区别，抓住其中的主要矛盾，有针对性、有重点地设计消防安全教育内容。

第二节　消防安全教育渠道和方式

消防安全教育按照渠道不同，有利用新闻媒介、依托教育基地、融入岗位培训等多种途径。按照教育手段不同，有开展活动、张贴标语、发放资料、授课讲座等多种方式；按照表达形式不同，有口头语言、文字、声音和图像等多种载体。消防安全教育采用的不同渠道、手段、方式，从而表现为多种多样的消防安全教育形式，每一种形式的消防安全教育将产生不同的效果，因此，消防安全教育应采用多种形式，不拘一格，在安全教育过程中交替使用。凡是能够使群众了解消防安全知识，增强消防安全意识，提高消防安全素质和防控火灾能力的各种形式都可以运用，同时，也应注意具体形式的选择还应从实际情况出发，因地制宜，利用现有条件，尽量选择新颖独特的形式，增强吸引力和感召力，使消防安全教育内容易于被教育对象广泛接受。

一、消防安全教育的渠道

（一）通过新闻媒体宣传

媒体传播具有承载信息量大、覆盖面广、传播速度快等优势，能够为宣传消防法律法规、普及消防科普知识、开展全民消防安全教育，提供快捷、高效、广泛的传载平台。所以，媒体宣传是消防安全宣传教育常用的主要途径之一，它包括电视宣传教育、广播宣传教育、报刊宣传教育、网络宣传教育和移动电话宣传教育五种方式。

1. 电视宣传教育

利用电视媒体将消防安全教育内容制作成公益广告、专题访谈、公共讲座、娱乐视听、科教服务等各种类型的电视节目，多方位、多视角、多样化地展现消防安全教育内容。目前，无论是无线电视还是有线电视都是开展消防安全教育的有效载体。在利用电视开展消防安全宣传教育时，应根据教育内容采用恰当的电视节目类型，力求取得最佳效果。例如，消防科普知识可运用娱乐、文艺节目形式，寓教于乐；消防法律法规、重大事件可利用新闻、专题、访谈等节目形式，及时传播信息；针对性强的教育内容可利用大型企业、公共场所、社区等有线电视网定时或预置播放，反复强化教育内容；火灾案例、专题片和消防影视剧的教育内容可利用露天影院定期播放。

2. 广播宣传教育

广播是相对便捷的新闻媒介，包括有线广播与无线广播。无线广播具有覆盖面广、收听方便、传播速度快、信息量大等特点，消防安全宣传教育可以利用无线广播进行消防新闻播报、现场报道、或利用专题广播栏目开办消防安全知识讲座及热线对话等；有线广播虽然覆盖面小，但听众相对集中，没有栏目时间限制，可根据需要随时播报，消防安全宣传教育可以利用社区或农村有线广播站，在特定时间内，播放有关消防安全讲座的录音或转播电台内开设的消防专题节目，向广大群众普及消防法律、法规和消防安全常识。利用广播进行消防安全宣传教育的优势是针对性强，贴近生产、生活实际，并且省时省力，效果较好。

3. 报刊宣传教育

报刊是最传统、最常见的新闻媒介，包括报纸和杂志两种大众传播媒体。报刊的优点是报道详尽，剖析深刻，能够发挥较强的指导和解释功能，可供读者反复阅读思考，且便于长期保存。报刊教育方式是利用各类报纸和杂志开辟固定消防专版、专栏或发表各类新闻稿件普及消防法律、法规和安全知识，宣传消防工作的方针和政策。主要表现形式有消息、通信、评论、调查报告、新闻图片和典型事故案例剖析等。消防报刊是报刊宣传的重要组成部分，也是消防宣传的专业阵地。具有公开刊号的全国性消防报刊有《人民公安报——消防周刊》《中国消防》《消防技术与产品信息》和《消防科学与技术》共四种，此外还有众多的主要由各省（自治区、直辖市）消防总队或消防协会、部分市级消防支队主办的内部发行的地方性消防报刊。

4. 网络宣传教育

网络媒介传播的优势在于传播更新速度快；信息量大、内容丰富；范围广，具有全球性和跨文化性；具有计算机检索功能、超文本功能；可实现多媒体、互动式传播；低成本、低门槛运行等。网络消防教育方式是利用计算机网络发布有关消防法律法规、安全知识以及相关新闻事件，争取最广泛公众关注的教育形式。其主要方式有在互联网上开设消防网站，制作消防网页；利用公共网站发布消防文字或图片新闻、消防法律法规、各种消防安全常识、英模事迹、科技成果、装备信息；组织开展网络消防知识竞赛、网上答疑、网上评选、网络消防动漫大赛等，形式灵活多样。我国政府、社团、科研单位以及企业和个人已成功建设了若干成熟的网络消防安全宣传教育基地，如中国消防在线、中国消防网、防火安全网、消防指南网、慧聪消防网、消防人网站等。

5. 移动电话宣传教育

移动电话又称手机，是一种新型媒介，具有实时性、移动性、持续性和阅读率高等特点。移动电话消防安全宣传教育方式是利用手机发送短信、接收短信、传送图片、接受视频节目等功能，宣传消防法律、法规及安全常识。目前的主要做法是通过通信运营商向用户群发布简短的具有提示性的消防安全警示、消防法规公告、火灾预警通知和火灾多发季节的防火措施等。

（二）建设消防安全教育基地

消防安全教育基地是消防安全教育专用建筑物或相对固定的宣传设施，可作为开展社会化消防安全教育的平台和载体。

1. 消防科普教育基地

消防科普教育基地是面向公众免费开放的消防博物馆、展览馆、防灾教育馆等。专门消防科普工作者或志愿者在教育基地内长期开展消防知识普及教育工作，让市民和青少年、儿童通过特制的模拟设施和模拟环境，进行防火、灭火、报警和逃生自救等消防模拟体验，使受教育对象在看得见、摸得着的教育中提升消防素质。

2. 消防宣传板报、画廊

消防板报、画廊宣传是围绕消防工作中心或针对某一时期、某一方面消防安全暴露出来的问题，采用照片、宣传图片、绘画、书法、漫画等，并辅以文字说明等形式制作而成。消防宣传板报、画廊的内容可随着季节变化或根据重大节日宣传的实际需要进行更换。消防宣传板报、画廊既可以是固定的，也可以是流动式的。固定式的消防板报、画廊可以设置在企业厂矿的办公或生活区、社区街道路口、文化活动中心、居委会门前等地点；流动式的消防板报、画廊可与消防宣传车相互结合进行，用载有广播或录像设备的消防宣传车将宣传板报拉到社区集贸市场、居住小区、公共娱乐场所等处进行宣传。这种宣传方式，图文并茂，形式活泼，内容生动，针对性强，深受群众欢迎。

3. 面向社会开放的消防站

在消防站的原有设施的基础上，设置烟雾逃生训练室、高楼缓降逃生训练器、家庭火灾灭火训练设备、厨房灭火演示室、消防安全宣传教育展板、火灾报警器、消防知识学习测试软件等设施。消防站定期面向社会开放，通过消防员讲解消防安全知识，演示抢险救援器材和装备，群众模拟报警、灭火，体验防护逃生器材使用等具体方式开展消防安全宣传教育。

4. 消防安全宣传教育一条街

消防安全宣传教育一条街通常是由政府部门、公安消防和街道办事处联合组织，选择人流量大、街容繁华、商业网点密集的街道，结合消防灭火应注意的问题和街道的实际火灾隐患情况，张贴标语口号，悬挂过街条幅，设置消防宣传展板、出动消防宣传车、展览消防文化作品、组织消防文艺节目演出，从而形成与公众贴近的安全教育基地。

5. 消防宣传车

消防宣传车是专门用于开展消防安全宣传教育的专用车辆，通常包括若干系统模块，例如，119 报警体验、图文并茂的消防知识查询系统、重特大火灾案例、消防安全知识宣讲视频、电气火灾演示台等。消防宣传车使用简单，而且可根据需要随时移动，是十分便捷的消防安全宣传工具和载体。

（三）结合职业技能或岗位教育培训

职业技能培训是按照国家职业分类和职业技能标准进行的规范性培训，按照有关规定一些职位必须经过职业培训，获得技能等级证书方可上岗。消防安全内容可以纳入相关行业的职业技能培训的内容中，并与职业技能培训和考核一并进行。岗位培训教育是为使受教育的新职工能正确掌握岗位“应知应会”的内容和要求，对职工进行工作内容、要领、方法和程序的培训教育。岗位培训教育按教育的不同层次，可分为厂（单位）、车间（工段）、班组（岗位）三级。在每一级的培训内容中应结合操作岗位的实际情况和特点，增加必要的消防安全知识和技能。

1. 厂（单位）级

新员工来单位报到后，首先由单位的领导、消防安全部门和有关技术人员给他们上消防安全知识课，介绍本单位的特点、重点部位、安全制度、灭火方法；从事易燃易爆生产、储存、销售和使用的单位，还要组织新员工学习基本的化工知识，了解全部的工艺流程。经消防安全教育培训，考试合格后，填写消防安全教育培训登记卡，然后持卡到车间、部门报到。未经过厂级消防安全教育培训的新员工，车间可以拒绝接收。

2. 车间（工段）级

新员工到车间（工段）后，还要进行车间（工段）一级的消防安全宣传教育，介绍本车间（工段）的生产特点、具体的消防安全制度及消防器材分布情况等。教育培训后同样要在消防安全教育培训登记卡上登记。

3. 班组（岗位）级

班组（岗位）消防安全培训主要是结合新员工的具体工种，介绍操作中的防火知识，以及发现了事故苗头后的应急措施等。对在易燃易爆岗位操作的工人及特殊工种人员，只经过基本的消防安全教育培训还是不能够单独上岗操作的，上岗操作还要先在老员工的监护下进行，在经过一段的时间实习后，经考核确认已具备独立操作的能力时，才可独立操作。

（四）纳入基础教育教学内容

提高公民个人的消防安全素质，需要从娃娃抓起。对公民个人而言，一个公民在学生时期就能够很好地接受消防安全教育，所学到的消防安全知识将会终身受益；对一个社会而言，每个学校都进行消防安全教育，增强学生的消防安全意识，让他们理解和热爱消防工作，进而可以达到“教育一个孩子，带动一个家庭，影响整个社会”的效果。所以，按国家规定对学生文化知识教育的同时，可进行一定程度的消防安全基础知识的普及教育。例如，学前教育机构应当对幼儿开展消防安全常识教育；小学阶段应当重点开展火灾危险及危害性、消防安全标志、日常生活防火、火灾报警、火场自救逃生常识等方面的教育；初中和高中阶段应当重点开展消防法律法规、防火灭火基本知识和灭火器材使用等方面的教育；高等学校应当对学生进行消防法律法规、防火灭火知识、火灾自救互救知识和火灾案例教育。

（五）召开消防安全教育会议

采用会议形式将相关人员聚集，围绕一个共同的主题，进行消防信息交流的活动。具体表现形式有：

1）根据消防安全教育工作实际需要，定期组织召开年度或季度消防安全会议、消防表彰会、消防安全教育座谈会、消防安全现场会等，结合会议内容和消防安全形势及重大消防事件，组织时间短、内容专一的消防安全教育。

2）不定期召开消防新闻发布会、记者招待会、重大火灾报告会、英雄事迹报告会等，通报重大消防事件，并组织宣传贯彻阶段性的消防安全工作意见和政策。

（六）开发消防文化艺术作品

开发消防文化作品的目的是借助文化艺术作品的丰富形式承载消防安全宣传教育内容并进行传播，从而对群众的消防安全观产生潜移默化的影响。常见的消防文化作品有以下几种：

1. 消防影视作品

消防影视作品是将消防安全宣传教育内容制作成视频资料，常见的消防影视作品包括消防常识宣传教育短片、特大火灾事故专题片以及以消防人员日常工作为基础素材的电影、电视剧、戏曲、动画片。

2. 消防文学作品

消防文学作品是将消防安全宣传教育内容融入到文学作品中，如小说、诗歌、散文等，把死板、枯燥的消防安全内容故事化、通俗化、生活化、艺术化。

3. 消防曲艺作品

消防曲艺作品是通过群众喜闻乐见的艺术手段和形式来承载消防法律法规和消防安全常识，如相声、小品、快板、戏剧作品等。

4. 消防书画作品

消防书画作品是以静态的文化艺术形式展现消防知识、消防精神和文化以及精彩瞬间。常见的作品有消防图片摄影、消防雕塑、消防漫画图集、消防个性化邮票、消防动漫形象等，目的是将宣传教育内容形象化、生动化、富于感染力。

5. 消防游戏作品

消防游戏作品是以消防安全知识为主线，开发的电子游戏程序，目的是增强消防安全宣传教育的趣味性。

（七）聘请消防形象大使

聘请消防形象大使，由其代为宣传消防知识和法律、法规，是消防安全宣传教育的新方式。消防形象大使可以是在社会上有广泛影响的人物，如知名艺术家、影视、曲艺明星，也可以是普通百姓。形象大使应是百姓所熟悉的人物，目的是借助形象大使的明星效应或良好的人际关系，使消防安全宣传教育能够更广泛、更深入地进行。

二、消防安全教育的方式

（一）开展消防安全教育活动

消防安全教育活动是一项有目的、有计划、有步骤地组织众多人参与消防安全教育的社会活动。它通过立体生动的方式传递消防安全教育内容，具有鲜明的目的性、广泛的社会传播性、寓教于乐的趣味性等特点。消防安全教育活动往往是在每年固定的日期或时间段内，围绕某一主题内容而开展的。例如，全国119消防宣传活动、全国安全生产月消防宣传活动、"全国中小学安全教育日""全国科普日""全国科技活动周"中的消防安全教育活动。消防安全教育活动的具体形式多样，使人们在参与活动过程中，通过实物观摩、亲身体验或娱乐互动，潜移默化地学习消防知识，是公众乐于接受的消防安全教育形式。

1. 开展消防竞赛活动

消防竞赛是利用竞赛的方式，调动群众主动了解消防法规、学习消防知识及掌握技能的积极性。消防竞赛活动适宜于国家机关、企事业单位自发组织。常见的消防竞赛活动有消防运动会，消防安全知识竞赛，灭火逃生技能竞赛，消防安全征文、演讲、摄影、书画比赛活动等。利用消防竞赛进行消防科普宣传教育，形式轻松活泼，为广大公众乐于接受。

（1）消防安全知识竞赛　消防安全知识竞赛是将消防安全教育内容编写成试题，组织全民或特定人员参加，通过现场问答、问卷问答或网络答题等具体方式，最终评出优胜者的比赛活动。消防安全知识竞赛是向社会、向群众传播消防知识和消防法规的一种非常有效的方法。例如，《消防法》颁布后，全国许多地区和部门以及工厂、企事业单位，结合学习《消防法》举办各种知识竞赛，普及了消防法律常识，增强了群众遵法守法的消防法制意识。

（2）消防运动会　消防运动会是将火灾扑救和逃生技能融入到体育竞技项目中，组织开展的运动会，如在跑步项目中增加用湿麻袋扑灭油桶火，灭火器使用等环节。融体育竞赛与灭火技能为一体的竞赛活动，具有较强的观看性、操作性和实用性，适合在大型企事业单位、学校开展。

（3）消防安全征文竞赛　举办消防安全征文竞赛是面向全社会或特定群体征集消防安全文章，而后组织评奖的竞赛活动。消防安全征文可以起到互相介绍防火、灭火方面经验，传递交流有关信息等作用。

2. 组织消防文艺演出

消防文艺演出是通过文艺演出的形式宣扬对消防工作的重视及消防事业的巨大发展，赞扬消防员出生入死、抢救人民生命财产的光辉事迹，揭示部分公民因麻痹大意或违反操作规程造成重特大火灾所带来的血的教训。以文艺演出的形式普及消防安全宣传教育内容是群众喜闻乐见的方式，具有生动活泼、寓教于乐、内涵丰富、发人深省的独特魅力。

3. 开设消防公开咨询

消防公开咨询活动是以有问有答的方式宣传消防法规和消防科学技术知识，是与人民群众零距离接触的教育形式。消防公开咨询通常选择在周末或节假日，在繁华的市区开展，由消防专业人员组成消防咨询小组，多以口头宣讲、回答提问、发放宣传图书和资料等方式进行。

（二）张贴消防安全标语

人们在与火灾的长期斗争中，总结出许多带有哲理性的消防安全警示语。这些警示语是无数火灾事故汇聚成的警策，具有简明扼要、针对性强、通俗直观等特点，能够时刻提醒人们注意防火，并有利于营造一个增强消防安全意识的环境氛围。通常可在城市社区、农村、厂矿区、公共场所以及高速公路、城市制高点等有宣传价值的部位，设置固定消防安全标语条幅、喷字、牌匾、灯箱、橱窗、板报、电动字幕，时刻提醒公众注意防火，提高消防安全意识。常见的消防安全标语有：

1）人人防火，处处安全。

2）防不抓紧，火灾频繁；消不及时，火势蔓延。

3）没有措施的漂亮口号，越响越是空话；没有药剂的灭火器，越大越是废物。

4）学一分消防知识，多十分平安保障。

5）用掌握的消防知识来保护自己、保护他人。

6）消防情系千万家，平安连着你我他。

7）兵要天天练，火要时时防。

8）为使千日不烧，不可一日不防。

9）愚者把火灾事故当笑料，智者把火灾事故当路标。

10）火灾犹如一架天平，能称出警惕性的高低。

11）火灾不以为戒，大祸为期不远。

12）心距防火远一分，身离灾祸近一丈。

13）不怕火无情，只怕人无心。

14）思危才能居安，有备方得无灾。

15）人类生存需要火，人要平安慎用火。

16）邻居失火，不救自危。

17）宁可千日无火，不可一日不防。

18）床上叼烟养精神，梦里难免遇火神。

19）小孩玩火危险大，引起火灾害大家。

20）三伏留心蚊香，三九留心火炉。

21）水满缸、沙满箱，失火心里不发慌。

22）潜在的火星，比漫天的大火更可怕。

23）火从大意起，灾靠小心防。

24）别麻痹，别大意，小心胜过灭火器。

25）安全能聚千家财，火灾可焚万户心。

26）预防火灾在平时，扑灭火灾贵及时。

27）种好庄稼离不开水肥，搞好防火离不开众人。

28）一粒火星可焚千家财，一条谚语能保万户安。

29）洪水未来先筑堤，灾难未到先警惕。

30）火星再小，有时也会烧尽一座大城。

31）远水不解近渴，近水才能灭火。

32）绳子总在磨损的地方先断，火警常在薄弱的环节出现。

33）火是光明的象征，也是灾祸的祸根。

34）火源管理好，火灾必定少。

35）烟头虽小是火源，处处留心保安全。

36）杜绝火源是釜底抽薪。

37）灯火照明要小心，管好火源最要紧。

38）火源电源看管好，火灾事故肯定少。

39）防火如防敌，千万别麻痹。

40）不除火险隐患，等于埋伏炸弹。

41）疾病要早治，隐患要早除。

42）笨猪要当狐狸打，防火要从细处抓。

43）防火制度松条缝，火灾事故钻夺命。

44）见蚊不打蚊叮人，见火不救火烧身。

45）船到河心难补漏，火烧眉毛难扑救。

46）天天不忘防火，年年平安康乐。

47）科学来自实践，安全出于防范。

48）火是宝，离不了；火是害，吞人财。

49）火无情人有情，齐防火共安宁。

50）麻痹大意是造成火灾的祸根，遵章守纪是避免火灾的妙方。

（三）设置消防安全标志

消防安全标志是由安全色、边框、图像、图形、符号、文字所组成，能够充分体现消防安全内涵、传达消防安全信息的标志。张贴消防安全标志的目的，是通过这些醒目的标志提醒人们什么场所应当注意什么，引导人们认识什么是灭火器材，什么地方可以疏散逃生等信息；同时，设置消防安全标志也是对员工进行消防安全宣传教育的一个重要手段，提高单位自我宣传教育水平，培育消防安全自我管理能力的一个重要途径。设置消防安全标志的主要部位有：

1. 主要出入口

在单位的主要出入口醒目位置应设置总平面布局标志，标明单位的消防水源、天然水源、单位室外消火栓、可利用的市政消火栓、水泵接合器、消防车通道、消防安全重点部位、安全出口和疏散路线、主要消防设施位置等内容。对多层营业场所，应当在每层出入口设置平面布局标志，着重标明本层的疏散路线、安全出口、室内消防设施位置等内容。

2. 危险场所和重点防火部位

在具有火灾和爆炸危险的场所和重点防火部位应设置安全警示标志以及安全操作提示。例如，“进入消防安全须知”“禁止吸烟”“严禁使用明火” 等。

3. 防火安全设施

在设有防火安全设施的部位应设置说明和提示性标志。例如，安全出口和疏散通道设置疏散指示标志；安全出口门上设置“严禁锁闭”标志；常闭式防火门上设置“防火门请随手关闭”标志；普通电梯应在电梯门及附近设置“火灾时不要使用电梯逃生”标志；防火卷帘下方设置“严禁堆放物品”标志；消防车道上设置“禁止占用”标志等。

4. 灭火设施、器材

在设有灭火设施、器材的部位应设置简单使用说明性标志。例如，灭火器放置点、灭火器箱的箱盖上方，应设置灭火器型号、操作使用方法；室内消火栓箱门应设置设施名称、操作使用方法；室外消火栓、水泵接合器应设置提示“不得圈占、遮挡”的警示；手动火灾报警按钮附近，应设置设施名称，并标明使用方法的标志；消防水泵房、消防控制室门上应设置房间名称和“消防重点部位闲人免进”标志。

（四）开设消防安全知识讲座或培训授课

针对公众由于缺乏消防知识导致火灾是常见起火原因，可通过聘请有关消防专家开设讲座的方式，普及消防安全常识。以开办短期培训班或学习班的形式，在课堂上讲授消防安全知识，或通过模拟演示、技术示范和实际操作进行模拟训练。

三、开展消防安全教育的要求

（一）坚持经常性

在消防法律、法规中，上至国家法律下至政府、部门的规章均对消防安全教育工作的开展作出了相关规定。例如，《单位消防安全管理规定》要求单位应当通过多种形式开展经常性的消防安全宣传教育，组织新上岗和进入新岗位的员工进行上岗前的消防安全培训；消防安全重点单位对每名员工应当至少每年进行一次消防安全培训；公众聚集场所对员工的消防安全培训应当至少每半年进行一次；物业服务企业应当在物业服务范围内，面向居民积极开展经常性消防安全教育，每年至少组织一次本单位员工和居民参加灭火和应急疏散演练。

（二）注重趣味性

消防安全教育的形式应具有趣味性。所谓趣味性，就是通过对教育内容的加工，针对不同的对象、时间、地点、内容，用形象、生动、活泼的艺术手法或语言，将不同的听众或观众的注意力都聚集于教育内容上。同样的内容，同一件事物，不同的教育方式会产生不同的效果，所以要掌握趣味性的手法，使消防安全教育的内容对听者、看者具有吸引力，使人想听、想看，达到启发、教育群众的目的。

（三）讲究时效性

火灾的发生，总是在某种条件下形成的，消防工作的重心是根据某一时期火灾形势确定的，所以，消防安全教育应特别注意利用一切机会，结合不同时段的工作重心，抓住切入点进行，开展及时的消防安全教育。例如，火灾事故是用金钱和生命换来的教训，一旦发生了重、特大火灾事故，应及时召开火灾现场会进行活生生的安全教育，报纸、电台、电视台也要配合进行宣传报道，向人们敲响警钟，以引起广大群众对火灾的高度警惕，增强消防法制观念，提高做好消防工作的自觉性。

第三节　消防安全教育工作者的素质要求

消防安全教育是一项实践性较强的消防工作。消防安全教育工作者不仅需要掌握一定的消防专业知识，还需要进行精心组织、策划，必要时还需要与多部门、多方面协调配合，因此，从事消防安全教育工作的人员应具备一定的基本能力和基本技能。

一、消防安全教育工作者的基本能力要求

从事消防安全教育的工作者应具备以下五个方面的基本能力。

（一）语言表达能力

消防安全教育工作者应当具有严密的逻辑思维和完整的语言表达能力，能够让读者、听者和观众正确地领悟；能够及时、准确地传达消防信息。

（二）思想教育能力

消防安全教育工作者应选择恰当的方式，耐心、细致、反复地开展消防安全教育工作，做到晓之以理、动之以情、权衡利弊、授之以渔，使公众提高消防安全意识，自觉维护公共安全。

（三）组织管理能力

消防安全教育工作者应具备一定沟通、策划、协调及实施能力，面对媒体、政府、行政机关、工厂学校、机关团体、街道社区、农家村寨等社会单位以及不同层次的百姓大众，能够应对自如，运筹帷幄地开展和组织消防安全教育活动。

（四）人际交往能力

消防安全教育工作者应注意自身良好形象，充满自信、热情和亲切感；善于与人交流，与公众融洽相处，获得各方支持，调动群众参与消防安全教育的积极性。

（五）教学讲授能力

消防安全教育工作者应具备教师教学的基本功，能够用通俗易懂的语言，由浅入深地向听众讲授消防知识和技能。

二、消防安全教育工作者的基本技能要求

（一）基础资料收集和整理

收集与整理对消防安全教育有价值的资料、素材是开展消防安全教育工作的基础，在消防安全教育中有着极其重要的作用，是消防安全教育工作者应具备的一项基本技能。

1. 收集的内容

收集的资料具体包括上级文件、会议材料；工作汇报材料、同级单位的经验总结；有关消防安全教育方面的学术论文、调研资料；火灾事故统计与分析、消防安全管理的基础数据、典型火灾事故案例的文字材料；媒体上发表的有关文章、消防安全小常识、标语口号等；重大活动的部署、检查、落实情况和重大火灾事故现场情况以及明察暗访等方面的图片、录音及影像资料。

2. 收集的方法

（1）调查研究　该方法往往用于为研究某一问题或开展某项活动而有目的地收集有关资料。

（2）调阅文件　从本单位档案室、办公室或阅办的文件中，在不违反保密要求的前提下，挑选自己认为有必要的资料留存。

（3）参加会议　通过参加有关会议或从参加会议的人手中收集有关文件资料。

（4）网络搜索　通过浏览互联网，特别是消防专门网站收集有关信息。

（5）日常积累　在日常工作中，留心自己经手或看到过的文件资料、拍过的照片、影像等，养成自觉积累各种资料的习惯。

3. 资料的整理

资料的整理就是将通过各种渠道收集到的大量繁杂的资料进行分类汇总，使之更加条理化和系统化。整理资料的目的是为了便于保存与应用，其通常做法有：

（1）分类整理　进行资料分类整理前首先要确定分类标准和分类标志，而后将资料进行筛选，分门别类，对号入座。

（2）排序与编目　把繁多的资料排编有序，使资料在资料库中有一个固定的位置，便于查找运用。每份资料均应及时填入目录，并注明有关资料基本信息，通常包括资料类别、编号、资料名称、作者、发表日期、资料来源、入档日期等项目。

（二）消防安全教育方案制定

消防安全教育方案是对消防安全教育进行事先的规划，制定出完整的、可操作性的安排，即在教育之前预先拟定的具体事项和步骤，包括消防安全教育的主题、目的，安全教育的主要内容、开展方式、参加人员及分工等。一般来讲，消防安全教育方案制定包括以下步骤：

1. 确定主题

消防安全教育的主题是旗帜与口号。确定主题要结合一段时期内消防工作的热点和重点，以及组织单位现有条件。主题的设计和导向应该能够把公众视野和注意力引导到消防安全重点问题上去，以达到预期效果。

2. 明确目的

消防安全教育目的是方案策划者在选择主题及考虑整个预期效果后提出的行动目标，即明确为什么要组织宣传及实现什么样效果。确定目标必须符合实际情况，实事求是，防止好高骛远、贪大求全；同时还应突出重点，兼顾其他；目标的表述应简明扼要、通晓明了。

3. 确定内容

消防安全教育的具体内容应针对教育对象的特征而灵活确定。要想受到公众欢迎，就要有针对性、有特色，能够引发他们的兴趣，使群众从中真正领会和体验到通过消防安全教育传递给他们的各种信息。对于综合型对象开展消防安全教育应准备综合性或普适性的消防安全教育内容，使不同层次、不同年龄段、不同职业的人员都能选择到自己感兴趣和想了解的内容；对于单一型对象就应针对教育对象的认知能力、知识背景和接触到的有关消防安全事项设计特定的内容。

4. 确定方式

消防安全教育方式是表现教育内容的途径和手段。方式的确定应综合考虑受教育对象的特点、教育内容、所具备的硬件设施等因素，使表现形式能够突出消防安全教育目标的重点，形成亮点、形成声势、形成规模，产生有感染力、持久性的教育效果。

5. 编写方案文本

消防安全教育方案文本主要包括以下内容：

1）消防安全教育的主题、目的。

2）消防安全教育的地点、时间、主办方、承办方、保障措施。

3）消防安全教育的内容、开展方式、实施步骤以及时间分配。

4）消防安全教育参加人员及分工。

5）可预见活动期间意外事件的处理措施。

（三）消防新闻写作

从事消防安全教育工作的人员要具有新闻敏感性，善于在日常工作中捕捉闪光点，将工作中有价值、有意义的东西挖掘出来，并迅速报道出去。消防新闻报道的一项基本技能就是新闻写作，包括报刊新闻写作、广播新闻写作、电视新闻写作及网络新闻写作。无论是哪种新闻写作都应做到真实、及时、鲜明、用事实说话。

1. 报刊新闻写作

报刊新闻是以文字和图片承载新闻信息，常见有热点评论和图片新闻。热点评论写作内容应较为详尽、评论深刻、说理性强，经得起读者反复阅读并引发深入思考。图片新闻则为文字报道配有新闻图片，其中文字报道要交代图片难以体现的新闻要素，如人物姓名、年龄、身份以及事件的地点、规模等，只言图所未言，或揭示图中的“视觉中心”和“重点”，既有引导读者理解图片的功能，又有交代必要的新闻要素的功能。新闻图片要求有高度的概括性和典型性，能够揭示消防人物的个性特征或能抓住消防事件的本质特征。对于消防事件的图片新闻报道，常采用中景和特写镜头来描写事件的细节，从而达到准确、细致和及时的报道效果。

2. 广播、电视新闻写作

广播、电视与报刊的重要区别之一是前者用口语进行传播信息，因此，广播、电视稿件要在“听”字上下工夫，注意通俗化、口语化，做到念来顺口，听来顺耳，标准规范，具体形象。为了达到广播、电视语言通俗化、口语化的要求，在语言表达上要注意以下几点：

1）用句要短，少用长句、倒装句。写广播、电视稿件，一般应多用短句。要采用群众习惯的说法，简明扼要地表达意思。电视对被采访人的讲话（唱词）一定要加入字幕提示。

2）合理重复，少用代词。为了让受众听懂听清楚，广播、电视稿件在写作上要少用代词，人名、地名或关键词语需要适当重复，以方便收听，加深听众印象。

3）不要滥用简称、略语，少用方言土语。为了让群众听得懂，不要滥用简称、略语。至于有些难懂的方言、土语，除专门节目外一般也要改成标准规范的词语。

4）特别注意音同义不同的字和词。现代汉语中有许多音同义不同的字和词，写在纸上，人们可以观其形而辨其义。广播只能传音不能传形，如果用得不当，就容易造成语言不清，甚至使听众发生误解。

3. 网络新闻写作

网络新闻传播方式全面，涵盖了所有新闻媒体的形式，其表现形式既可以是文字，也可以是声音或图像，具备了所有媒体的优势并且可以实时互动传播。对于从事网络消防新闻报道的人员来说，在全面素质和分工协作上的要求更高。

（1）充分发挥网络综合性　网络传媒的综合性特点要求网络新闻的制作与以文字为主体的常规报道有所区别，需要在符合传统新闻写作要求的基础上，实现文字报道与图片或视频的互相结合，相辅相成，充分发挥出网络传媒的综合性优势。

（2）运用多媒体技术　网络新闻写作在采、编、制当中是运用多媒体素材，网络新闻的受众所接触到的新闻信息，常常不仅是某一段字符，还可能是一曲音乐、一节播音、一场录像，所以，网络新闻是写作、编辑、制作完美的结合，是从“写作”向“合作”的过渡。因此，网络消防新闻报道人员首先要专精于写作，同时又必须熟悉计算机多媒体技术，使消防新闻信息的传播在一体化的技术流程操作中完成。

（3）突出即时现场感　网络传播已经实现全时化、全球化，因此，不仅要求从事网络消防新闻报道的人员能够在任何消防事件发生时，迅速反应并能完成传播任务，同时还必须具有组织协调能力，能够以接力的协作方式完成好消防信息的追踪写作任务，从语言的语气到遣词造句上都能够体现出即时的现场感。

（四）培训授课

培训授课是消防安全教育工作者借助有声语言和形态语言等手段，面对广大听众交流思想、传播信息、发表见解、传授知识的培训方式。消防安全教育工作者应掌握以下开展培训授课的基本技能。

1. 制订培训计划

制订培训计划是开展消防培训的一项重要基础性工作，是实施培训的重要依据。培训计划分为长期计划、短期计划和专项计划三类，以年度计划、季度计划、月计划、周计划和日安排最为常用。培训计划的内容通常包括：

1）培训的宗旨、方针和目标。

2）培训的对象和人数。

3）培训的组织形式。

4）培训的具体内容，包括课程设置及学时分配。

5）培训的时间和教学保障要求，包括授课教员、教材、场地、器材等；考核、验收和评价方案。

2. 编制教案

教案也称教学提纲，是按照培训计划和教学课程内容、课时要求编写的为授课准备的实施方案。教案的主要内容包括教学科目、教学目的、教学内容及重点、教学方法、教学时间分配、教学要求及保障等。教案分为纸质教案和电子教案。纸质教案的编写应内容完整、层次清晰、突出重点、文字简练、叙述准确、适用性强。电子教案包括普通文档教案，即采用Word或PowerPoint文本形式制作的课件；多媒体课件，即通过计算机技术对文本、图像、动画、声音等进行综合处理和运用的电子课件。电子教案的制作应以纸质教案为基础，以有助于生动形象地表现授课内容、辅助听者理解领会为原则。

3. 课堂授课

课堂授课是开展消防安全教育最常用的形式，通过生动、明确的语言，系统而有重点地向听者传授教材内容和相关知识，常用于理论教学。讲授时应做到内容全面、材料丰富；层次分明，突出重点；语言生动，表达准确；评议精炼，注重实效；提纲挈领，善于归纳；观察神态，把握心理。

4. 模拟演练

模拟演练是通过模拟演示、技术示范和实际操作使受训者掌握设备工作原理、器材使用方法以及其他专门技术和技能的培训方式。模拟演示要求模拟演示内容生动形象、接近实物或实战；技术示范要求示范动作标准规范、突出要领；实际操作要求落实训练安全措施，自我体验与重点辅导相结合。模拟训练的手段有利用器材装备训练，利用建（构）筑物训练，利用模拟设施训练，利用计算机模拟或多媒体电教设备训练等。例如，对企业专职消防队、社区志愿消防队开展灭火技能、战术训练等方面的实战训练以及对公众进行灭火器材使用、火场逃生技能的操作演练等。

自学指导

本章学习重点：消防安全教育的基本内容；消防安全教育的渠道和方式。

1）消防安全教育的基本内容包括国家消防工作方针、政策，消防法律、法规，火灾预防知识，火灾扑救、人员疏散逃生和自救互救知识，其他消防安全教育内容（包括重大消防事件和消防工作动态、消防科学技术、消防英模事迹）。

2）消防安全教育的渠道主要有通过新闻媒体宣传，建设消防安全教育基地，结合职业技能或岗位教育培训，纳入基础教育教学内容，召开消防安全教育会议，开发消防文化艺术作品，聘请消防形象大使。消防安全教育的方式主要有开展消防安全教育活动，张贴消防安全标语，设置消防安全标志，开设消防安全知识讲座或培训授课。

本章学习难点：消防安全教育工作者的基本技能。

消防安全教育工作者应具备一定的基本技能，包括基础资料收集和整理、消防安全教育方案制定、消防新闻写作和培训授课。

复习思考题

一、填空题（将正确的答案填写在括号中）

1. 消防安全教育是指各级政府、有关行政部门、新闻媒体和各单位、社会团体以增强消防法制观念、消防安全意识和消防安全素质为目的，运用宣传教育、基础教育和（　　　　）途径，普及消防法律、法规和消防安全知识及技能的行为。

2.《社会消防安全教育培训大纲（试行）》从消防安全基本知识、消防法规基本常识、消防工作基本要求和（　　　　　　）四个方面，明确了消防安全教育的主要内容。

3. 消防安全教育内容设计要求是（　　　　　　）、真实性和针对性。

4. 媒体是消防安全教育常用的主要途径之一，它包括（　　　　　）、广播、报刊、网络和移动电话五种具体方式。

二、单项选择题（将正确的答案填写在括号内，错选、多选或未选均不得分）

1. 消防安全重点单位对每名员工应当至少（　　）进行一次消防安全培训。

A. 每半年　B. 每季度　C. 每年　D. 每两年

2.（　　）应经过消防职业资格认证，持证上岗。

A. 消防安全责任人　　　　B. 消防安全管理人

C. 消防控制室操作人员　　D. 消防安全巡查人员

三、简答题

1. 消防安全教育的基本内容有哪些？

2. 请列举五种消防安全教育的主要途径。

3. 消防安全教育基地有哪些表现形式？

4. 设置消防安全标志的部位主要有哪些？

5. 对消防安全教育工作者的基本能力要求是什么？

四、论述题

你单位拟组织全体员工开展一次以“防微杜渐，防火安全从细处做起”为主题的消防安全教育活动。如果你是此次活动的主要策划人员，请完成如下工作。

问题：

1. 请设计你单位消防安全教育的主要内容。
2. 拟采用哪些消防安全教育形式？如何组织和实施？
3. 制定消防安全教育活动的方案。

第五章　消防安全检查

学习目标

1. 应了解、知道的内容

◇ 消防安全检查表分析法的优点。

◇ 消防安全检查表的分类。

2. 应理解、清楚的内容

◇ 消防安全检查的形式。

◇ 消防安全检查的要求。

3. 应掌握、学会的内容

◇ 消防安全检查内容。

◇ 消防安全检查的组织流程。

◇ 消防安全检查表的格式。

4. 应熟练掌握的内容

◇ 消防安全检查表的编制及使用。

◇ 消防安全检查的实施手段。

自学时数　12 学时。

老师导学

本章的内容主要是对消防安全检查的内容、实施手段、形式和流程，消防安全检查表的类别、编制和使用作了详细介绍。在本章的学习中，应重在应用，能够熟悉消防安全检查的内容、组织流程；掌握消防安全检查的实施手段、消防安全检查表的编制和应用。

消防安全检查是指消防安全检查主体采用一定的方法和手段，对单位消防安全情况进行的考察、核实与指导行为。消防安全检查包括法定消防监管主体进行的消防监督检查和社会单位组织的防火检查两类。本章将重点介绍单位如何组织开展防火检查。单位开展的内部消防安全检查，也称防火检查，是社会单位依照有关规定对单位消防安全状况进行的检查。单位内部实施的消防安全检查是其消防安全管理的一项重要工作内容，也是在消防安全方面进行自我管理、自我约束的一种主要形式。通过检查能够及时发现和消除火灾隐患、预防火灾发生，减少火灾危害，同时能够督促相关消防安全管理制度和操作规程得到有效落实。

第一节　消防安全检查内容

社会各单位应当根据本单位的实际情况和检查的组织形式灵活确定符合本单位行业特点的检查内容。《单位消防安全管理规定》列举了单位开展防火检查的一般内容：

1）火灾隐患的整改情况以及防范措施的落实情况。

2）安全疏散通道、疏散指示标志、应急照明和安全出口情况。

3）消防车通道、消防水源情况。

4）灭火器材配置及有效情况。

5）用火、用电有无违章情况。

6）重点工种人员以及其他员工消防知识的掌握情况。

7）消防安全重点部位的管理情况。

8）易燃易爆危险物品和场所防火防爆措施的落实情况以及其他重要物资的防火安全情况。

9）消防（控制室）值班情况和设施运行、记录情况。

10）防火巡查情况。

11）消防安全标志的设置情况和完好、有效情况。

12）其他需要检查的内容。

具体检查内容可概括为以下几个方面。

一、消防安全制度

单位对消防安全制度的检查内容包括消防组织机构及人员，消防安全责任制度，消防安全管理制度和消防安全操作规程。

（一）消防组织机构及人员

1）是否确定负责本单位消防安全的职能部门，机构是否健全。

2）消防安全重点单位和村（居）民委员会是否确定消防安全管理人，组织实施本单位的消防安全管理工作。

3）根据消防法规的有关规定，是否建立专职消防队、志愿消防队。

（二）消防安全责任制度

1）是否确定法人单位的法定代表人或者非法人单位的主要负责人作为单位的消防安全责任人，对本单位的消防安全工作全面负责。

2）是否确定各级、各岗位的消防安全责任人。

3）是否建立消防安全责任制，明确各部门及岗位的消防安全职责和逐级落实消防安全的责任制度。

（三）消防安全管理制度

1）有关消防安全教育、防火检查巡查、安全疏散设施管理、消防（控制室）值班、消防设施器材维护管理、火灾隐患整改、用火用电安全管理、易燃易爆危险品和场所防火防爆、专职和志愿消防队的组织管理、灭火和应急疏散预案演练、燃气和电气设备的检查和管理、消防安全工作考评和奖惩等消防安全管理制度是否制定且内容完善。

2）日常消防安全管理是否落实。

（四）消防安全操作规程

1）是否结合单位实际的火灾危险性制定生产、经营、储运、科研等过程中保障消防安全的操作规程。

2）单位员工是否遵守岗位的消防安全操作规程。

二、消防安全重点部位

单位内火灾预防的重点是易发生火灾的部位，例如，动火作业的区域、电气设备集中的部位和涉及易燃易爆危险物品的岗位等。各单位可根据本单位消防重点部位的情况制定检查内容。

（一）火源控制

火源管理是消防管理的重点，应检查如下内容。

1）是否存有用火管理区域范围外用火。

2）对于储存或处理可燃气体、液体、粉尘的设备，动火检修前是否进行清洗、置换等安全处理。

3）是否制定并落实火炉取暖场所和吸烟场所的防火要求和措施。

4）是否划分动火作业级别，规定动火作业审批权限和手续。

5）动火作业前，是否按照单位的用火管理制度办理审批手续，落实现场监护人，并确认无火灾、爆炸危险。

6）动火过程中，动火施工人员是否遵守消防安全规定，并落实相应的消防安全防护措施，如将施工区和使用区进行防火分隔，清除动火区域的易燃、可燃物，配置消防器材，专人监护，保证施工及使用范围的消防安全。

7）公共娱乐场所在营业期间是否存在违禁动火作业情况。

（二）电气防火

电气火灾是起火火灾原因中最主要的原因之一，电气防火是防火检查的重点内容之一。

1）敷设电气线路、安装和维修电气设备，是否由专业电工操作，是否符合安全技术要求。

2）电气设备运行是否正常，有无超负荷运行，电线、电缆的绝缘有无老化、受潮、漏电、短路。

3）能够产生静电而引起火灾、爆炸事故的设备，是否安装消除静电的装置和采取消除静电的措施。

4）遭到雷击容易引起火灾、爆炸的场所，是否安装避雷装置。

5）爆炸危险场所是否遵照国家的有关规定安装相应的防爆电气设备。

6）电气线路和电加热设备是否有专人负责监管，定期检查，离开时是否切断电源等。

（三）易燃易爆危险物品

易燃易爆危险物品火灾危险性大，一旦发生事故后果严重，是单位防火检查的重点内容之一。

1）易燃易爆危险物品贮存、运输、使用是否符合安全要求。

2）储存容器、管道有无定期测试，有无跑、冒、滴、漏现象。

3）室内可燃气体、可燃液体管道是否按规定采用金属管道，并设有紧急事故切断阀。

4）是否指定专人负责保管易燃易爆危险物品，是否制定易燃易爆危险物品的收发登记制度，对携带易燃易爆危险物品的人员是否把关等。

5）各类易燃易爆危险物品的防火和灭火措施是否制定并落实。

6）各类易燃易爆场所是否有烟头或遗留火种。

7）危险场所动火是否按规定办手续，焊工操作时是否达到动火安全制度的要求。

8）使用多种可燃、易燃油类是否符合安全操作要求，以及残油、残气的处理情况是否符合安全规定。

9）易燃易爆场所与周边建筑的防火间距是否符合规范要求。

10）易燃易爆场所是否采用防爆电气设备，防爆泄压设施是否符合要求。

三、消防设施和器材

消防设施主要是指用于灭火的消防设备、器材等，包括固定消防设施和移动消防器材。固定消防设施一般是指固定的消防系统及设备，包括火灾自动报警系统、自动灭火系统、消火栓系统、防排烟系统、消防水池、水箱、消防沙池等；消防器材是指移动的灭火器材、自救逃生器材，如灭火器、防烟面罩、缓降器、消防水桶、铁锹等。

（一）消防设施和器材的配置和管理

1）消防器材的配置种类、数量及安装或放置是否符合技术要求。

2）各消防设施的组件、设备的永久性铭牌和按规定设置的标志，其文字和数据是否齐全、符号是否清晰、色标是否正确。

3）配置地点是否有明显标志，是否被圈占、遮挡等。

4）消防设施和器材系统组件、配件是否齐全、完好，是否被挪作他用。

5）消防设施和器材是否由专人负责。

6）消防设施是否定期检查、检测、维护保养，并有详细完整的记录。

（二）灭火设施及器材的功能

1. 火灾自动报警系统

（1）检查故障报警功能　摘掉一个探测器，控制设备能否正确显示故障报警信号。

（2）检查火灾报警功能　任选一个探测器进行吹烟或加热，控制设备能否正确显示火灾报警信号。

（3）检查火警优先功能　摘掉一个探测器，同时给另一探测器吹烟或加热，控制设备能否优先显示火灾报警信号。

2. 湿式自动喷水灭火系统

1）报警阀组件是否完整，报警阀前后的阀门、通向延时器的阀门是否处于开启状态。

2）对自动喷水灭火系统进行末端试水。将消防控制室联动控制设备设置在自动位置，任选一楼层，进行末端试水，水流指示器动作，控制设备能否正确显示水流报警信号；压力开关动作，水力警铃发出警报，喷淋泵启动，控制设备能否正确显示压力开关动作及启泵信号。

3. 消火栓、水泵接合器

1）室内消火栓接好消防水带、消防水枪，检查消防水枪出水是否正常。

2）将消防控制室联动控制设备设置在自动位置，按下消火栓箱内的启泵按钮，消火栓泵能否启动，控制设备能否正确显示启泵信号，消防水枪出水是否正常。

3）室外消火栓是否有专用开启工具，阀门开启是否灵活、方便，出水正常。

4）水泵接合器控制阀是否常开，且启闭灵活，止回阀安装方向是否正确，止回阀是否严密关闭，寒冷地区防冻措施是否完好。

4. 消防水泵房、给水管道、贮水设施

1）配电柜上控制消火栓泵、喷淋泵、稳压（增压）泵的开关是否设置在自动（接通）位置。

2）消火栓泵和喷淋泵进、出水管阀门，高位消防水箱出水管上的阀门，以及自动喷水灭火系统、消火栓系统管道上的阀门是否保持常开。

3）高位消防水箱、消防水池、气压水罐等消防贮水设施的水量是否达到规定的水位。

4）北方寒冷地区的高位消防水箱和室内外消防管道是否有防冻措施。

5. 防烟排烟系统

（1）检查加压送风系统　自动、手动启动加压送风系统，相关送风口能否开启，送风机能否启动，送风是否正常，反馈信号是否正确。

（2）检查排烟系统　自动、手动启动排烟系统，相关排烟口能否开启，排烟风机能否启动，排风是否正常，反馈信号是否正确。

6. 消防控制室

1）值班员是否经过培训，持证上岗，且不少于2人。

2）每日是否有值班记录，记录是否完整准确。

3）是否有设备检查记录，记录是否完整准确。

4）值班员能否熟练掌握《消防控制室管理及应急程序》，能否熟练操作消防控制设备。

5）消防控制设备是否处于正常运行状态，能否正确显示火灾报警信号和消防设施的动作、状态信号，能否正确打印有关信息。

7. 消防供电设施

1）切换消防主、备电源，检查其供电功能，设备运行是否正常。

2）启动发电机，查看输出指标及信号是否正常。

3）贮油箱内的油量是否能满足发电机运行3～8h的用量，油位显示是否正常；燃油标号是否正确。

8. 灭火器

1）灭火器配置类型是否正确，如有液体可燃物的场所应配有能扑灭B类火灾的灭火器。

2）贮压式灭火器压力是否符合要求，压力表指针是否在绿区。

3）灭火器是否为国家命令淘汰或禁止使用的产品。

4）灭火器内药剂是否在有效期内。

9. 其他消防设施和器材

1）干式自动喷水灭火系统是否设置在自动控制状态；开启末端试水装置阀门后，报警阀、压力开关是否动作，联动启动排气阀入口电动阀与消防水泵，水流指示器报警；报警阀动作后，水力警铃是否报警；消防联动控制设备是否显示水流指示器、压力开关、电动阀及消防水泵的反馈信号。

2）预作用自动喷水灭火系统是否设置在自动控制状态；火灾报警控制器确认火灾后，是否自动启动雨淋阀、排气阀入口电动阀及消防水泵；水流指示器、压力开关是否动作，水力警铃是否报警；消防联动控制设备是否显示电磁阀、电动阀、水流指示器及消防水泵的反馈信号。

3）能否自动和手动启动雨淋系统的消防水泵和雨淋阀；当采用传动管控制系统时，传动管泄压后，是否联动消防水泵和雨淋阀，压力开关是否动作，水力警铃是否报警；消防联动控制设备是否显示电磁阀、消防水泵与压力开关的反馈信号；并联设置多台雨淋阀组的系统，逻辑控制关系是否符合设计要求。

4）能否自动和手动启动水幕系统的消防水泵和雨淋阀；当采用传动管控制的系统时，传动管泄压后，是否联动消防水泵和雨淋阀，压力开关是否动作，水力警铃是否报警；人为操作的系统，控制阀的启闭是否灵活可靠。

5）泡沫灭火系统是否能按设定的控制方式正常启动泡沫消防泵、比例混合器、泡沫产生器、泡沫枪，以及喷发的泡沫是否正常。

6）气体灭火系统的气体灭火控制器是否达到火灾报警控制器的技术要求；自动、手动转换功能是否正常，无论装置处于自动或手动状态，手动操作启动是否均有效；装置所处状态是否有明显的标志或灯光显示，反馈信号显示是否正常。

7）消防专用电话分机是否以直通方式呼叫；消防控制室是否能接受消防水泵房、发电机机房等处插孔电话的呼叫；消防控制室、消防值班室、企业消防站等处是否设置外线电话。

8）首层的消防电梯迫降按钮，是否用透明罩保护；当触发按钮时，能否控制消防电梯下降至首层，此时其他楼层按钮是否能暂时限制呼叫控制消防电梯；轿厢内的专用对讲电话是否正常；联动控制的消防电梯，能否由消防控制设备手动和自动控制消防电梯回落首层，并接收反馈信号。

四、建筑防火措施

建筑防火措施主要包括建筑耐火等级和耐火构件、防火分隔以及救援和疏散设施等。

（一）建筑耐火等级和耐火构件

1）建筑物主要承重构件是否符合耐火等级要求。

2）疏散楼梯间及其前室和安全出口的门厅，其顶棚、墙面和地面是否采用不燃材料装修。

3）房间、走道的顶棚、墙面、地面使用的装修材料是否符合规范规定。

4）有爆炸危险的厂房、仓库的防爆泄压措施是否符合要求。

（二）防火分隔

1）防火分区和防火分隔设施是否符合技术规范要求。

2）建筑物外有无临时搭建的违章建筑物占用防火间距。

3）封闭楼梯、防烟楼梯及其前室的防火门是否向疏散方向开启，是否具有自闭功能；防火门外观及闭门器、顺序器、密封条、门扇等零部件是否完整好用，能否关闭密实；常闭式防火门是否张贴“常闭”提示性标语，是否处于常闭状态；常开防火门的启闭状态在消防控制室能否正确显示。

4）防火卷帘密封是否完好，下方有无障碍物，测试防火卷帘能否通过自动、手动、联动的方式启闭顺畅。

5）管道井、电缆井，以及管道、电缆穿越楼板和墙体处的孔洞是否封堵密实。

6）厨房、配电室、锅炉房、柴油发电机机房等火灾危险性较大的部位是否与周围其他场所采取严格的防火分隔，且有严密的火灾防范措施和严格的消防安全管理制度。

（三）救援和疏散设施

1）建筑周边是否设置消防车通道，消防车通道上是否停放车辆、摆放物品，占用、堵塞消防车通道；消防车通道上部4m范围内是否设置影响通行或操作的障碍物。

2）疏散通道是否畅通，两侧有无误导人员安全疏散的反光镜子、玻璃等装修材料；疏散指示标志的数量、类型、安装高度是否符合要求；疏散指示标志在疏散路线上是否醒目，有无遮挡，并明确指向安全出口；按下测试按钮或切断正常供电电源，检查灯光疏散指示标志是否启动。

3）安全出口是否锁闭、堵塞，安全出口标志是否醒目、有无遮挡；安全出口处是否设置安全出口标志；平时需要控制人员随意出入的疏散门，不用任何工具能否从内部开启，并有明显标志和使用提示。

4）消防控制室（值班室）、设备机房、疏散通道、人员聚集场所等部位是否设置应急照明灯具，是否完好有效；按下测试按钮或切断主电源，应急照明灯具能否正常发光。

5）火灾应急广播能否分区播放，正确引导人员疏散。

6）人员密集场所外墙门窗上是否设置影响逃生和灭火救援的障碍物。

五、消防安全教育

主要检查消防安全教育制度以及落实和执行情况，通常包括如下内容。

1）是否对员工开展经常性消防安全宣传教育，是否至少每年组织一次火灾应急疏散演练。

2）是否组织新上岗和进入新岗位的员工进行上岗前的消防安全培训，公众聚集场所是否至少每半年对员工进行一次消防安全培训。

3）消防控制设备操作人员是否经过消防安全专门培训，持证上岗。

4）消防安全教育内容的针对性、实用性如何。

5）员工是否知道本单位（场所）火灾危险性，是否会报火警，是否会扑救初起火灾，是否会火场逃生自救和组织人员疏散。

6）灭火和应急疏散预案是否完备，并有定期演练的记录。

7）值班员或专（兼）职消防员是否能及时准确处置火警。

六、根据需要其他应检查的内容

除以上检查内容外，单位还可根据本单位消防工作的具体内容和情况，增加相应检查内容，例如：

1）火灾隐患的整改情况以及防范措施的落实情况。

2）单位灭火力量建设情况。

3）火灾事故处理情况。

4）配合消防监督管理部门进行的执法工作情况等。

第二节　消防安全检查表

消防安全检查表分析法是消防安全检查常用的方法，也是消防安全检查中行之有效的基本方法。根据有关消防安全规范、标准、制度及其他系统分析方法分析的结果，系统地对一个生产系统或设备进行科学分析，找出各种潜在火险因素，依据检查项目把找出的潜在火险因素以问题清单的形式编制成表格，以便于实施消防安全检查，这种表称为消防安全检查表。所谓消防安全检查表分析法就是编制消防安全检查表，并依据此表实施消防安全检查和诊断的系统消防安全分析方法。

一、消防安全检查表分析法的优点

消防安全检查表分析法可有效避免由于对检查内容和项目不明确，受检查者个人素质影响，检查效果不稳定、深层问题难于发现等弊端，使消防安全检查工作具有较强的针对性和目的性，检查工作更深、更细、更全面。具体优点表现为：

1）根据有关法规、安全规程和标准，针对不同的检查对象和要求编制的消防安全检查表，有助于实现消防安全检查工作的标准化、科学化和规范化。

2）通过预先对检查对象进行详细调查研究和全面分析，概括出控制火灾事故发生的各种因素后所编制的消防安全检查表比较系统、完整，可避免检查过程的盲目性，从而提高消防安全检查工作的效果和质量。

3）检查人员应用拟定的检查项目进行逐项检查，使检查按照预定的目的、要求和检查要点实施，避免遗漏和疏忽，便于发现和查明各种火灾隐患。

4）消防安全检查表可以作为消防安全检查人员和岗位作业人员履行消防安全职责的凭据，有利于落实消防安全责任制，检查后能够做到事故清、责任明、整改措施落实快。

5）消防安全检查表是通过问答的形式进行检查的过程，使用起来简单易行，消防安全管理人员和员工易于掌握和接受，是自我检查的有效工具；检查结果标明是否符合安全要求，能使检查者知道如何做才是正确的，可起到消防安全教育的作用。

二、消防安全检查表的分类

在实际使用中，因为消防安全检查目的和对象不同，消防安全检查表应根据其具体需要编制。常用消防安全检查表的类型有以下几种。

（一）设计用消防安全检查表

设计用消防安全检查表可供建设工程设计人员进行防火设计自查使用，也可用于消防监督人员或项目负责人员、安全人员进行建设消防设计审查和验收时使用。

针对不同类型的建设工程项目应编制相应的设计用消防安全检查表，且内容应该系统、全面。该类检查表通常包括厂址选择、平面布置、工艺过程安全性、装置的配置、建筑物与建筑结构、安全装置与设施、操作的安全性、危险物品的贮存与运输、消防设施等方面。

（二）局级（或行业）消防安全检查表

局级（或行业）安全检查表可供行业主管部门、消防监督管理部门或上级单位进行全局性消防安全检查或预防性消防安全检查时使用。其内容包括消防安全的方方面面。

（三）厂级（单位）消防安全检查表

厂级（单位）消防安全检查表用于单位内部进行定期或不定期消防安全检查和预防性消防安全检查。检查内容应针对单位内部消防安全技术要求和管理制度等。

厂级（单位）消防安全检查表的内容主要包括厂区内各种产品的工艺和装置安全性、重点部位、主要安全装置与设施、危险物品的储存与运输、消防设施、消防组织与制度等方面。例如，美国保险协会化工厂安全检查表的内容包括以下九个方面：①工厂位置；②厂区平面布置；③构筑物；④物质；⑤工艺流程；⑥单元操作及贮运；⑦安全操作；⑧设备；⑨防灾计划。日本自治省消防厅所属联合企业防灾诊断委员会以石油联合企业特别防灾区里的企业为检查对象，编制了联合企业防灾诊断表（即厂级的安全检查表），其内容包括如下六个方面：①建厂条件；②工艺流程的安全性；③设施的安全性；④防灾设备；⑤防灾活动；⑥防灾管理。

（四）车间（工段）级消防安全检查表

车间（工段）为工厂或企业的下属机构。车间（工段）级消防安全检查表可供单位消防安全管理部门或安全技术部门对车间的防火检查和车间（工段）内部自查。

车间（工段）级消防安全检查表的内容主要包括工艺布置、安全通道、安全标志、消防设施及操作管理等方面。

（五）班组、岗位级消防安全检查表

班组及岗位为车间（工段）的下属单位，某些建筑、安装、维修等施工操作场所也属于岗位。班组及岗位级消防安全检查表可用于企业消防保卫或安全技术部门对企业重点部位的巡回检查，还可用于车间对班组或岗位的日常防火检查以及消防安全教育。

班组、岗位级消防安全检查表内容应针对不同班组、岗位的实际工作的具体操作规程、异常情况处理措施及岗位消防安全责任制所要求的内容来确定，其内容应更具体、简洁、明了和易行。

（六）专业性消防安全检查表

专业性消防安全检查表由专业机构或职能部门编制，可供行业主管部门、消防监督管理部门或上级单位以及企业进行专项消防安全检查或季节性消防安全检查时使用。例如，对农村秋收的防火检查，民用液化气的防火检查，灭火设施和器材的检查验收，对企业各级领导和操作人员消防安全责任落实的检查，对特殊设备，如锅炉、压力容器、气瓶的消防安全检查等。企业安全技术和消防安全管理部门可利用这种专业性消防安全检查表对本单位的重要设备或器材进行定期消防安全检查。

（七）事故分析消防安全检查表

对某些危害性大或经常、重复发生的火灾、爆炸事故，如违章作业事故、电气火灾事故等，可编制事故分析消防安全检查表，查找导致火灾、爆炸事故发生的原因，以便有的放矢地采取措施进行预防。

三、消防安全检查表的格式

（一）消防安全检查表的基本格式

消防安全检查表一般包括分类项目，检查内容及要点，检查合格标准，检查依据，检查结果，检查处理意见，检查日期及检查者，被检查者，记事、备注等内容，消防安全检查表的基本格式式样如图 5-1 所示。消防安全检查表中的检查分类项目、检查内容及要点、检查合格标准和检查依据等栏目应预先编入表中，检查结果、检查处理意见、备注以及记事、检查日期、被检查单位及负责人、检查机关及检查人等栏目在检查过程中填入表中。

××消防安全检查表

检查分类项目	检查内容及要点	检查合格标准	检查依据	检查结果		检查处理意见	备注
				是(√)	否(×)		
记事							
被检查单位及负责人	（签字） 年　月　日			检查机关及检查人	（签字） 年　月　日		

图 5-1　消防安全检查表的基本格式式样

1. 检查分类项目

检查分类项目是指被检查系统中划分出的子系统（或称分系统）。它可以是检查内容的分类，也可以是被检查企业的行政区域划分，如对某一工厂的检查，这一栏目可编入厂区及建筑物、作业现场、生产工艺过程、生产装置与设备、消防设施、消防组织与制度等；这一栏目也可编入一车间、二车间、变（配）电站、办公楼、食堂、锅炉房等。设计用消防安全检查表中的这一栏目可参照有关规范标准的章节名称进行编制。其他类型的消防安全检查表也可参考有关规范标准的章节名称编制这一栏目。

2. 检查内容及要点

检查内容及要点应用简明准确的语言归纳出具体检查项目。此栏内必须包括系统的全部检查项目，不能忽略那些主要的危险因素。例如，对油库进行防火检查时，此栏应对应检查分类项目栏目，即检查分类项目可编入“库区平面布置”，检查内容及要点可编入“油库出入口数目”，检查合格标准栏目可编入“≥2 个”。若检查合格标准栏目与检查内容及要点栏目合并成一栏时，可编入“油库出入口数目不少于 2 个”，若采用提问方式，可描述为“油库出入口数目是否不少于 2 个？”。

3. 检查合格标准

检查合格标准栏目与检查内容及要点栏目相对应，列出符合消防安全规定的合格标准。例如，检查内容及要点栏目列出“油库出入口数目”，此栏内应列出“不少于 2 个”或“≥2 个”。此栏通常可并入检查内容及要点。

4. 检查依据

检查依据栏目应标明在编制检查内容及要点和检查合格标准时所遵循或参考的依据。检查依据应包括下面三方面的内容：有关规范、规程、标准、规定等；生产或工程的科学经验；国内外有关的事故案例经验。通常此栏内应标明有关资料的名称及章节或条款，对事故案例可列出发生事故的时间、地点、原因及损失等概况要点。例如，“《石油库设计规范》

第十条”，也可列出资料简略名称，另在记事栏目内注明资料全称。

5. 检查结果

检查结果栏一般分成“是”和“否”两个栏目，在检查时，符合安全规定的在“是”栏目内填入符号“√”，不符合安全规定的在“否”栏目内填入符号“×”。对班（组）或岗位用消防安全检查表，由于检查频率较高，检查结果栏目可根据需要再分成7个栏目或31个栏目，制成每周或每月用消防安全检查表。对于其他种类的消防安全检查表，为了节省纸张，便于查阅对比，也可以在检查结果栏目下方再划分出若干个栏目，这样可使一张检查表能够多次使用。

6. 检查处理意见

检查处理意见栏目在检查时应参照检查合格标准和实际情况填写，要考虑到原则性与灵活性相结合，要比较具体地填写火灾隐患的整改措施。此栏目还可填写检查结果及检查处理意见向上级汇报的情况等。

7. 备注与记事

备注与记事两栏目在检查之前或检查过程中可填写某些补充说明。除了设计用消防安全检查表之外，其他各类消防安全检查表检查结果栏目，根据需要还可改为检查评分结果栏目，由此编制出消防安全检查评分表。

（二）消防安全检查表的其他形式

消防安全检查表的种类形式很多，检查表可按照基本的标准格式制作，也可根据不同的检查项目进行设计。因此，在实际应用中，消防安全检查表存在着多种格式，通常是在基本格式的基础上合并某些栏目或增加个别栏目。例如，将“检查合格标准”栏目并入“检查内容及要点”栏目，“检查处理意见”栏目并入“备注”栏目；对于工段和岗位级消防安全检查表及专业性消防安全检查表，有时还把“检查分类项目”栏目与“检查合格标准”栏目并入“检查内容及要点”栏目。因此，实际中应用的消防安全检查表可只列四个栏目，即检查分类项目，检查内容及要点，检查结果，备注；工段和岗位级消防安全检查表及专业性消防安全检查表有时只列检查内容及要点和检查结果两个栏目；也就是以上两种检查表中均未列出“检查依据”栏目，这类检查表也称为提醒型消防安全安全检查表。

四、消防安全检查表的编制及使用

消防安全检查表分析法的核心是消防安全检查表的编制。要求在利用消防安全检查表进行消防安全检查时，能实现目标明确、要求具体、查之有据，对发现的问题可作出简明确切的记录，并提出解决的方案，同时落实到责任人，以便及时整改。

（一）消防安全检查表编制人员

消防安全检查表应依靠熟悉检查对象的人员参加编制。除设计用消防安全检查表主要由有经验的审查人员编制外，其他各类消防安全检查表一般都要依靠生产技术人员、现场的操作人员、专职的安全技术人员以及消防保卫人员共同参加编制。

（二）消防安全检查表编制内容

消防安全检查表必须包括系统或子系统的主要消防安全检查要点，不能仅列出主要的火灾危险因素，而且应从检查要点中发现与之有关的其他火险因素以及潜在的致灾因素。同时，由于火灾事故致灾因素中既有物的因素，也有人的因素，因此，检查表不仅应列出所有可能导致火灾发生、蔓延扩大的物的不安全因素，而且应该列出相关岗位的全部消防安全职责，以便对人员是否正确履行其安全职责进行检查。

（三）消防安全检查表编制依据

编制消防安全检查表的依据主要有以下几个方面：

1）国家、各行业颁布有关法规、技术标准和规范以及单位内部的安全规章制度、操作规程等。

2）本单位的消防安全管理经验。组织有关技术人员、管理人员、操作人员和安全技术人员等，共同总结本单位生产作业的消防安全实践经验，分析潜在的危险因素和外界环境条件，以及过去消防安全检查发现的问题。

3）有关火灾、爆炸事故的案例和剖析。通过剖析以往发生的火灾、爆炸事故的教训，导致火灾、爆炸事故的各种原因，结合本单位实际，提炼出能够导致火灾爆炸事故的各种不安全状态。

4）系统安全分析的结果。根据其他系统安全分析方法，如事故树分析、事件树分析、故障类型及影响分析和预先危险分析等，对系统进行分析，得出导致火灾事故的各个基本事件。

（四）消防安全检查表编制步骤

根据检查对象，消防安全检查表编制小组可由熟悉系统安全分析的本行业专家、管理人员、安全技术人员以及生产技术人员、经验丰富的操作人员组成。编制主要步骤如下：

（1）确定检查对象　明确检查的对象、范围以及包含的项目内容。

（2）剖切系统　消防安全检查表是用系统的观点编制的，将检查对象作为复杂的大系统，把系统分成若干子系统或更小的单元。

（3）分析可能的危险性　对各子系统或单元进行分析，找出被分析子系统或单元存在的危险因素，评定其危险程度和可能造成的后果，做到周密全面而不漏项，然后经过编制人员从单元、子系统以致整个系统详细推敲后，按要求编制出消防安全检查的详细提纲。

（4）检查要点　根据危险性大小及重要度顺序，对应所定出的检查项目，以提问的方式列出消防安全检查要点并制成表格。

（5）修改完善　消防安全检查表的最终完善和适用，往往需要经过反复多次的推敲、修改，并随着形势的发展及使用中暴露出来的问题，不断修改和完善。

（五）消防安全检查表编制要求

一个好的消防安全检查表必须具备以下条件：

1）项目齐全，检查内容及要点明确、精炼、避免重复。

2）检查操作切合实际，内容具体。

3）充分考虑到火灾、爆炸事故发生的各种潜在因素。

4）检查合格标准栏内给出的文字，表达简明扼要、科学准确，突出重点要害部位。

5）符合国家及公安部颁布的有关消防安全技术标准和消防安全法规。

（六）消防安全检查表的使用

消防安全检查表操作简单、实用，易于掌握，便于推广和普及。具体应用方法是将检查结果在表中用“是（√）”（表示符合要求）或“否（×）”（表示还存在问题，有待进一步改进）来回答检查要点的提问。另外，也可用其他简单的参数来进行回答。有改进措施栏的应填上整改措施意见，需要说明的内容在备注栏和记事栏中补充。在使用消防安全检查表时，一般应注意以下两点：

1）要分清检查对象的特点，各类检查表不宜通用。

2）检查者应认真负责，对火灾隐患应及时处理或向上级反映，充分发挥消防安全检查表的作用。

五、消防安全检查表应用举例

国内外对消防安全检查表的应用十分广泛，某些工厂企业编制了许多实用有效的消防安全检查表。下面的举例，一般只列出检查内容要点，都属于提醒型消防安全检查表。在参考应用这些消防安全检查表时，还应结合具体检查对象的实际情况，增删某些检查项目。根据需要还可增加检查依据等栏目，编制成规范型消防安全检查表。

（一）厂级消防安全检查表应用举例

由于工厂的大小不同，危险性因素的多少不同，以及安全水平要求的高低不同，所以，厂级消防安全检查表中的检查分类项目和检查内容及要点也有多有少。通常，单位内的火灾危险性因素越多、单位规模越大、对消防安全水平要求越高，则检查要点也就越多。

我国化学工业部门颁发的厂级消防安全检查表，其中的检查分类项目包括：①规程制度的检查；②劳动者的安全检查；③现场工艺管理的检查；④设备检修安全检查；⑤贮运安全检查；⑥防护和消防器材的检查；⑦厂区一般安全检查；⑧设备安全管理检查；⑨领导安全思想检查。其中的检查内容要点共有97项。美国菲利普石油公司针对勘探和生产部门编制的消防安全检查表，其中检查分类项目包括：①办公室；②实验室；③消防间；④锅炉区和明火加热区；⑤发电机区；⑥气体压缩机区；⑦工艺或蒸馏区；⑧贮罐区；⑨槽车和汽车罐车灌装区；⑩总体部分。其中检查内容要点共有229项。

厂级消防安全检查表的编制应突出容易发生火灾爆炸事故的重点部位，要考虑到工厂内一旦发生火灾爆炸事故对周围工厂和居民区的影响及灭火工作的开展。在编制时，注意检查内容及要点栏目对应于检查分类栏目，检查结果栏目可增加若干个，如12个检查结果栏目，这样可以每月检查一次，一年用一张检查表，便于检查人员熟悉每次检查发现的火灾隐患及整改情况。下面仅举一份检查项目较少的厂级消防安全检查表（表5-1）供参考。

表5-1　某厂级消防安全检查表

检查分类项目	检查内容及要点
（一） 厂区及建筑物	1）消防通道、紧急疏散通道是否畅通
	2）是否有足够的便于灭火的机动场地
	3）厂区交通道路的信号标志是否完好
	4）易燃液体槽车装卸时是否有良好的接地
	5）厂区交通道路、铁路沿线及站台货位等是否有足够的照明
	6）各种照明设施是否完好
	7）阶梯、地面、卸场等是否完好
	8）厂区内物料堆放是否符合要求

（续）

检查分类项目	检查内容及要点
（二） 作业现场	1）火焰容易传播和蔓延的部位，如地板或墙壁的开口、通风和空调管、电梯竖井、楼梯通道等是否符合防火要求
	2）各种动力设备的防护装置与设施是否完好
	3）出入口及紧急疏散通道有无明显的安全标志并通向安全地点
	4）有爆炸危险场所的电气设备、照明及布线是否符合防爆要求
	5）对各种火源或高温表面是否有效地防护
	6）有爆炸危险的厂房泄压比与泄压措施是否符合要求
	7）生产中直接用水冷却和洗涤的含有大量易燃液体的污水，排放前是否经过处理
	8）对含有易燃液体的生产废水是否经过水封井排入下水道
	9）高大建筑、变（配）电设备、易燃液体贮罐区、突出屋面的排放可燃气体或蒸气的放空管和呼吸阀等，它们的避雷设施是否完好
	10）气瓶的放置是否符合安全要求
	11）车间散发有毒气体、蒸气、粉尘等的浓度有无超过标准，换气是否良好
	12）进风口与出风口有无污染
（三） 生产工艺过程	1）所用原料、中间体及成品在贮存中是否有发生自燃、自聚和分解等反应，有无防范措施
	2）对接近闪点或爆炸浓度极限的操作，是否严格按安全规程实施
	3）在发生异常温度、异常压力、异常反应及跑冒滴漏等情况时是否有安全可靠的应急处理措施
	4）对由于补给中断可能引起危险的原料及惰性气体，是否有可靠的补给保证
（四） 生产装置与设备	1）各种机械、设备上的安全装置是否齐全和灵敏好用
	2）对有火灾、爆炸危险的装置与设备，有无抑制火灾蔓延和减少损失的设施
	3）紧急处理时用的阀门或开关，是否易于接近及避免误操作
	4）仪表动力源是否正常
	5）电器接地、接零装置及防静电设施是否完好
	6）框架、支架及管廊支柱下部的耐火保护层是否完好
（五） 消防设施	1）火灾报警装置及通信系统是否完好
	2）灭火器材的配置和数量是否适宜
	3）各种供水系统的取水设施是否可靠
	4）各种灭火器材是否在规定的位置摆放
（六） 安全管理	1）各种安全技术规程及安全管理制度是否齐全
	2）是否实行日常及定期的安全检查
	3）有无违章作业和违章指挥
	4）有无违反劳动纪律和制度的行为
	5）作业者是否按规定穿戴防护用品
	6）各种安全标志是否齐全完好

（二）车间级消防安全检查表应用举例

车间级消防安全检查表比厂级消防安全检查表检查范围小，对于较大型的车间所用的消防安全检查表，一般也可用厂级消防安全检查表代替。车间级消防安全检查表中的检查内容及要点可参照厂级消防安全检查表中的检查项目和内容编制。某化工厂油库的消防安全检查表可认为是一份车间级消防安全检查表，见表5-2。

表5-2 某化工厂油库消防安全检查表

检查分类项目	检查内容及要点
（一） 操作人员要求	1）了解汽油、柴油及润滑油的燃爆性能
	2）熟知油库的安全操作规程，严格遵守油库的安全规定
	3）会用配备的消防器材，紧急情况能采取应急措施
（二） 安全技术要求	1）库内照明及其他电气设备应符合防爆要求，油罐内照明只准使用12V防爆灯或手电筒
	2）油罐及管道有良好的接地，接地电阻在10Ω以下
	3）油罐内装油量不得超过其容积的85%
	4）管线法兰间有良好的跨接，跨接电阻应在0.03Ω以下
	5）油泵转动平稳，发热温升不超过30℃，无漏油现象
（三） 安全管理要求	1）库内操作人员应穿戴好劳动保护用具，禁止穿化纤衣服和钉子鞋
	2）库内禁止敲打撞击，不准使用铁制工具
	3）库内禁放易燃可燃物，禁放与生产无关的工具、器具
	4）油罐、管道、阀门等应无漏油现象
	5）库内禁绝一切火源，阀门冻结只可用蒸汽或热水解冻
（四） 消防器材要求	1）配备推车式干粉灭火器两台和足够的沙子，摆放位置明显
	2）妥善维护消防器材，推车式干粉灭火器换药和使用应有记录

（三）班组、岗位级消防安全检查表应用举例

班组、岗位级消防安全检查表在编制时可根据需要省略安全检查表基本格式中某些栏目，如检查依据及检查处理意见，使检查表简明实用。表中的检查结果可分为5~7个栏目，每天检查一次，每周使用一张消防安全检查表；也可分成31个栏目，每天检查一次，每月使用一张消防安全检查表。表5-3是氧乙炔焊场所的消防安全检查表。

表5-3 氧乙炔焊场所的消防安全检查表

气焊检查内容及要点	检查情况						
	周一	周二	周三	周四	周五	周六	周日
1）C_2H_2 发生器与明火作业距离是否保持10m以上距离							
2）C_2H_2 发生器与氧气瓶距离是否大于10m							
3）C_2H_2 发生器防爆胶皮是否使用2mm以下的生胶皮							
4）防爆胶皮面积是否占浮桶面积的2/3							
5）泄压孔是否堵塞							
6）C_2H_2 表是否准确、表面是否清晰							
7）安全阀有无损坏、动作是否灵敏							
8）贮气桶与回火防止器的溢水阀是否锈死、是否正常、用水是否清洁							
9）C_2H_2 发生器水温是否超过70℃，用水是否清洁							
10）C_2H_2 发生器有无裂纹与泄漏							

（续）

气焊检查内容及要点	检查情况						
	周一	周二	周三	周四	周五	周六	周日
11）C_2H_2 发生器胶管是否老化，是否与电焊线绞缠在一起							
12）C_2H_2 发生器、氧气瓶各连接部位是否有油污							
13）氧气瓶在阳光暴晒或距热源较近时是否有防晒隔热措施							
14）冬季发现各部位有冻结现象时是否用热水和蒸汽解冻							
备注：	检查人						

注：每次施工检查，合格划“√”，不合格划“×”。

（四）专业性消防安全检查表应用举例

专业性消防安全检查表应用比较广泛，其格式应根据实际的具体情况来编制。表5-4是锅炉运行的消防安全检查表。

表5-4　锅炉运行消防安全检查表

检查项目	检查要点	检查结果	
		是（√）	否（×）
（一） 压力表	1）表面玻璃是否清晰，有无破损情况		
	2）表盘刻度是否模糊		
	3）压力指示是否在正常范围（表面标红线）		
	4）表内是否漏气或指针跳动		
	5）冲洗压力表（正确操作三通旋塞）		
（二） 水位表	1）水位表外表是否清洁、是否漏气、漏水		
	2）水位表最高、最低刻度是否有明显标志		
	3）水位表指示正常，并且两水位表指示一致		
	4）冲洗水位表是否按顺序动作		
（三） 安全阀	1）安全阀是否齐全、完善		
	2）安全阀动作是否灵活、可靠		
（四） 排污阀	1）是否有漏气、漏水现象		
	2）在低负荷时操作排污是否畅通		
	3）排污顺序、动作是否正确		
（五） 其他	1）炉体及各阀门是否漏水、漏气或变形、烧红		
	2）射水器给水是否正常		
	3）出入制度、交接班制度记录是否完整		
检查意见		检查人	检查日期

第三节　消防安全检查的实施手段

为了达到消防安全检查的目的，消防安全检查人员应运用多种手段实施消防安全检查。检查手段选取正确与否，直接关系到消防安全检查的效果。所以，消防安全检查人员应根据检查对象的实际情况，灵活运用各种消防安全检查方式和手段，同时还应善于观察与思考，做到应查尽查，确实掌握被检查对象的真实消防安全情况。

一、询问了解

（一）适用内容

“询问”是向有关人员进行发问，了解本单位消防安全工作的开展情况和各项制度措施的执行落实情况等，这种方法是消防安全检查中不可缺少的手段之一。通过“询问”不仅可以在有限的时间内，直接而快速地获得相关的信息，还可以了解到其他手段查不出来的火灾隐患。询问对象不同，检查内容也有所差别。

1）询问消防安全责任人或消防安全管理人员，了解其实施和组织落实消防安全管理工作的概况以及领导对消防工作的熟悉和重视程度。

2）询问消防安全重点部位的人员，了解单位对其培训的概况以及消防安全制度和操作规程的落实情况。

3）询问消防控制室的值班、操作人员，了解其是否具备其岗位资格。

4）随机抽查询问员工，了解单位开展消防安全宣传教育情况，对于人员密集场所，还应向员工了解其组织引导在场人员疏散的知识和技能以及报告火警和扑救初起火灾的知识和技能。

（二）注意事项

询问可以采用随机抽查的方式，边检查、边询问、边记录情况。采用这种方法时，消防安全检查人员应在事前做好充分准备，避免盲目性，如预先设计询问或测试哪些人员、哪些方面的问题，问题的难易度与普遍性等。

二、查阅资料

（一）适用内容

查阅的主要资料是单位的消防档案。消防档案是单位履行消防安全职责、反映单位消防工作基本情况和消防安全管理情况的载体，其中包括单位消防安全有关的文件、资料。消防安全检查人员可以通过查阅单位消防档案，全面了解单位的消防安全状况。有关消防安全的文件、资料包括：

1）有关建设工程消防设计审核、消防验收及消防设计审核、消防验收备案及抽查的文件、资料。

2）公众聚集场所营业前的消防许可资料。

3）各项消防安全责任制度和安全管理制度；防火检查、巡查及消防培训教育记录。

4）新增消防产品、防火材料的合格证明材料。

5）消防设施定期检查记录和建筑自动消防系统全面测试及维修保养的报告。

6）与消防安全有关的电气设备检测（包括防静电、防雷）记录资料。

7）燃油、燃气设备安全装置和容器检测的记录资料。

8）其他与消防安全有关的文件、资料。

（二）注意事项

在查阅消防安全资料时应注意以下事项：

1）制定的各种消防安全制度和操作规程是否全面并符合有关消防法律、法规的规定和实际需要。

2）各种检查记录、值班记录的填写是否详细、规范。

3）单位制定的灭火和应急疏散预案是否具有合理性和可操作性。

4）注意辨别资料的真实性和有效性以及与实际情况是否一致，必要时，应对有疑问的内容通过实际检查加以确认。

三、实地查看

（一）适用内容

实地查看是消防安全检查人员通过用眼看、手摸、耳听、鼻嗅等人的感官直接观察的消防安全检查方法。这是消防安全日常检查采用的最基本方法。消防安全检查人员可以通过实地查看方式检查的内容有：

1）疏散通道是否畅通。

2）防火间距是否被占用。

3）安全出口是否锁闭、堵塞。

4）消防车通道是否占用、堵塞。

5）使用性质和防火分区是否改变。

6）消防设施和器材是否被遮挡。

7）设备组件是否齐全，有无损坏，阀门、开关等是否按要求处于启闭位置。

8）各种仪表显示屏显示的位置是否在正常的允许范围。

9）危险品存放是否符合规定，燃料、物料有无泄漏。

10）是否存在违反消防规定的用火、用电行为，操作作业是否符合安全规程等。

（二）注意事项

消防安全检查人员必须亲临现场，特别是建筑物内安全出口和疏散通道要求逐一检查。查看过程中要充分发挥人的感官功能，认真细致观察，如在防火巡查时，用眼看一看有哪些不正常的现象，用手摸一摸有无过热等不正常的感觉，用耳听一听有无不正常的声音，用鼻子嗅一嗅有无不正常的气味等。对于通过观察方法不能确定的问题，要借助工具和仪器进行测量，予以确认。

四、仪器检测

（一）适用内容

仪器检测方式主要是借助专业检查、测试的设备、仪器对建筑消防设施、设备进行功能抽查测试，对电气设备、线路，可燃气体、液体等相关参数等进行测量。具体检查内容有：

1）室内外消火栓压力、远程启泵测试。

2）消防电梯紧急停靠测试。

3）火灾报警器报警和故障功能测试。

4）压力开关和水力警铃、末端试水装置测试。

5）防火门、防火卷帘启闭测试。

6）消防水泵启动测试。

7）通风与防排烟系统启动及排烟量、压力测试。

8）应急照明灯具启动及照度测试。

9）电气设备、线路负荷测试。

10）可燃气体、液体挥发浓度测量等。

（二）注意事项

抽样测试前，检查人员应先通过眼看、耳听、手摸等方法，做抽样性外观检查，判断系统是否处于准工作状态；系统组件是否完整，有无损坏；对于消防设施，还应查阅单位所提供的消防设施定期检查记录及自动消防系统的全面检查测试维修保养报告，确定单位消防设施运行情况；与被检查单位的消防设施专业维护管理人员一同，借助于专业检查、测试的设备、仪器，按照《建筑消防设施检测技术规程》（GA 503—2004）、《消防产品现场检查判定规则》（GA 588—2012）等标准的要求，对建筑消防设施、器材进行功能抽查测试。

五、现场检验

（一）适用内容

消防安全检查人员除通过查阅资料、询问相关人员了解情况外，还可以采用现场检验的方式进行消防安全检查。主要适用如下检查内容：

1）开展灭火应急疏散预案的演练情况。

2）消防队训练情况。

3）员工安全操作情况等。

（二）注意事项

现场检验是检查消防安全应急处置能力的重要手段。例如，对单位灭火应急疏散预案和组织演练情况的检查，不能局限于仅检查单位是否制定了灭火疏散预案，而且应检验单位消防安全责任人、消防安全管理人、专（兼）职消防管理人员、志愿消防队员和员工对灭火疏散预案的熟悉及掌握程度。因此，可以采取实地演练的方式，对某一重点部位进行模拟演练，检查消防安全责任人或消防安全管理人的指挥能力，志愿消防队员的灭火和协作能力以及员工疏散等情况；同时，应针对现场检验过程发现的问题，及时提出有益的指导与建议。

第四节　消防安全检查的形式和流程

一、消防安全检查的形式

单位开展消防安全检查的形式灵活多样，按照不同的标准可以有不同的分类。

（一）按照消防安全检查实施的主体不同分类

1. 单位自查

单位自查是单位内部根据工作安排或需要，组织单位部门或车间班组、岗位工作人员进行的消防安全自检自纠，或单位领导组织安全技术、保卫等部门对车间、重点部位进行检查等。单位自查是单位组织群众开展经常性防火安全检查的最基本形式，有利于基层单位自觉履行消防安全管理的职责义务。

2. 上级检查

上级检查是由单位的上级主管部门或总公司组织安全检查组对其所属基层单位进行联合检查。通过上级组织的检查可以使单位之间相互交流切磋，达到相互促进，共同提高的目的。还可以制定一系列的评比标准，通过检查评比，起到鼓励先进，鞭策后进的作用。它对推动和帮助基层单位或子公司落实防火安全措施、及时消除火灾隐患，具有重要指导和督促作用。

（二）按照消防安全检查组织的形式不同分类

1. 防火巡查

防火巡查是组织一定的人力在一定区域内巡回观察重点部位、重点地区及周围的各种消防安全情况，发现、处理各种火灾隐患和纠正各种违法违规行为的防火检查形式。通过巡查不仅可以实现全天候、全方位的消防安全防控，还能及时对火险、火情做出应对。

2. 日常检查

日常检查是按照岗位防火安全责任制的要求，以班组长、安全员、消防员为主，对所在岗位每日所进行的防火检查。这种检查通常在班前、班后和交接班时进行，特别是公众聚集场所营业结束时应当对营业现场进行检查，以便及时发现火险因素，消除遗留火种。

3. 定期检查

定期检查是单位在一定的时间周期内、重大节日前或火灾多发季节，对单位消防安全工作涉及的方方面面进行的较为细致的防火排查。定期的全面防火检查有利于提高领导和员工对消防安全的重视，同时能够发现潜在的火灾隐患，并通过集体讨论整改火灾隐患。

4. 专项检查

专项检查是根据单位的实际情况和当前的主要任务，针对消防安全的薄弱环节或重点防火工作进行的检查。常见的有电气防火检查、用火检查、安全疏散检查、消防设施设备检查、危险品储存与使用检查、防雷设施检查等。专项检查是实施重点管理的手段之一，可以实现对检查内容的重点管控。

二、消防安全检查的组织流程

单位开展消防安全检查的形式不同，检查组织的流程也不尽相同。在此仅介绍防火巡查和定期检查的组织流程。

（一）防火巡查流程

由于防火巡查是一种频次较高的检查形式，巡查的组织流程应通过建立防火巡查制度加以明确。

1. 确定巡查的人员和范围，规定巡查的频次

1）防火巡查首先应确定巡查的人员，可以是专职消防安全员，也可以是兼有安全保卫

职责的安保人员。防火巡查员应经过消防安全培训，熟悉巡查范围内重点部位的消防安全要求，能够查找火灾隐患、辨识违规或危险的行为，会处置火灾险情、报告火警。

2）防火巡查的范围应是本单位、部门（车间）的地域范围，辅助巡查周边情况，巡查的重点应是火灾危险部位和消防安全重点部位，如危险品存放部位、动火作业工段、配电室、燃气调压设备等。

3）巡查的频次应根据巡查人员数量和巡查范围合理确定。频次间隔过长，不能充分发挥巡查的作用；巡查频次间隔过短，巡查人员容易消极怠工。《单位消防安全管理规定》明确要求，消防重点单位应进行每日防火巡查；公众聚集场所在营业期间应至少每 2h 一次防火巡查；医院、养老院、寄宿制的学校、托儿所、幼儿园应进行夜间防火巡查。

2. 实施防火巡查

防火巡查人员按照时间安排进行防火巡查，《单位消防安全管理规定》规定了单位开展防火巡查的主要内容有：

1）用火、用电有无违章情况。

2）安全出口、疏散通道是否畅通，安全疏散指示标志、应急照明是否完好。

3）消防设施、器材和消防安全标志是否在位、完整。

4）常闭式防火门是否处于关闭状态，防火卷帘下是否堆放物品影响使用。

5）消防安全重点部位的人员在岗情况。

6）其他消防安全情况。

3. 违章行为及火险处理

在巡查过程中发现违章行为应当及时纠正，妥善处置火灾危险；无法当场处置的，应当立即报告。发现初起火灾应当立即报警并及时扑救。

4. 填写巡查记录

巡查过程中应填写巡查记录，巡查人员及其主管人员应在巡查记录上签名。图 5-2 所示为防火巡查记录表式样。各单位或部门（车间）可根据具体情况对以上内容有所增加。

防火巡查记录表

巡查人： 主管人：

巡查时间	巡查情况							整改情况
	用火、用电情况	安全出口、疏散通道	疏散辅助设施	消防设施、器材	防火门、防火卷帘	重点部位人员	其他情况	

图 5-2 防火巡查记录表式样

（二）定期检查流程

单位开展定期防火检查的基本流程如图 5-3 所示。

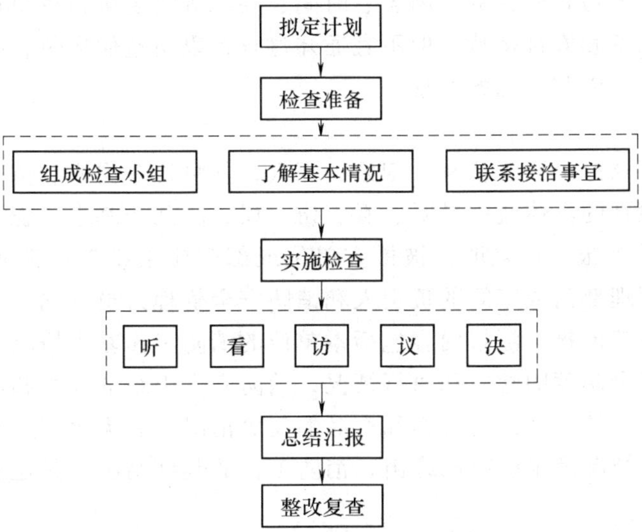

图 5-3　定期防火检查的基本流程

1. 拟定计划

单位可以根据法律、法规或单位内部规定以及实际需要，制订检查工作计划，确定检查目标和主要目的。单位主管部门应每季度对所属重点单位进行一次检查，并应向当地公安机关消防机构报告检查情况。单位自查应坚持厂（公司）月查，车间（工段）周查，班（组）日查的三级检查制度。

《单位消防安全管理规定》明确要求单位开展防火检查的频次至少应符合以下规定：

1）机关、团体、事业单位应当至少每季度进行一次防火检查。

2）企业应当至少每月进行一次防火检查。

2. 检查准备

检查前的准备工作根据检查的具体形式、规模大小等实际情况进行准备，通常包括如下内容：

（1）组成检查组　检查组成员应根据检查的目标和内容确定，通常包括分管领导、熟悉消防业务人员以及安全技术人员。上级部门组织的检查应在上级部门负责人领导下，由负责部门组织本级人员以及下属单位消防安全管理人员组成检查组。单位自查应在消防安全责任人的领导下，由单位安全保卫部门牵头，组织单位生产、技术和专、兼职防火干部以及志愿消防队队员和有关员工参加。专项检查还应有专业技术人员参加。

（2）了解基本情况　在实施防火检查之前，负责检查的有关人员，应当对所被检查的单位或部位的基本情况有所了解。如被检查单位所在位置及周边情况，单位的消防安全责任人、消防安全管理人、安全保卫部门负责人、专职防火干部情况，生产工艺和原料、产品、半成品的性质，火灾危险性类别及储存和使用情况，重点要害部位情况，以往火灾隐患的查处情况和是否有火灾发生的情况等方方面面都应有一个基本的了解。并对所要检查单位、部位的检查项目制作或完善消防安全检查表，以免检查时有所遗漏。

（3）联系接洽事宜　在具体实施防火检查之前，应当与被检查单位或部门（车间）进行联系。联系的部门通常是被检查单位的消防安全管理部门或专职的消防安全管理人员或是基层单位的负责人。把检查的目的、内容、时间、要求等需要被检查单位准备的工作予以告知，以便单位有所准备和安排接待。但不宜通知过早，以防造假应付，必要时也可采取突然袭击的方式进行检查，以利问题的发现。

3. 实施检查

实施检查的总要求是全面、认真、细致、深入，并将检查内容和情况如实记录在消防安全检查表中。实施检查的具体流程是听、看、访、议、决几个基本步骤。

（1）听取介绍或汇报　检查时，被检查单位或部门应组织单位消防安全责任人、管理人，以及消防安全管理部门或车间的负责人和消防安全管理人员参加，并主动提供情况和资料。必要时，进行系统汇报。汇报内容包括本单位的消防工作基本概况，消防安全管理的领导分工情况，消防安全制度的建立和执行情况；消防安全组织的建立和活动情况；职工的消防安全教育情况；企业的生产工艺过程和产品的变更情况；有无火灾及处理情况；上次检查发现的火灾隐患整改情况及未整改的缘由；消防工作的奖惩情况；其他有关防火、灭火的重要情况等内容。

（2）现场实地察看　对照防火安全检查表的检查要点，逐一进行检查。对于生产工艺设备、压力容器、消防设施设备、电气设施设备、危险品生产储运设施、用火动火设施等功能状况和安全性能的检查，应当有专业部门和人员使用专业仪器设备进行检测，以检查细微之处的事故隐患。

（3）提问了解情况　检查过程中，被检查单位应当派熟悉单位情况的负责人或其他人员等陪同，以协助检查人员发现问题，并随时回答检查人员提出的问题，也可随时质疑检查人员提出的问题。必要时，检查人员可抽测一定数量的现场工作人员，考查其消防安全知识、消防技能及对消防安全管理规章制度的掌握和熟练程度。

（4）集体讨论评议　检查组成员根据在实地检查中听到和看到的情况，进行综合分析，集体讨论。特别是对于火灾隐患的问题，要充分议论，分析隐患的构成和解决问题的方法。

（5）提出意见和要求　根据讨论结果，指出检查中发现的问题，提出具体的整改意见和要求，并将情况填写在“消防安全检查意见书”上，检查人员和被检查部门负责人应当在检查记录上签名。消防安全检查意见书式样如图 5-4 所示。

消防安全检查意见书

被查单位		检查时间	
参加检查人员	单　位	姓　名	职　务(职称)
发现的问题			
整改意见			
参加人员签名			

图 5-4　消防安全检查意见书式样

4. 总结汇报

防火检查主要目的是发现、分析和解决检查中发现的不安全因素和火灾隐患，同时还要评价被检查单位或部门（车间）的消防安全状况和管理水平。所以，应根据防火检查的实际情况写出分析总结报告，报告的主要内容包括：

1）检查组织实施过程。

2）检查对象的总体消防安全情况。

3）检查中存在的突出问题。

4）解决办法和应对措施。

5. 整改复查

检查结束后，被检查单位和部门要根据检查所提出的问题和隐患及整改对策和要求，及时制定整改方案。组织防火检查的部门要予以督促和指导，在整改完成后组织复查。

三、消防安全检查的要求

（一）认真观察、系统分析、实事求是

防火检查要深入、细致观察，分析问题要合乎逻辑规律、系统全面、由此及彼、由表及里，抓住问题的实质和主要方面，并针对检查中发现的消防安全问题提出切合实际的解决办法。

（二）树立政策观念、法制观念、群众观念和经济观念

具体问题的解决要以政策和法规为尺度，决不可随心所欲；要有群众观念，充分地相信和依靠群众，深入群众和基层一线，倾听群众的意见，了解真实情况，掌握工作主动权，达到检查的目的；要有经济观念，要把发现问题的整改建立在保卫生产和促进生产这个消防安全的指导思想基础之上，并把它看成是一种潜在的经济效益，下力气抓好。

（三）科学安排时间

科学安排时间是一个时间优化问题，检查时间就应该选择在易暴露问题的时间进行。例如，值班问题在夜间最能暴露薄弱环节，那么就应该选择夜间检查值班制度的落实情况和值班人员尽职尽责情况。由于消防管理涉及的范围广、部门多，科学地安排好消防安全检查的时间，将会大大提高工作效率，收到事半功倍的效果。

（四）原则性和灵活性相结合，检查与指导相结合

在检查过程中，对重大问题要敢于坚持原则，但在具体方法上要有一定的灵活性，做到严得合理，宽得得当；检查要与指导相结合，检查不仅要能发现问题，更重要的是解决问题，所以，应主动提出解决问题的办法和防止问题再发生的措施。

（五）注重效果，不走过场

防火检查是一项综合性的管理活动，是单位消防安全管理的最具体、最直接、最有效的形式之一，所以必须严肃认真、尊重科学、脚踏实地、注重效果，切不可图形式、走过场，只求检查的次数，不求问题的解决。要努力做到检查一次，发现一批隐患，解决一批问题。但应克服仅靠一两次大检查就可以一劳永逸、岁岁平安的思想，要根据本单位的变化情况，有重点地组织检查。在平时有问题要随时进行检查，不要使问题久拖不决，以致酿成火灾。

自学指导

本章学习重点：消防安全检查的内容；消防安全检查的实施手段。

1）消防安全检查的内容有：①消防安全制度；②消防安全重点部位；③消防设施和器材；④建筑防火措施；⑤消防安全教育；⑥根据需要其他应检查的内容。

2）消防安全检查的实施手段有询问了解、查阅资料、实地查看、仪器检测、现场检验。

本章学习难点：消防安全检查表的格式和编制。

消防安全检查表的基本格式包括检查分类项目，检查内容及要点，检查合格标准，检查依据，检查结果，检查处理意见，检查日期及检查者，被检查者，记事、备注等内容。

消防安全检查表的编制应掌握：①编制人员的确定；②编制内容的选取；③编制内容的依据；④编制的步骤；⑤编制的要求。

复习思考题

一、填空题（将正确的答案填写在括号中）

1. 消防安全检查是指消防安全检查主体采用一定的方法和手段，对单位消防安全情况进行的考察、核实与指导行为。它包括（　　　　　　　）和社会单位组织的防火检查两类。

2. （　　　　　　　）是消防安全检查常用的方法，也是消防安全检查中行之有效的基本方法。

3. 消防安全检查的实施手段有询问了解、（　　　　　　　）、实地查看、仪器检测、现场检验。

4. 在实际使用中，因为检查目的和对象不同，消防安全检查表可分为设计用消防安全检查表，局级（或行业）消防安全检查表，厂级（单位）消防安全检查表，（　　　　　　　），班组、岗位级消防安全检查表，专业性消防安全检查表和事故分析消防安全检查表。

二、简答题

1. 消防安全检查的内容有哪几个方面？

2. 消防安全检查表分析法的优点有哪些？

3. 简述消防安全检查表编制的步骤。

4. 简述防火巡查的流程。

5. 消防安全检查的基本要求有哪些？

三、论述题

1. 请分析某单位某车间（部门）的火灾危险因素，据此编制车间级消防安全检查表。

2. 假设你是单位的消防安全管理人，请你组织实施本单位的定期防火检查，应如何实施？

第六章 火灾隐患认定与整改

学习目标

1. 应了解、知道的内容

◇ 火灾隐患的特征。

◇ 监管部门督促火灾隐患整改措施。

2. 应理解、清楚的内容

◇ 火灾隐患的含义。

◇ 火灾隐患的分级。

◇ 火灾隐患整改的要求。

3. 应掌握、学会的内容

◇ 火灾隐患整改措施。

4. 应熟练掌握的内容

◇ 火灾隐患的认定方法。

◇ 火灾隐患整改的程序。

自学时数 8学时。

老师导学

本章的内容主要是对火灾隐患的含义与分级，火灾隐患认定的方法和火灾隐患整改的措施及程序作了详细介绍。在本章的学习中，应重在应用，能够熟悉火灾隐患认定的基本方法以及火灾隐患整改的各项措施。

火灾隐患可能导致火灾事故发生，其危害性是潜在的，及时发现隐患，对存在的火灾隐患进行准确判定，并采取相应的处理措施或督促火灾隐患整改，是消防安全检查的主要目的之一。单位在防火检查中发现的火灾隐患应按照要求及时消除；消防监管部门对在监督检查中发现的火灾隐患，则应当根据火灾隐患的具体情形督促和指导单位整改。

第一节 火灾隐患认定

一、火灾隐患的含义和特征

（一）火灾隐患的含义

火灾隐患是指在生产、经营、生活中，违反消防法律法规，可能导致火灾发生、致使火灾危害增大、阻碍灭火救援行动的各类潜在不安全因素，包括人的不安全行为、管理上的缺陷和物的不安全状态等。一个单位、一个场所、一个建（构）筑物是否构成火灾隐患可以从以下三个方面进行判定：

（1）增加火灾发生的危险性 如违反规定生产、储存、销售、运输、使用易燃易爆危险品，用火、用电、用气作业不符合消防安全要求等，在本身具有引发火灾可能性的情况下，违反相关消防安全管理规定势必会增加发生火灾的危险性，这类情形属于火灾隐患。

（2）增大火灾的危害性　如建筑物耐火等级降低，防火间距不够，防火、防烟分区过大，安全出口和疏散通道阻塞，超高层建筑的避难层设置不合理，建筑消防设施未能保证完好有效等，一旦发生火灾，人员疏散困难，火势迅速蔓延、扩大，导致更加严重的人员伤亡和财产损失，这些都是火灾隐患。

（3）阻碍灭火救援行动　如消防水源不足，消防通道阻塞，消火栓、水泵接合器损坏，消防电梯故障等，一旦发生火灾，将严重影响火场被困人员的营救和火灾扑救行动，给灭火救援行动造成困难，这些也是火灾隐患。

（二）火灾隐患的特征

火灾隐患具有以下三个特征：

1. 隐蔽性

火灾隐患是潜在的火险因素，它具有隐蔽、潜伏的特点，是一时不可明见的火险因素。它在一定时间、一定范围、一定条件下，往往使人们一时看不清楚、意识不到、感觉不出它的存在，随着时间的推移，客观条件的成熟，逐渐使隐患形成灾害。因此，很多火灾隐患不易被发现，或者即使发现了，由于没有表现出直接的火灾危险或危害而不被重视。所以，单位的消防安全不在于有还是没有火灾隐患，关键在于能不能及时发现火灾隐患和认真加以整改火灾隐患。少数单位对于火灾隐患麻木不仁，听之任之，直至酿成火灾，这就是所谓的“养患成灾”，甚至“小火酿成大灾”。

2. 综合性

火灾隐患是由物质危险因素和管理上的缺欠构成的集合体。物质危险因素是指生活、生产和经营活动中存在的物质条件，如原材料、机器设备、加工对象、工具器具、生活用品等所固有的危险性及其潜在的破坏能量；管理上的缺欠是指人们在生活、生产和经营等活动中不妥当的或错误的组织、规定、指挥和指导以及错误操作。物质危险因素和管理上的缺欠有着密切联系，前者是发生火灾的物质基础；后者是发生火灾的激发条件。

3. 动态性

火灾隐患是动态变化的。一是火灾隐患的认定不是一成不变的。例如，绝大多数火灾隐患都是违反消防法规和消防技术规范、标准造成的，由于国家消防技术标准的修改，导致原本符合技术要求的情形成了危险状态构成了火灾隐患，或是由于新技术、新材料的应用以及人们对火灾危险性的进一步认识，新火灾隐患类型及其表现形式也将随之出现。二是火灾隐患的危险程度随着时间的变化而变化。例如，消防设施的部分损坏，随着时间的推移而越演越烈直至瘫痪。由此可见，火灾隐患的认定不是一成不变的，治理火灾隐患也不是一劳永逸的，而是经常性的工作，因此，人们认识和整改火灾隐患的过程是一个不断再认识、再实践的过程。

二、火灾隐患的分级

根据不安全因素引发火灾的可能性大小和可能造成的危害程度的不同，火灾隐患可分为一般火灾隐患和重大火灾隐患。

（一）一般火灾隐患

一般火灾隐患是指有引发火灾的可能，且发生火灾会造成一定的危害后果，但危害后果不严重的各类潜在不安全因素。一般火灾隐患的程度较轻、波及范围小，往往只需岗位操作人员或班组的力量即可解决。

（二）重大火灾隐患

重大火灾隐患是指违反消防法律法规，可能导致火灾发生或火灾危害增大，并由此可能造成重、特大火灾事故后果和严重社会影响的各类潜在不安全因素。重大火灾隐患的程度严重，危害范围大，需要单位组织整改，甚至单位无力整改，需要其主管部门或政府协助解决。

三、火灾隐患的认定方法

火灾隐患认定的依据是我国的消防法律法规、消防技术标准与规范。

（一）依据法律法规直接认定

《消防监督检查规定》，列举了可以直接确定为火灾隐患的情形：

1）影响人员安全疏散或者灭火救援行动，不能立即改正的。

2）消防设施未保持完好有效，影响防火灭火功能的。

3）擅自改变防火分区，容易导致火势蔓延、扩大的。

4）在人员密集场所违反消防安全规定，使用、储存易燃易爆危险品，不能立即改正的。

5）不符合城市消防安全布局要求，影响公共安全的。

6）其他可能增加火灾实质危险性或者危害性的情形。

《重大火灾隐患判定方法》（GA 653—2006）提供了重大火灾隐患直接判定方法或综合判定方法。

（二）根据火灾隐患定义判断

按照火灾隐患的含义，依据消防法律法规、标准规范的要求，分别从是否增加了火灾发生的危险性，是否增大了火灾的危害性，是否影响了灭火救援行动三个方面，进行分析判断是否存在不符合消防安全要求的情形。根据火灾隐患定义分析判断是否存在火灾隐患，要正确处理火灾隐患与消防安全违法行为的关系。虽然绝大多数火灾隐患都是因为违反消防法规和消防技术规范、标准造成的，但由于国家消防技术标准的修改而造成的火灾隐患就不属于违法行为，因此，火灾隐患并不一定都是消防安全违法行为；同样消防安全违法行为也不一定就会产生火灾隐患。例如，建设工程项目未进行竣工验收或验收备案，构成违法行为，但该建筑物不一定就存在火灾隐患。

（三）利用消防安全评估方法判定

利用消防安全系统工程原理，通过对单位、场所进行危险因素辨识、安全性分析和安全评价综合判定是否存在火灾隐患。

总之，火灾隐患的判定不仅要从消防行政法律上有依据，而且应在消防技术上有标准。火灾隐患的认定具有专业性、思想性和科学性，因此，应当根据实际情况，全面细致地考察和了解，实事求是地分析和判定火灾隐患。

第二节　火灾隐患整改

判定火灾隐患及其等级是整改火灾隐患的必要前提，如何整改火灾隐患才是确保消防安全的关键。《消防法》和《单位消防安全管理规定》中均明确了单位及时消除火灾隐患的职责。《消防监督检查规定》明确了公安机关消防机构在监督检查中发现火灾隐患，应根据火灾隐患的具体情形，按照有关规定要求单位改正，同时，视存在火灾隐患单位的具体情况及单位整改火灾隐患的情况，采取其他相应的措施或手段督促火灾隐患的整改。

一、单位火灾隐患整改措施

（一）实行火灾隐患整改责任制

整改火灾隐患应贯彻“谁主管、谁负责”的原则，遵循单位内部“安全自查、隐患自除、责任自负”的指导思想。对于存在的火灾隐患，由消防安全责任人全面负责，消防安全管理人和各级消防安全责任人具体组织或实施整改。整改期间，各级消防安全责任人应保证消防安全，一旦发生火灾事故将承担相应责任。

（二）会商解决

情况复杂的火灾隐患，如涉及多家单位、多方面问题，不易整改的火灾隐患，应及时专题报告单位的主管部门协调，采取协商的办法解决问题。

（三）提请政府督办

对于危害特别大、投资特别多、涉及范围广、单位无力整改的重大火灾隐患，如医院、学校等人员密集场所、易燃易爆危险物品场所、不符合城乡消防安全布局的单位或场所以及其他影响公共安全的单位或场所，存在重大火灾隐患，而自身确无能力解决，单位应取得当地公安机关消防机构和上级主管部门的支持，公安机关消防机构应当及时提出督办意见，由公安机关提请本级人民政府列入督办事项或予以挂牌督办解决。

二、监管部门督促火灾隐患整改措施

（一）责令改正违法行为

由于违法行为造成的火灾隐患，应依法责令改正。

1）消防设施、器材或者消防安全标志的配置、设置不符合国家标准、行业标准，或者未保持完好有效的。

2）损坏、挪用或者擅自拆除、停用消防设施、器材的。

3）占用、堵塞、封闭疏散通道、安全出口或者有其他妨碍安全疏散行为的。

4）埋压、圈占、遮挡消火栓或者占用防火间距的。

5）占用、堵塞、封闭消防车通道，妨碍消防车通行的。

6）人员密集场所在门窗上设置影响逃生和灭火救援的障碍物的。

7）对火灾隐患经公安机关消防机构通知后不及时采取措施消除的。

（二）临时查封危险部位或场所

临时查封是公安机关消防机构在消防监督检查过程中根据需要采取的一种行政强制措施。公安机关消防机构在消防监督检查中发现下列不及时消除可能严重威胁公共安全的情形，应当对危险部位或者场所予以临时查封：

1）疏散通道、安全出口数量不足或者严重堵塞，已不具备安全疏散条件。

2）建筑消防设施严重损坏，不再具备防火灭火功能。

3）人员密集场所违反消防安全规定，使用、储存易燃易爆危险品。

4）公众聚集场所违反消防技术标准，采用易燃、可燃材料装修，可能导致重大人员伤亡。

5）其他可能严重威胁公共安全的火灾隐患。

（三）实施行政处罚

《消防法》中“法律责任”一章，明确规定了各种消防违法行为应当承担的法律责任，同时，也赋予了相关监管部门对于消防违法行为的行政处罚权。消防监管部门依法对消防违法行为进行行政处罚，是督促火灾隐患整改的重要手段，也是杜绝由于消防安全违法行为导致火灾隐患的有效措施。因此，实施消防行政处罚，不是监督执法的目的，而是要通过消防行政处罚这种手段，达到火灾隐患及时整改的目的。

（四）采取强制执行

单位或个人拒不执行消防监管部门有关责令改正违法行为整改火灾隐患的行政决定时，消防监管部门可以采用或申请法院强制执行。强制执行在消防监督管理领域是最严厉的行政措施，因而《消防法》对于强制执行作了明确规定。

1）当事人逾期不执行公安机关消防机构作出的停产停业、停止使用、停止施工决定的，公安机关消防机构可以强制执行。在此种情况下，公安机关消防机构可以对有关场所、部位、设施或者设备予以查封迫使其停止生产、经营、使用或者施工。

2）公安机关消防机构在检查中发现当事人存在下列违法行为，责令其改正而当事人又拒不改正的，公安机关消防机构可以按照《中华人民共和国行政强制法》的相关规定，组织强制清除或者拆除相关障碍物、妨碍物，所需费用由违法行为人承担。

① 占用、堵塞、封闭疏散通道、安全出口或者有其他妨碍安全疏散行为的。

② 埋压、圈占、遮挡消火栓或者占用防火间距的。

③ 占用、堵塞、封闭消防车通道，妨碍消防车通行的。

④ 人员密集场所在门窗上设置影响逃生和灭火救援的障碍物的。

3）其他情况下，消防监管部门应申请人民法院强制执行。

（五）其他措施

对于火灾隐患的整改，除了采取行政手段、法律手段外，还可以采取其他措施督促其整改火灾隐患。如借助广播、电视、报纸、网络等新闻媒体，对一些久拖不改的重大火灾隐患予以曝光，借助舆论的力量促使其改正；在重大火灾隐患单位显著部位悬挂重大火灾隐患标牌，以提示公众注意消防安全；通过典型火灾案例的宣传，提高单位或场所对火灾隐患潜在危险的认识，从而提高单位或场所自觉消除火灾隐患、自主整改火灾隐患的主动性。

三、火灾隐患整改的程序

（一）立即消除或提出整改方案

单位对存在的火灾隐患，应当及时采取措施或制定整改方案。

1）对违反消防安全规定造成的可以立即消除的火灾隐患，发现人应通知存在隐患的部门、岗位负责人立即采取措施，责成有关人员当场改正并督促落实。

2）对不能当场改正的火灾隐患，及时将存在的火灾隐患向单位的消防安全管理人或者消防安全责任人或消防工作归口管理部门报告。由消防工作归口管理部门或消防安全管理人研究确定隐患消除措施、组织制定隐患整改计划，由单位主要负责人负责落实隐患整改所需的各种保障。

3）对于某些一时难以消除的火灾隐患，单位可分轻、重、缓、急分期整改。

4）对涉及多单位、多问题、不易整改的火灾隐患，或者涉及城市规划布局等因素而不能自身解决的火灾隐患，超出了单位自身解决的权限范围，单位应当提出解决方案，并及时报请上级部门或当地人民政府协调解决。

（二）实施整改并保证安全

整改方案一旦通过，应积极组织火灾隐患整改，无论什么火灾隐患，在问题未解决之前，都应采取必要的防范补救措施，防止火灾的发生。

1）对一时无法消除的火灾隐患，又不能确保消防安全的情况下，单位主要负责人应责成存在火灾隐患的部门、岗位立即停止生产经营行为。对立即停止可能产生更大火灾隐患的生产经营行为，由消防工作归口管理部门或消防安全管理人负责组织制订停工（停用、停产、停业）计划，并负责监督落实。

2）对被消防监管部门依法责令停产停业、责令停止使用处罚或被查封的，单位应当立即停止火灾隐患所在部位的各种生产经营活动，并继续做好火灾隐患整改工作。

（三）整改情况上报

分阶段整改的火灾隐患以及整改完毕的火灾隐患应及时向上级主管部门、消防监管部门或政府报告整改情况。

1）单位自行组织的火灾隐患整改完毕，将整改情况记录报送消防安全责任人或者消防安全管理人，单位消防工作归口管理部门或消防安全管理人应组织复查，合格后签字确认，存档备查。

2）对公安机关消防机构责令限期改正的火灾隐患，单位应当在规定的期限内改正并写出火灾隐患整改复函，报送公安机关消防机构复查。

3）对被监管部门依法责令停产停业、责令停止使用处罚或被查封的，经整改具备消防安全条件的，由单位提出恢复使用、生产营业的书面申请。经检查确认已经改正并具备消防安全条件的，单位方可恢复使用、生产、营业；对尚未完全改正或不具备消防安全条件的，单位不得自行恢复使用、生产、营业。

4）对政府督办的火灾隐患，应将阶段性整改情况及时向上级主管部门或者政府报告。

【例题】 2011年9月，某消防大队对辖区单位进行全面火灾隐患排查。在对某制衣厂进行检查时，发现该厂房是2010年由一个破旧仓库改造而成的，厂房为地上6层建筑，每层1200m^2，建筑高度23m，厂房一至四层为制衣车间，五层为布匹仓库，六层为员工集体宿舍；厂房内的生产、生活区之间未设有效的防火分隔；同时发现一至三层的外窗上设有铁栅栏，车间内配置的两个干粉灭火器的维修日期为2007年5月，压力表指针在红色区域范围内。

问题：

1. 分析判断该制衣厂存在哪些火灾隐患？

2. 制衣厂可以采取哪些措施，如何组织整改？

解答：

1. 分析判断该制衣厂存在哪些火灾隐患？

该制衣厂为典型的“三合一”场所，应符合《住宿与生产储存经营合用场所消防安全技术要求》（GA 703—2007）的规定。

根据公安部《消防监督检查规定》，可以直接确定该制衣厂存在的火灾隐患有：

1）一至三层的外窗上设有铁栅栏，影响人员安全疏散或者灭火救援行动，不能立即改正。

2）车间内配置的两个干粉灭火器超过维护保养期限，且压力不符合要求，属于消防设施未保持完好有效，影响防火灭火功能。

3）生产、生活区之间未设有效的防火分隔，属于擅自改变防火分区，容易导致火势蔓延、扩大。

2. 制衣厂可以采取哪些措施，如何组织整改？

制衣厂应采用不燃材料将生产楼层与职工生活楼层进行防火分隔，如封闭楼梯间，增设防火门等；拆除外墙门窗的铁栅栏；更换灭火器。

制衣厂存在的火灾隐患属于不能当场改正的火灾隐患，单位的消防安全管理人或者消防安全责任人应及时研究确定隐患消除的具体措施、组织制订隐患整改计划，确定火灾隐患的整改责任人，实行责任制。在整改过程中，还应配备必要灭火设备或停止生产，保证整改期间的消防安全，同时，单位主要负责人负责落实隐患整改所需的各项保障。

四、火灾隐患整改的要求

（一）整改火灾隐患抓住主要矛盾

火灾隐患可能包含着一对或多对矛盾，所以，整改火灾隐患必须抓主要矛盾。通过抓主要矛盾和解决主要问题的方法来达到其他矛盾的迎刃而解，起到纲举目张的作用，使问题得到彻底解决。抓整改火灾隐患的主要矛盾，要分析影响火灾隐患整改的各种因素和条件，制定出几种整改方案，经反复研究论证，选择最经济、最有效、最快捷的方案，避免顾此失彼而造成新的火灾隐患。

（二）树立价值观念，选最佳方案

整改火灾隐患应树立价值观念，坚持科学、合理、经济、可靠的原则，分析隐患的危险性、危害程度和应对措施。如果虽有危险性，但危害程度较小，就应提出简便易行的办法，从而得到投资少、消防安全价值大的整改方案。如拆除部分建筑，提高建筑物的耐火等级，改变部分建筑的使用性质，堵塞建筑外墙上的门窗孔洞或安装水幕装置，设置室外防火墙等，以解决防火间距不足的问题；安装火灾自动报警、自动灭火设施和防火门、防火卷帘、水幕装置等，以解决防火分区面积过大的问题；增加建筑开口面积，加强室内通风，既可达到防爆泄压的目的，又可防止可燃气体、蒸气、粉尘的聚积；向室内输送适量水蒸气或经常往地面上洒水，还可以降低可燃气体、蒸气的浓度，防止可燃粉尘飞扬；改变电气线路型号，减少用电设备，采取错峰用电措施，解决电气线路超负荷的问题，延缓电线绝缘的老化过程。对于关键性设备和要害部位存在的火灾隐患，要严格整改措施，拟定可行性方案，力求解决问题干净、彻底，不留后患，从根本上确保消防安全。

（三）合理确定火灾隐患的整改期限

火灾隐患整改期限的确定要综合考虑火灾隐患的严重程度和整改难易。整改过程中发现确有正当理由不能在限期内整改完毕的，隐患单位在整改期限届满应当向上级部门或监管部门提出书面延期申请。

（四）综合考虑多方面因素

火灾隐患的整改要考虑全面，不能顾此失彼。既要解决火灾隐患，又要考虑生产效率，做到安全与生产的统一；既要使用先进科学技术，又要考虑到经济实力，做到科学性、可靠性和经济实力的统一；既要考虑到物的因素，又要考虑到人的因素，做到形式与效果的统一；既要解决当前的消防安全问题，又要考虑到长远规划，做到眼前安全与长远安全的统一。例如，对于建筑布局、消防通道、水源等方面的火灾隐患，应从长计议，纳入城乡规划建设加以解决；对于库区布局或功能分区不合理，主要建筑物之间的防火间距不足等隐患，可结合厂、库区改造、建设，纳入企业改造和建设规划中加以解决；对于厂、库位置不当等，可结合城镇改造、建设，将危险建筑迁至安全地点。

（五）消防安全检查人员应发挥督促和指导作用

首先，判定火灾隐患必须严格依据法律、法规、规章和技术规范的规定，准确而客观，对火灾隐患的危险性不能任意夸大。其次，整改火灾隐患往往涉及很多技术问题，作为专业人员的消防安全检查员应当积极给对方提供帮助指导，提供合理而又经济实用的火灾隐患整改方案。

【案例】

郑州天然商厦火灾

天然商厦位于郑州市中心二七广场东北侧，建筑面积 17700 m^2。商厦为 5 层建筑（含地下室），中间有共享空间通至天井。商厦东侧是与之连为一体的 8 层天然大酒店，距北侧仅 2m 是一幢 5 层的居民楼，西北侧和东南侧约 35m 处分别是商城大厦和亚细亚商场。天然商厦的二层由过街天桥分别与上述两个商场相连通。1995 年 1 月 20 日 8 时 15 分，开门上班时，商场值班电工周某合闸送电，服装商场经理秦某带着服装部的员工从天桥进入二层乘电梯上三层时，听到最先进场的女职工大喊“起火了”。秦忙往回看，只见二层针织一部与二部之间的西墙上约有十几平方米正在燃烧。于是西服部主任黑某、职员郭某和值班班长左某用灭火器进行扑救，打完几个干粉灭火器未能奏效。刚刚进场的职工一听起火，都慌忙跑出了商场。8 时 22 分，市公安消防支队接警，在 5min 内调集 10 个公安消防中队、16 个专职消防队、56 辆消防车到火场展开灭火战斗，大火于 10 时 30 分被扑灭、保住了商厦一层和地下商场的全部商品以及三层的部分商品和周围建筑的安全。该起火灾的起火原因是商厦二层针织二部床上用品附近水泥柱下方压底盒内铝线和铜线接头处短路打火，引燃附近可燃物所致。火灾烧伤 7 人，烧毁二至四层的针织品、服装和部分百货商品，过火面积 6700 m^2，直接财产损失 2096 余万元。

事故分析表明该商厦大火并非偶然。天然商厦及其后楼天然大酒店原名“郑州人民商场”，在未经消防部门审核的情况下擅自施工进行改造装修，不但未增加任何消防设施，反而将原来的消防卷帘、自动报警装置和自动喷水灭火系统拆除，装修使用大量的可燃材料，这样做就等于拆除了防御火势的基本设施。针对商厦存在的火灾隐患，市消防部门于 1991 年 6 月 6 日提出 17 条意见；改为天然商厦后，1992 ~ 1993 年，消防部门连续 7 次检查指出商厦存在的火灾隐患，并提出了具体整改措施，如应开通使用火灾自动报警系统和自动灭火系统；恢复天井的防火卷帘，东北疏散楼梯口的卷帘应改为防火卷帘等，并下达了《火灾隐患整改通知书》，商厦分管防火的副总经理也签字表示“正在抓紧整改”，可时至起火当日，仍未见其落实。作为郑州市 1993 年十大火灾隐患的天然商厦，对其无视消防安全的态度，市政府于 1993 年 11 月 5 日还专门召开过协调会，当时市公安局长说："隐患单位要抱着对党、对国家和人民负责的态度来看待这一问题，否则造成严重后果，涉及谁负责时，再说什么也都晚了。"商厦负责人无视消防监督部门提出的意见，火灾隐患久拖不改最终酿成了大祸。商厦动力设备部经理崔某、商厦副总经理任某、消防科长朱某、保卫部经理马某、副总经理赵某、代总经理贺某、原总经理均被开除党籍，撤销行政职务，并由司法部门追究了刑事责任。商厦主管部门的有关领导也分别受到党纪和政纪处分。

自学指导

本章学习重点：火灾隐患的含义；火灾隐患的分级；火灾隐患整改措施。

1）火灾隐患是指在生产、经营、生活中，违反消防法律法规，可能导致火灾发生、致使火灾危害增大、阻碍灭火救援行动的各类潜在不安全因素，包括人的不安全行为、管理上的缺陷和物的不安全状态等。

2）根据不安全因素引发火灾的可能性大小和可能造成的危害程度不同，火灾隐患可分为一般火灾隐患和重大火灾隐患。一般火灾隐患是指有引发火灾的可能，且发生火灾会造成一定的危害后果，但危害后果不严重的各类潜在不安全因素。一般火灾隐患的程度较轻、波及范围小，往往只需岗位操作人员或班组的力量即可解决。重大火灾隐患是指违反消防法律法规，可能导致火灾发生或火灾危害增大，并由此可能造成重、特大火灾事故后果和严重社会影响的各类潜在不安全因素。重大火灾隐患的程度严重，危害范围大，需要单位组织整改，甚至单位无力整改，需要其主管部门或政府协助解决。

3）单位火灾隐患整改措施有：实行火灾隐患整改责任制，会商解决，提请政府督办；监管部门督促火灾隐患整改措施有：责令改正违法行为，临时查封危险部位或场所，实施行政处罚，采取强制执行，借助社会舆论等。

本章学习难点：火灾隐患的认定方法。

火灾隐患的认定方法有依据法律、法规直接认定，根据火灾隐患定义判定，利用消防安全评估方法认定。重大火灾隐患可依据《重大火灾隐患判定方法》（GA 653—2006）提供的重大火灾隐患直接判定方法或综合判定方法进行判定。

复习思考题

一、填空题（将正确的答案填写在括号中）

1. 火灾隐患是指在生产、经营、生活中，违反消防法律法规，可能导致火灾发生、致使火灾危害增大、阻碍（　　　　　　）的各类潜在不安全因素，包括人的不安全行为、管理上的缺陷和物的不安全状态等。

2. 根据不安全因素引发火灾的可能性大小和可能造成的危害程度的不同，火灾隐患可分为（　　　　）和重大火灾隐患。

二、简答题

1. 简述单位整改火灾隐患的流程。

2.《消防监督检查规定》列举了哪些情形可以直接确定为火灾隐患？

3. 哪些火灾隐患可以采用临时查封的措施督促整改？

三、案例分析题

案例：某单位 6 层综合楼的局部一至二层出租给一家连锁超市，超市内安装自动喷水灭火系统、消火栓、消防应急照明灯和疏散指示标志，并配有若干只灭火器；综合楼局部一至四层出租给一家连锁快捷酒店，酒店内设有自动喷水灭火系统、消火栓系统、应急照明灯、疏散指示标志和干粉灭火器；综合楼未出租部分作为单位办公室使用。该综合楼内有3部疏散楼梯、3个安全出口，超市、连锁酒店和办公区域各自单独使用1个疏散楼梯和1个安全出口。

问题：

1. 该综合楼存在哪些火灾隐患？

2. 如果你是综合楼产权单位的消防安全管理人员，应如何组织整改综合楼的火灾隐患？

第七章　消防安全重点管理

学习目标

1. 应了解、知道的内容

◇ 消防安全重点单位的界定标准。

◇ 消防安全重点工种的火灾危险性。

2. 应理解、清楚的内容

◇ 消防安全重点管理的概念。

◇ 常见消防安全重点工种的管理要点。

3. 应掌握、学会的内容

◇ 消防安全重点单位的概念。

◇ 消防安全重点部位的概念。

◇ 消防安全重点工种的概念。

◇ 动火作业的消防安全管理要求。

4. 应熟练掌握的内容

◇ 消防安全重点单位的管理要求。

◇ 消防安全重点部位的管理要求。

自学时数　7 学时。

老师导学

本章提出了消防安全重点管理的管理思路并就其在社会单位消防安全管理中几个方面的应用进行了详细介绍。对本章的学习，在理解消防安全重点管理的概念和内涵的基础上，应注重这种管理思路或方法在消防安全重点单位管理、重点部位管理、重点工种管理、动火作业管理等方面的具体应用，其中消防安全重点单位管理和重点部位管理作为本章的重点学习内容。

消防安全工作是相关责任者一项长期而艰巨的重要任务，是一个系统工程，涉及全社会生产生活的方方面面，哪一个环节忽视安全，都有可能造成不可挽回的损失。虽然安全管理的重要性毋庸置疑，但作为一种管理工作，我们手头可用的资源是有限的，无论是人力、物力、财力还是时间等，因此在消防安全管理中分清主次、抓住关键，可以更好地利用有限的资源，最大限度地消除火灾隐患，提升消防安全管理水平，从而提高对火灾的防控能力。

消防安全重点管理就是在消防工作中注意抓住主要矛盾和矛盾的主要方面，遵循消防工作的特点和火灾的规律性，把有限的消防安全管理资源应用于控制火灾发生或减少火灾危害的关键环节，从而提高消防安全管理效能的一种管理思路。在平时的消防安全管理实践中，就是要“抓住重点、兼顾一般”，这种思路在消防安全重点单位管理、重点部位管理、重点工种管理等方面得到实践并发挥了重要的作用。

第一节　消防安全重点单位管理

消防安全重点管理，主要体现在对单位的消防安全管理工作之中。《消防法》第 2 条规定：“消防工作贯彻预防为主、防消结合的方针，按照政府统一领导、部门依法监管、单位全面负责、公民积极参与的原则，实行消防安全责任制，建立健全社会化的消防工作网络。”明确了单位是消防工作的责任主体，要对自身的消防安全负责。从火灾统计数据来看，单位消防安全工作是社会消防工作的重中之重，也就是说怎样使单位履行好自身的消防责任，对于全社会的消防安全至关重要。社会单位数量众多，消防安全工作也千头万绪，因此按照一定的标准确定其中的某些和消防安全关系密切的单位为重点单位，从而进行重点管理，把有限的资源进行合理分配，可以提升消防安全管理的效率和效果，并能够有效地扼制重、特大火灾的发生。对单位划分重点单位和一般单位，实行重点管理，从实践来看对于扼制重、特大火灾的发生发挥了积极的作用，是一种行之有效的管理方法。

《消防法》第 17 条规定：“县级以上地方人民政府公安机关消防机构应当将发生火灾可能性较大以及发生火灾可能造成重大的人身伤亡或者财产损失的单位，确定为本行政区域内的消防安全重点单位，并由公安机关报本级人民政府备案。”这一条从法律上确定了消防安全重点单位管理制度。

一、单位及消防安全重点单位的概念

社会各单位是消防安全工作的主要承担者，消防安全相关法律、法规和制度要通过单位得以落实和执行。单位是机关、团体、企业、事业单位的简称。机关，包括国家权力机关、国家行政机关和国家司法机关；企业，是直接从事生产、运输、经营和其他服务活动，实行独立经济核算的经济组织，这里既包括中国的企业，也包括在我国的外资企业和中外合资企业；事业单位，是指为国家创造和改善生产条件，促进社会福利，满足人民文化、卫生等需要，其经费实行国家预算拨款制的组织；团体，是为实现会员共同意愿，按照其章程开展活动的非营利性社会组织。

消防安全重点单位是指发生火灾可能性较大以及发生火灾可能造成重大的人身伤亡或者财产损失的单位。

二、消防安全重点单位的界定标准

消防安全重点单位的界定，也就是应该把哪些单位确定为消防安全重点单位，按照什么样的标准来确定，是一个比较困难的问题，因为按照消防安全重点单位的概念，发生火灾或者发生火灾造成重大的人身伤亡或者财产损失都只是一种可能性，加上火灾发生的偶然性特点，难以进行定量化。那么怎样才能较为科学地划分重点单位和一般单位呢？消防安全重点单位的确定应综合消防安全管理的资源数量、单位的性质和火灾危险性等各方面因素来考虑。从新中国成立初期开始在单位消防安全管理中运用重点管理的思路，至今已积累了一定的经验。例如，关于消防安全重点单位界定的“四大、六个方面”，就是采用原则性的规定来定性地确定消防安全重点单位。“四大”是指火灾危险性大，发生火灾后损失大、伤亡大、社会影响大。“六个方面”是指：一是重要的厂矿企业、基建工地、交通通信枢纽；二

是粮、棉、百货等物资集中的仓库、堆栈；三是生产、储存化工、石油等易燃易爆物品的单位；四是首脑机关、外宾住地，重要的科学研究、事业单位；五是文物建筑、图书馆、档案馆、陈列馆等单位；六是易燃建筑密集区和经常聚集大量人员的重要场所。

《单位消防安全管理规定》中给出了消防安全重点单位的范围：

（一）商场（市场）**、宾馆**（饭店）**、体育场**（馆）**、会堂、公共娱乐场所等公众聚集场所**

1）建筑面积在 $1000m^2$（含本数，下同）以上且经营可燃商品的商场（商店、市场）。

2）客房数在50间以上的宾馆（旅馆、饭店）。

3）公共的体育场（馆）、会堂。

4）建筑面积在 $200m^2$ 以上的公共娱乐场所。

（二）医院、养老院和寄宿制的学校、托儿所、幼儿园

1）住院床位在50张以上的医院。

2）老人住宿床位在50张以上的养老院。

3）学生住宿床位在100张以上的学校。

4）幼儿住宿床位在50张以上的托儿所、幼儿园。

（三）国家机关

1）县级以上的党委、人大、政府、政协。

2）县级以上的人民检察院、人民法院。

3）中央和国务院各部委。

4）共青团中央、全国总工会、全国妇联的办事机关。

（四）广播电台、电视台和邮政、通信枢纽

1）广播电台、电视台。

2）城镇的邮政和通信枢纽单位。

（五）客运车站、码头、民用机场

1）候车厅、候船厅的建筑面积在 $500m^2$ 以上的客运车站和客运码头。

2）民用机场。

（六）公共图书馆、展览馆、博物馆、档案馆以及具有火灾危险性的文物保护单位

1）建筑面积在 $2000m^2$ 以上的公共图书馆、展览馆。

2）博物馆、档案馆。

3）具有火灾危险性的县级以上文物保护单位。

（七）发电厂（站）**和电网经营企业**

发电厂是指水电站、火力发电厂、核电站、风能电厂等；电网经营企业一般是指电业局、供电局、电力公司、供电公司等供电单位。

（八）易燃易爆化学物品的生产、充装、储存、供应、销售单位

1）生产易燃易爆化学物品的工厂。

2）易燃易爆气体和液体的灌装站、调压站。

3）储存易燃易爆化学物品的专用仓库（堆场、储罐场所）。

4）易燃易爆化学物品的专业运输单位。

5）营业性汽车加油站、加气站，液化石油气供应站（换瓶站）。

6）经营易燃易爆化学物品的化工商店（其界定标准，以及其他需要界定的易燃易爆化学物品性质的单位及其标准，由省级公安机关消防机构根据实际情况确定）。

7）经营管道燃气（含天然气、油制气、水煤气、液化石油气等）的单位。

（九）服装、制鞋等劳动密集型生产、加工企业

生产车间员工在100人以上的服装、鞋帽、玩具等劳动密集型企业。

（十）重要的科研单位

界定标准由省级公安机关消防机构根据实际情况确定。

（十一）高层公共建筑，地下铁道、地下观光隧道，粮、棉、木材、百货等物资仓库和堆场，重点工程的施工现场

1）高层办公楼（写字楼）、高层公寓楼等。

2）城市地下铁道、地下观光隧道等地下公共建筑和城市重要的交通隧道。

3）国家储备粮库、总储量在1万t以上的其他粮库。

4）总储量在500t以上的棉库。

5）总储量在1万m^3以上的木材堆场。

6）总储存价值在1千万元以上的可燃物品仓库、堆场。

7）国家和省级等重点工程的施工现场。

（十二）其他发生火灾可能性较大以及一旦发生火灾可能造成人身重大伤亡或者财产重大损失的单位

这一标准可以作为参考，省级公安机关消防机构可以根据发生火灾的危险性以及一旦发生火灾的危害后果和当地的经济发展情况在此标准的基础上进行修订，并制定本地的消防安全重点单位管理制度加以管理。一般是由社会单位自行根据标准进行申报，公安机关消防机构进行核查，然后确定一段时期内当地的消防安全重点单位名录，由当地公安机关上报给当地人民政府备案后向社会公布。

三、消防安全重点单位的管理要求

之所以要确定消防安全重点单位，就是要对其加强管理，区别于其他单位，以实现管理资源的合理分配，提升管理效能。

《消防法》第16条规定了机关、团体、企业、事业等单位都应履行的消防安全职责：“（一）落实消防安全责任制，制定本单位的消防安全制度、消防安全操作规程，制定灭火和应急疏散预案；（二）按照国家标准、行业标准配置消防设施、器材，设置消防安全标志，并定期组织检验、维修，确保完好有效；（三）对建筑消防设施每年至少进行一次全面检测，确保完好有效，检测记录应当完整准确，存档备查；（四）保障疏散通道、安全出口、消防车通道畅通，保证防火防烟分区、防火间距符合消防技术标准；（五）组织防火检查，及时消除火灾隐患；（六）组织进行有针对性的消防演练；（七）法律、法规规定的其他消防安全职责。”这是对单位普遍应履行的消防安全职责的规定。

依据《消防法》，消防安全重点单位除应当履行以上的职责外，还应当履行下列消防安全职责：“一是确定消防安全管理人，组织实施本单位的消防安全管理工作；二是建立消防档案，确定消防安全重点部位，设置防火标志，实行严格管理；三是实行每日防火巡查，并建立巡查记录；四是对职工进行岗前消防安全培训，定期组织消防安全培训和消防演练。”

这是消防安全重点单位不同于一般单位的消防安全职责规定。

综合《消防法》以及《单位消防安全管理规定》的规定，消防安全重点单位应主要从以下几个方面履行消防安全职责，加强消防安全管理。

（一）确定消防安全责任人、管理人和归口管理部门

消防工作实行消防安全责任制，因此单位的每个岗位都应明确自身的消防安全职责，并且使每个岗位的消防安全责任落到实处。

单位的主要负责人是本单位的消防安全责任人，对本单位消防安全负责。但鉴于消防安全重点单位的消防工作的重要性、复杂性，还应确定消防安全管理人，对单位的消防安全责任人负责，并建立相应的归口管理部门，确定专职或者兼职的消防管理人员，在消防安全责任人或者消防安全管理人的领导下开展消防安全管理工作。

1. 消防安全责任人的职责

一是贯彻执行消防法规，保障单位消防安全符合规定，掌握本单位的消防安全情况；二是将消防工作与本单位的生产、科研、经营、管理等活动统筹安排，批准实施年度消防工作计划；三是为本单位的消防安全提供必要的经费和组织保障；四是确定逐级消防安全责任，批准实施消防安全制度和保障消防安全的操作规程；五是组织防火检查，督促落实火灾隐患整改，及时处理涉及消防安全的重大问题；六是根据消防法规的规定建立专职消防队、志愿消防队；七是组织制定符合本单位实际的灭火和应急疏散预案，并实施演练。

2. 消防安全管理人的职责

一是拟定年度消防工作计划，组织实施日常消防安全管理工作；二是组织制定消防安全管理制度和保障消防安全的操作规程并检查督促其落实；三是拟定消防安全工作的资金投入和组织保障方案；四是组织实施防火检查和火灾隐患整改工作；五是组织实施对本单位消防设施、灭火器材和消防安全标志的维护保养，确保其完好有效，确保疏散通道和安全出口畅通；六是组织管理专职消防队和志愿消防队；七是在员工中组织开展消防知识、技能的宣传教育和培训，组织灭火和应急疏散预案的实施和演练；八是完成单位消防安全责任人委托的其他消防安全管理工作。消防安全管理人应当定期向消防安全责任人报告消防安全情况，及时报告涉及消防安全的重大问题。

消防安全重点单位及其消防安全责任人、消防安全管理人应当报当地公安机关消防机构备案，以便按照消防安全重点单位的要求进行严格管理。

（二）建立消防档案

消防安全重点单位都应当建立健全消防档案。消防档案包括的内容应当齐全。内容记录应当翔实，全面反映单位消防工作的基本情况，并附有必要的图表，根据情况变化及时更新。单位应当对消防档案统一保管、备查。消防安全管理部门应当熟悉掌握本单位消防档案情况，并将每次消防安全检查情况和发生火灾的情况记入档案。消防档案建立后要切实加强管理，根据发展变化的实际情况经常充实、变更消防档案内容，使消防档案及时、正确地反映单位的客观情况。

消防安全重点单位消防档案的内容应包括消防安全基本情况和消防安全管理情况。

1. 消防安全基本情况

1）单位基本概况。单位名称、地址、电话号码、邮政编码、消防安全责任人，保卫、消防或安全技术部门的人员情况，以及上级主管机关、经济性质、固定资产、生产和储存的火灾危险性类别及数量、总平面图、消防设备和器材情况、水源情况等。

2）消防安全重点部位情况。火灾危险性类别、占地面积和建筑面积、主要建筑的耐火等级及重点要害部位的平面图等。

3）消防行政许可情况。建筑物或者场所施工、使用或者开业前的消防设计审核、消防验收以及消防安全检查的文件、资料。

4）消防安全管理组织机构及其人员情况。

5）消防安全制度情况。火源管理制度、动火审批制度、特殊工种防火制度等的建立和落实情况。

6）消防设施、灭火器材情况。

7）专职消防队、志愿消防队人员及其消防装备配备情况。

8）与消防安全有关的重点工种人员情况。

9）新增消防产品、防火材料的合格证明材料。

10）灭火和应急疏散预案等。

2. 消防安全管理情况

1）公安机关消防机构填发的各种法律文书。

2）消防设施定期检查记录、自动消防设施全面检查测试的报告以及维修保养的记录。

3）历次防火检查、巡查记录。检查的人员、时间、部位、内容，发现的火灾隐患（特别是重大火灾隐患情况）以及处理措施等。

4）有关燃气、电气设备检测。防雷、防静电等记录资料。

5）消防安全培训记录。应当记明培训的时间、参加人员、内容等。

6）灭火和应急疏散预案的演练记录。应当记明演练的时间、地点、内容、参加部门以及人员等。

7）火灾情况记录。包括历次发生火灾的损失、原因及处理情况等。

8）消防奖惩情况记录等。

（三）实行每日防火巡查

消防安全重点单位应当进行每日防火巡查，并确定巡查的人员、内容、部位和频次。巡查的内容应当包括：

1）用火、用电有无违章情况。

2）安全出口、疏散通道是否畅通，安全疏散指示标志、应急照明是否完好。

3）消防设施、器材和消防安全标志是否在位、完整。

4）常闭式防火门是否处于关闭状态，防火卷帘下是否堆放物品影响使用。

5）消防安全重点部位的人员在岗情况。

6）其他消防安全情况。

公众聚集场所在营业期间的防火巡查应当至少每 2h 一次；营业结束时应当对营业现场进行检查，消除遗留火种。医院、养老院，及寄宿制的学校、托儿所、幼儿园应当加强夜间防火巡查，其他消防安全重点单位可以结合实际组织夜间防火巡查。

防火巡查人员应当及时纠正违章行为，妥善处置火灾隐患，无法当场处置的，应当立即报告。发现初起火灾应当立即报警并及时扑救。

防火巡查应当填写巡查记录，巡查人员及其主管人员应当在巡查记录上签名。

（四）按要求进行防火检查

机关、团体、事业单位应当至少每季度进行一次防火检查，其他单位应当至少每月进行一次防火检查。检查的内容应当包括：

1）火灾隐患的整改情况以及防范措施的落实情况。

2）安全疏散通道、疏散指示标志、应急照明和安全出口情况。

3）消防车通道、消防水源情况。

4）灭火器材配置及有效情况。

5）用火、用电有无违章情况。

6）重点工种人员以及其他员工消防知识的掌握情况。

7）消防安全重点部位的管理情况。

8）易燃易爆危险物品和场所防火防爆措施的落实情况以及其他重要物资的防火安全情况。

9）消防（控制室）值班情况和设施运行、记录情况。

10）防火巡查情况。

11）其他需要检查的内容。

防火检查应当填写检查记录。检查人员和被检查部门负责人应当在检查记录上签名。

（五）做好消防设施、器材的维护保养

单位应当按照建筑消防设施检查维修保养有关规定的要求，对建筑消防设施的完好有效情况进行检查和维修保养。设有自动消防设施的单位，应当按照有关规定定期对其自动消防设施进行全面检查测试，并出具检测报告，存档备查。按照有关规定定期对灭火器进行维护保养和维修检查。对灭火器应当建立档案资料，记明配置类型、数量、设置位置、检查维修单位（人员）、更换药剂的时间等有关情况。

（六）及时整改火灾隐患

单位应根据自身特点建立火灾隐患自查自改制度，对存在的火灾隐患，应当及时予以消除。

1. 可以当场改正的情形

对存在下列违反消防安全规定的行为，单位应当责成有关人员当场改正并督促落实。

1）违章进入生产、储存易燃易爆危险物品场所的。

2）违章使用明火作业或者在具有火灾、爆炸危险的场所吸烟、使用明火等违反禁令的。

3）将安全出口上锁、遮挡，或者占用、堆放物品影响疏散通道畅通的。

4）消火栓、灭火器材被遮挡影响使用或者被挪作他用的。

5）常闭式防火门处于开启状态，防火卷帘下堆放物品影响使用的。

6）消防设施管理、值班人员和防火巡查人员脱岗的。

7）违章关闭消防设施、切断消防电源的。

8）其他可以当场改正的行为。

2. 不能当场改正的情形

对不能当场改正的火灾隐患，消防安全管理人或者消防安全责任人应当确定整改的措施、期限以及负责整改的部门、人员，并落实整改资金。

在火灾隐患未消除之前，单位应当落实防范措施，保障消防安全。不能确保消防安全，随时可能引发火灾或者一旦发生火灾将严重危及人身安全的，应当将危险部位停产停业整改。

火灾隐患整改完毕，负责整改的部门或者人员应当将整改情况记录报送消防安全责任人或者消防安全管理人签字确认后存档备查。

对于涉及城市规划布局而不能自身解决的重大火灾隐患，以及单位确无能力解决的重大火灾隐患，单位应当提出解决方案并及时向其上级主管部门或者当地人民政府报告。

对公安机关消防机构责令限期改正的火灾隐患，单位应当在规定的期限内改正并写出火灾隐患整改复函，报送公安机关消防机构。

（七）须按要求对员工进行消防安全宣传教育和培训

单位应当通过多种形式开展经常性的消防安全宣传教育。消防安全重点单位对每名员工应当至少每年进行一次消防安全培训。

1. 宣传教育和培训的主要内容

1）有关消防法规、消防安全制度和保障消防安全的操作规程。

2）本单位、本岗位的火灾危险性和防火措施。

3）有关消防设施的性能、灭火器材的使用方法。

4）报火警、扑救初起火灾以及自救逃生的知识和技能。

2. 宣传教育和培训的要求

1）公众聚集场所对员工的消防安全培训应当至少每半年进行一次，培训的内容还应当包括组织、引导在场群众疏散的知识和技能。

2）单位应当组织新上岗和进入新岗位的员工进行上岗前的消防安全培训。

3）公众聚集场所在营业、活动期间，应当通过张贴图画、广播、闭路电视等向公众宣传防火、灭火、疏散逃生等常识。

4）学校、幼儿园应当通过寓教于乐等多种形式对学生和幼儿进行消防安全常识教育。

5）消防安全重点岗位的如下人员应当接受消防安全专门培训：

① 单位的消防安全责任人、消防安全管理人。

② 专、兼职消防安全管理人员。

③ 消防控制室的值班、操作人员。

④ 其他依照规定应当接受消防安全专门培训的人员。

其中消防控制室的值班、操作人员应当持证上岗。

（八）制定灭火和应急疏散预案

为切实保证消防安全重点单位的安全，在抓好防火工作的同时，还应做好充分的灭火准备，制定周密的灭火和应急疏散预案。

1. 灭火和应急疏散预案的主要内容

1）组织机构主要包括灭火行动组、通信联络组、疏散引导组、安全防护救护组。

2）报警和接警处置程序。

3）应急疏散的组织程序和人员疏散疏导路线等措施。

4）各级各岗位的职责分工，扑救初起火灾的程序和措施。

5）通信联络、安全防护救护的程序以及其他特定的防火、灭火措施和应急措施等。

2. 制定灭火和应急疏散预案的程序

1）确定消防安全重点单位和部位。

2）预测火灾条件下的起火面积和燃烧周长。

3）确定灭火战术和应急疏散措施。如各种火灾情况下的进攻路线、工艺灭火措施（关阀、断料、排空、放空等）；人员、物资的疏散、疏导路线、方法及防毒、排烟计划等。

4）确定灭火力量，包括所需人员和灭火剂的数量及消防车和灭火器材的数量等。

5）填写灭火预案和绘制灭火应急疏散预案图。

（九）组织消防演练

1）消防安全重点单位应当按照灭火和应急疏散预案定期进行实际的操作演练，通常至少每半年进行一次，并结合实际，不断完善预案。

2）消防演练时，应当设置明显标志，并事先告知演练范围内的人员。

第二节　消防安全重点部位管理

火灾的发生必须满足燃烧的三个基本条件，即可燃物、助燃物和引火源，而在现实生产、生活中，主要控制可燃物和引火源就可以有效控制火灾的发生，因此在消防安全管理中应该把存在可燃物多和用火、用电较多的场所作为重点，同时考虑场所人员密集程度和财产集中程度等因素，建立相关制度，加强安全管理。

《消防法》第 17 条第 2 款规定，消防安全重点单位应当“确定消防安全重点部位，设置防火标志，实行严格管理。”《单位消防安全管理规定》第 19 条规定：“单位应当将容易发生火灾、一旦发生火灾可能严重危及人身和财产安全以及对消防安全有重大影响的部位确定为消防安全重点部位，设置明显的防火标志，实行严格管理。”可见，确定消防安全重点部位并实行严格管理是单位的法定职责，也是消防安全重点管理的方法在单位内部消防管理中的具体应用。

一、消防安全重点部位的概念

消防安全重点部位是指容易发生火灾，一旦发生火灾可能严重危及人身和财产安全，以及对消防安全有重大影响和关系到单位全局安全的部位。

二、消防安全重点部位的确定

单位可根据自身特点从以下几个方面来分析确定本单位的消防安全重点部位：

（一）火灾危险性大的部位

单位可根据本单位的实际情况，结合部位或场所内储存、使用物质的火灾危险性类别、数量，以及用火、用电等情况进行综合判断，来判定某个部位或场所的火灾危险性，并把火灾危险性较大的场所或部位确定为重点部位。如化工生产单位的车间，餐饮单位的操作间、配电室，歌舞娱乐场所的舞台，电影院的放映室等。

（二）发生火灾会影响整个单位正常运转的部位和机要部位

如单位的发电站，变（配）电所（室、站），通信设备机房，生产总控制室，电子计算机机房，档案室，图书资料室等。

（三）物资集中、发生火灾造成财产损失大的部位

如物资仓库，原材料库，成品库，使用存放先进技术设备的实验室、车间，贵重物品库房等。

（四）人员集中、发生火灾造成伤亡大的部位

如礼堂、俱乐部、食堂、托儿所、集体宿舍、医院病房等。

三、消防安全重点部位的管理要求

（一）确定重点部位并设置明显标志

单位应根据本单位实际情况，按照上述消防安全重点部位的确定方法科学地确定本单位的消防安全重点部位。消防安全重点部位在管理中可根据本单位特点及火灾危险程度和危害性进行适当的分级，并确定相应的管理人员。消防安全重点部位应设置明显标志，并在指定的地方悬挂特定的牌子，其主要内容是消防安全重点部位或场所的名称及消防安全责任人。消防安全重点单位应将消防安全重点部位情况纳入消防档案，进行专项管理。

（二）建立相关制度

消防安全重点部位应建立岗位消防责任制、消防管理制度，并制定本部门或场所的灭火方案，做到定点、定人、定任务。内容包括消防安全教育、培训，防火巡查、检查，火灾隐患整改，用火、用电安全管理，易燃易爆危险物品管理和防火防爆，燃气和电气设备的检查和管理（包括防雷、防静电），消防安全工作考评和奖惩等必要的消防安全制度。

（三）建立火灾应急预案

单位要结合实际建立针对消防安全重点部位的火灾应急预案，内容包括应急准备和响应的负责人和组织机构及其通信联络方式，志愿消防队的组织管理，安全疏散引导，消防值班，应急预案的演练等。

（四）配备消防设施和器材

根据消防安全重点部位的不同性质、规模配备相应的消防安全设施和消防器材，并做好维护和保养。

（五）严格人员管理

单位的消防安全管理部门应对消防安全重点部位人员进行经常性的消防安全教育。对新上岗人员必须经过相关教育培训，并经考试合格后方能上岗。对消防安全重点部位有关人员培训考核的内容包括有关消防法规、消防安全制度和保障消防安全的操作规程，本部门、本岗位的火灾危险性和防火措施，有关消防设施的性能、灭火器材的使用方法，报火警、扑救初起火灾以及自救逃生的知识和技能等。

（六）做好防火检查、巡查

防火检查和巡查应规定检查形式、内容、项目、周期和检查人。对消防安全重点部位的日常巡查和定期检查的内容应包括：

1）岗位防火责任制度的建立和落实情况。

2）安全疏散通道、疏散指示标志、应急照明和安全出口情况。

3）消防设施、器材是否完好、有效。

4）用火、用电消防安全管理制度的落实情况。

5）易燃易爆危险物品和防火防爆措施的落实情况。

6）消防值班情况。

7）员工岗位安全及消防安全知识的掌握情况等。

负责重点部位消防安全管理的部门应建立消防安全检查记录，检查人员和被检查部门负责人应在检查记录上签名。对检查和巡查中发现的火灾隐患或消防安全相关问题，应及时按照相应处理程序加以整改和解决。

（七）实行动态管理

单位内部的消防安全重点部位并不是一成不变的，要对其进行动态管理，单位应根据实际情况适时对消防安全重点部位进行调整，防止发生失控漏管的现象。

第三节　消防安全重点工种管理

在消防安全管理工作中，既要做好对容易导致火灾的物的控制以及灭火所需的物的准备，又要注重对人的管理。人的不安全行为与低下的消防安全素质和意识是导致生产和生活中火灾多发的主要因素。因此，在单位消防安全管理中，加强对消防安全相关的重要岗位人员和管理人员的消防安全管理，是防止和减少火灾的重要措施。

《消防法》第 21 条第 2 款规定："进行电焊、气焊等具有火灾危险作业的人员和自动消防系统的操作人员，必须持证上岗，并遵守消防安全操作规程。"此条内容对单位内部消防安全重点工种的管理进行了原则性规定。可见，在单位内部的消防安全管理中，对于某些和消防安全密切相关的工种，可以确定为消防安全重点工种，并建立相应的管理制度加以重点管理。单位可根据自身生产性质、岗位特点借鉴某些火灾高危行业的重点工种管理标准制定自身的相关制度加以严格管理。

一、消防安全重点工种的概念

消防安全重点工种是指从事具有较大火灾危险性和从事容易引发火灾的操作人员，以及发生火灾后可能由于自身未履行职责或操作不当造成火灾伤亡或火灾损失加大的操作人员。

二、消防安全重点工种的火灾危险性

消防安全重点工种的火灾危险性主要有：

（一）所使用的原料或生产的对象具有很大的火灾或爆炸危险性

如乙炔、氢气生产，盐酸的合成，硝酸的氧化制取，乙烯、氯乙烯、丙烯的聚合等。这些生产岗位火灾危险性大，安全技术复杂，操作规程要求严格，一旦出现事故，将会造成不堪设想的后果。

（二）工作岗位分散、人员少、灵活性大

这些工种哪里需要就到哪里去，什么时间需要就在什么时间进行，工作环境和条件一般都比较复杂，且由于岗位人手少，不利于迅速扑灭初起火灾。例如，电工、焊工、切割工、

木工等都属于操作时间、地点不定，灵活性较大的工种，仓库保管员的取货时间也是不固定的，这些岗位都是火灾发生概率比较大的工种。

（三）某些岗位与消防安全密切相关

某些工种自身的行为并不会导致火灾的直接发生，但是如果不认真履行职责会造成火灾的损失扩大。如自动消防系统的操作人员等。

三、消防安全重点工种的管理要求

由于重点工种岗位对于消防安全的重要性，根据其工种岗位特点进行管理，是搞好消防安全工作的重要环节。重点工种人员上岗前应经过专业和消防安全知识培训，使其全面地熟悉岗位操作规程，并系统地掌握消防安全知识。单位可通过以下几个方面对消防安全重点工种进行严格管理。

（一）实行持证上岗制度

对操作复杂、技术要求高、火灾危险性大的岗位作业人员，单位应组织他们实习和进行技术培训，经考试合格后方能上岗。电/气焊工、电工、锅炉工、热处理工等工种，要经考试合格取得操作证后才能上岗。平时对重点工种作业人员要进行定期考核、抽查或复试，对持证上岗的人员可建立发证与吊销证件相结合的制度。

（二）建立重点工种人员档案

为加强重点工种队伍的建设，提高重点工种人员的安全作业水平，应建立重点工种人员的个人档案，其内容既应有人事方面的，又应有安全技术方面的。对重点工种人员的人事概况以及事故等方面的记载，是对重点工种人员进行全面、历史的了解和考察的一种重要管理方法。这种档案有助于对重点工种的评价、选用和有针对性地再培训，有利于不断提高他们的业务素质。所以，要充分发挥档案的作用，作为考察、评价、选用、撤换重点工种人员的基本依据。档案记载的内容，必须有严格手续。安全管理人员可通过档案分析和研究重点工种人员的状况，为改进管理工作提供依据。

（三）抓好重点工种人员的日常管理

要定期组织重点工种人员的技术培训和消防知识学习，制订切实可行的学习、训练和考核计划，并注意不断改善重点工种的工作环境和条件。

（四）制定和落实岗位消防安全责任制度

建立重点工种岗位责任制是单位消防安全管理的一项重要内容，也是单位责任制度的组成部分。建立重点工种岗位责任制的目的是使每个重点工种岗位的人员都有明确的职责，建立起合理、有效、文明、安全的生产和工作秩序，消除无人负责的现象。重点工种岗位责任制要同经济责任制相结合，并与奖惩制度挂钩，有奖、有惩，以使重点工种人员更加自觉地担负起岗位消防安全的责任。

四、常见重点工种岗位人员消防安全职责

（一）消防控制室值班、操作人员

消防控制室值班、操作人员属于自动消防系统的操作人员，《消防法》和《单位消防安全管理规定》都对其进行了严格的规定，在日常的管理中应予以高度重视。

1）消防控制室的日常管理应符合相关法律、法规和技术规范的要求。消防控制室必须

实行每日24h专人值班制度，每班不应少于2人。

2）消防控制室操作人员应熟知本单位火灾自动报警和联动灭火系统的工作原理，各主要部件、设备的性能、参数及各种控制设备的组成和功能；熟知各种报警信号的作用；熟悉各主要设备的位置；能够熟练操作消防控制设备，遇有火情能正确处置火灾自动报警及灭火联动系统。

3）消防控制室操作人员应认真执行交接班制度，每次接班都要对各系统进行巡检，看有无故障或问题存在，并及时排除；交班时，对存在的问题要认真向接班人员交代并及时处置，难以处理的问题要及时报告领导解决；值班期间必须坚守岗位，不得擅离职守，不准饮酒，不准睡觉。

4）消防控制室操作人员应确保火灾自动报警系统和灭火系统处于正常工作状态。消防控制室操作人员应协调配合本单位的消防设施维保人员加强巡视维护。确保高位消防水箱、消防水池、气压水罐等消防储水设施水量充足；确保消防泵出水管阀门、自动喷水灭火系统管道上的阀门常开；确保消防泵、防排烟风机、防火卷帘等消防用电设备的配电柜开关处于自动（接通）位置。

5）接到火灾警报后，必须立即以最快方式确认。火灾确认后，要立即将火灾报警联动控制开关转入自动状态，同时拨打“119”火警电话报警，并立即启动单位内部灭火和应急疏散预案，同时报告单位负责人。

（二）焊工（电、气焊）

1）焊工必须经过培训并持证上岗。

2）进行焊接作业前要对焊接现场消防安全情况进行评估，对存在火灾隐患，特别是爆炸危险性的设备、管道等未经清洗，不得施焊。

3）电、气焊作业现场周围的可燃物以及高空作业时地面上的可燃物必须清理干净，或者施行防火保护。

4）在火灾危险较大的场所从事电、气焊作业，必须按动火审批制度的规定办理动火作业许可证，现场应有专人监护，并根据现场情况配备相应的灭火器材。

5）焊接作业完毕，应检查现场，确认没有遗留火种后，方可离开。

（三）电工

1）必须持有关部门核发的安全操作证上岗操作。

2）要经常检查电气设备运行情况，发现隐患，及时向有关部门提出整改意见。

3）需要设临时线路时，必须经有关部门批准后方可架设临时线路，在架设时要注意安全。

4）在进行电工操作时，要确定电路的安全问题，制止违章用电行为。

5）值班人员不准擅离职守，交接班要有手续。

6）要掌握排除一般电气故障的方法，并能使用灭火器扑灭电气火灾。

（四）仓库保管员

1）保管员必须坚守岗位，严格遵守仓库的入库、保管、出库、交接班等各项制度。

2）保管员不得在库房内吸烟和使用明火，对外来人员要严格监督，防止将火种和易燃品带入库内。

3）保管员应熟悉和掌握所存物品的性质，并根据要求进行储存和操作。

4）进入储存易燃易爆危险物品库房的人员不得穿带钉鞋和化纤衣服，搬动物品时要防止摩擦和碰撞，不得使用能产生火星的工具。

5）对爆炸品、剧毒品，要执行双人保管、双账册、双门锁、双人领发、双人使用的“五双”制度。

6）保管员应熟悉、会用库内的灭火器材、设施，并加强维护保养，使其完整好用。

7）下班前，应仔细检查库房内外，拉闸断电，关好门窗，上好门锁。

第四节　动火作业消防安全管理

引火源是使可燃物与助燃物发生燃烧反应的激发能源，是燃烧得以发生的条件之一。由于在人们的生产和生活中，可燃物和助燃物两要素往往是难以分离和消除的，故严格对火源的管理是消防安全管理的重要措施。单位对火源的管理主要体现在单位动火作业管理方面，相关法律、法规作了原则性的要求，是单位根据自身特点制定相应制度的依据。《消防法》第21条规定：“禁止在具有火灾、爆炸危险的场所吸烟、使用明火。因施工等特殊情况需要使用明火作业的，应当按照规定事先办理审批手续，采取相应的消防安全措施；作业人员应当遵守消防安全规定。”《单位消防安全管理规定》第20条规定：“单位应当对动用明火实行严格的消防安全管理。禁止在具有火灾、爆炸危险的场所使用明火；因特殊情况需要进行电、气焊等明火作业的，动火部门和人员应当按照单位的用火管理制度办理审批手续，落实现场监护人，在确认无火灾、爆炸危险后方可动火施工。动火施工人员应当遵守消防安全规定，并落实相应的消防安全措施。公众聚集场所或者两个以上单位共同使用的建筑物局部施工需要使用明火时，施工单位和使用单位应当共同采取措施，将施工区和使用区进行防火分隔，清除动火区域的易燃、可燃物，配置消防器材，专人监护，保证施工及使用范围的消防安全。公共娱乐场所在营业期间禁止动火施工。”

在我国，由于违章动火作业引发的火灾时有发生，有些火灾造成了巨大的伤亡和财产损失，影响巨大。例如，2000年12月25日，河南省洛阳市东都商厦发生由于违章电焊引发火灾，造成309人中毒窒息死亡，7人受伤。2010年11月15日，发生在上海静安区胶州路的教师公寓火灾，造成58人死亡，70余人受伤，也是由于电焊工违章操作引发火灾。因此，社会各单位都应高度重视动火作业的消防安全，制定相关安全制度进行严格管理。由于单位种类的差别和自身消防安全状况的不同，对于单位的动火管理制度的制定，各单位可根据自身特点在相关法律法规的基础上，借鉴某些火灾高危行业的动火安全管理标准或规范自行制定。

一、动火作业的概念

动火作业是指进行焊接、切割、加热、打磨以及在易燃易爆场所使用电钻、砂轮等可能产生火焰、火星、火花和赤热表面的临时性作业。

动火作业一般会产生明火或高热，又具有临时性等特点，如果管理不善，极有可能导致恶性火灾的发生。

二、动火作业的消防安全管理要求

单位应对动火作业建立严格的管理制度，加强消防安全管理。

（一）动火作业应办理“动火证”

单位进行动火作业应经审批程序并办理动火作业许可证，即“动火证”，根据动火作业危险性，制定相应的“动火证”审批程序。

（二）动火前应分析火灾危险性

动火作业前应对动火作业区的火灾、爆炸危险性进行分析或评估，根据情况确定动火方案和安全措施。另外，还要考虑时间、环境特点适当调整，如节假日、大风天动火作业应适当加强安全措施。

（三）动火前应做好现场监护

动火作业应有专人现场监护，动火作业前应清除动火现场及周围的易燃物品，或采取其他有效的安全防火措施，配备足够适用的消防器材。

（四）确保动火器材完好

动火作业前，应检查电焊、气焊、手持电动工具等动火工器具本质安全程度，保证安全可靠。

（五）做好现场清理

动火作业完毕，动火人和现场监护人以及参与动火作业的人员应清理现场，现场监护人确认无残留火种后方可离开。

（六）特殊动火加强管理

对于危险性大的动火作业，应事先制定安全动火方案，落实安全防火措施，必要时可请专职消防队到现场监护。动火作业前，应通知相关单位和部门，使之在异常情况下能及时采取相应的应急措施。

三、动火作业相关人员的职责

单位可根据自身特点和需要在制定的动火作业消防安全制度中设定以下动火作业相关人员，并通过监督制度的落实使其履行各自的职责。

（一）动火作业负责人

1）负责办理“动火证”并对动火作业负全面责任。

2）应在动火作业前详细了解作业内容、动火部位及周围情况，参与动火安全措施的制定、落实，向作业人员交代作业任务和防火安全注意事项。

3）作业完成后，组织检查现场，确认无遗留火种后方可离开现场。

（二）动火人

1）应参与风险危害因素辨识和安全措施的制定。

2）应逐项确认相关安全措施的落实情况。

3）应确认动火地点和时间。

4）若发现不具备安全条件时不得进行动火作业。

5）应随身携带“动火证”。

（三）现场监护人

1）负责动火现场的监护与检查，发现异常情况应立即通知动火人停止动火作业，及时联系有关人员采取措施。

2）应坚守岗位，不准脱岗，在动火期间不准兼做其他工作。

3）当发现动火人违章作业时应立即制止。

4）在动火作业完成后，应会同有关人员清理现场，清除残火，确认无遗留火种后方可离开现场。

（四）动火部位负责人

1）对所属生产系统在动火过程中的安全负责。参与制定、负责落实动火安全措施，负责生产与动火作业的衔接。

2）检查、确认“动火证”审批手续，对手续不完备的“动火证”应及时制止动火作业。

3）在动火作业中，生产系统如有紧急或异常情况，应立即通知停止动火作业。

（五）动火分析人

动火分析人对动火分析方法和分析结果负责。应根据动火点所在场所的要求，到现场取样分析，在“动火证”上填写取样时间和分析数据并签字。不应用合格等字样代替分析数据。

（六）动火作业的审批人

动火作业的审批人是动火作业安全措施落实情况的最终确认人，对自己的批准签字负责。

1）审查“动火证”的办理是否符合要求。

2）到现场了解动火部位及周围情况，检查、完善防火安全措施。

四、“动火证”的管理

单位应严格“动火证”的管理制度，加强动火作业消防安全管理。

（一）“动火证”的区分

不同级别的“动火证”应以明显标记加以区分。

（二）“动火证”的办理和使用要求

1）办证人须根据动火等级，按相应的审批权限进行办理。

2）办理好“动火证”后，动火作业负责人应到现场检查动火作业安全措施落实情况，确认安全措施可靠并向动火人和现场监护人交代安全注意事项后，方可批准开始作业。

3）“动火证”实行一个动火点、一张动火证的动火作业管理。

4）“动火证”不得随意涂改和转让，不得异地使用或扩大使用范围。

5）“动火证”应按不同级别由相应的审批部门存档备查。

（三）“动火证”的审批

动火证应根据动火级别由不同级别的相关部门领导审批。

（四）“动火证”的有效期限

单位在“动火证”管理制度中应根据动火不同级别限定其有效期限，超过有效期，应重新办理。

自学指导

本章学习重点：消防安全重点单位的管理要求；消防安全重点部位的管理要求。

1. 消防安全重点单位的管理要求

依据《消防法》和《单位消防安全管理规定》，消防安全重点单位除了要履行一般单位的消防安全职责外，还要履行消防安全专门职责。总结归纳后重点单位应主要从以下几个方面履行消防安全职责，加强消防安全管理：一是确定消防安全责任人、管理人和归口管理部门；二是建立消防档案；三是实行每日防火巡查；四是按要求进行防火检查；五是做好消防设施、器材的维护保养；六是及时整改火灾隐患；七是须按要求对员工进行消防安全宣传教育和培训；八是制定灭火和应急疏散预案；九是组织消防演练。

2. 消防安全重点部位的管理要求

①确定重点部位并设置明显标志；②建立相关制度；③建立火灾应急预案；④配备消防设施和器材；⑤严格人员管理；⑥做好防火检查、巡查；⑦实行动态管理。

本章学习难点：消防安全重点单位的管理要求。

消防安全重点单位的管理要求看起来虽然条理清晰，但每一条都内容丰富，需要加以分析和深入理解，掌握起来具有一定的难度。学习中可借鉴《消防法》和相关法律、法规对于单位消防安全职责的相关规定。

复习思考题

一、填空题（将正确的答案填写在括号中）

1. 消防安全重点单位是指发生火灾可能性较大以及发生火灾可能造成重大的（　　　）的单位。

2. 单位的（　　）是本单位的消防安全责任人，对本单位消防安全负责。

3. 消防安全重点单位消防档案的内容应包括（　　　）和消防安全管理情况。

4. 消防安全重点单位应当确定消防安全重点部位，设置（　　　），实行严格管理。

二、单项选择题（将正确的答案填写在括号内，错选、多选或未选均不得分）

消防安全重点单位对每名员工应当至少（　　　）进行一次消防安全培训。

A. 每年　　B. 每半年　　C. 每季度　　D. 每月

三、简答题

1. 哪些消防安全重点岗位的人员应当接受消防安全专门培训？

2. 消防安全重点部位一般根据哪几个方面来确定？

四、论述题

什么是消防安全重点管理？试论述其在单位消防安全管理方面的应用。

第八章　消防安全法律责任

学习目标

1. 应了解、知道的内容

◇ 消防行政处分。

◇ 消防刑事责任各罪的构成要件。

2. 应理解、清楚的内容

◇ 消防安全法律责任的相关法律依据。

◇ 除失火罪、消防责任事故罪外的其他消防刑事责任内容。

3. 应掌握、学会的内容

◇ 消防安全法律责任的概念。

◇ 消防行政责任的概念、分类。

◇ 消防违法行为及其行政处罚。

4. 应熟练掌握的内容

◇ 消防行政处罚的种类。

◇ 消防刑事处罚的概念及失火罪、消防责任事故罪的相关内容。

自学时数　7 学时。

老师导学

本章概述了消防安全法律责任，并对消防行政责任和消防刑事责任及其相关内容作了详细介绍。在本章的学习中，应重在应用，能够熟悉《消防法》中关于法律责任的相关内容，掌握《消防法》中消防违法行为及其应承担的行政责任，了解消防刑事责任的相关内容。

我国东汉史学家荀悦在《申鉴·杂言》中有一段话："一曰防，二曰救，三曰戒。先其未然谓之防，发而止之谓之救，行而责之谓之戒。防为上，救次之，戒为下。"这一段话所体现的管理思想在现代被广泛用于安全管理之中。其中的"戒"，就是指要在发生事故之后，追究相关责任者的责任，吸取事故教训，并使其他人引以为戒，避免类似事故的再次发生。

通过事故原因的分析，大部分学者和专家认为，造成事故的主要因素可以归结为：人员的安全意识不够，表现为安全素质低下，进而造成行为的不安全。因此使用法律责任的手段制裁火灾事故责任者，规范人们的消防安全行为，是消防安全管理的重要手段和内容。

第一节　消防安全法律责任概述

法律责任是指因违反了法定义务或契约义务，或不当行使法律权利、权力所产生的，由行为人承担的不利后果。

消防安全法律责任是指行为人（公民、法人或其他组织）违反法定的消防安全义务所应当承担的不利的法律后果。也就是说本章要告诉大家的就是谁做了哪些事情违反了消防法律法规，造成了什么后果，应受到什么样的法律制裁的问题。其主要依据就是《消防法》等消防法律法规和《刑法》《行政处罚法》《国务院关于特大安全事故行政责任追究的规定》和《生产安全事故报告和调查处理条例》等有关责任追究的法律法规。

一、消防安全法律责任的构成要件

消防安全法律责任的构成要件是指责任人承担消防安全法律责任所必须具备的法定条件，具体包括：

（一）行为违法

行为违法是指行为人（包括单位和自然人）实施了违反消防法律、法规的行为，包括积极的作为和消极的不作为。所谓作为是指责任主体积极的行动去实施消防法律法规所禁止的行为，如施工现场负责人指使工人或强令工人违反消防安全规定、冒险作业；不作为是指责任主体消极地不去实施消防法律规定应当由自己实施的行为，如建筑施工企业不按照消防设计文件和消防技术标准施工，降低消防施工质量的就属于不作为。

（二）行为有危害后果

危害后果是指违反消防法律、法规的行为对消防安全所造成的消极影响。这种消极影响可以是已经造成的，也可以是可能造成的。损害并不是以实际损害的发生为条件，如人员密集场所在门窗上设置影响逃生和灭火救援的障碍物的行为，所导致的后果将是一旦发生火灾直接影响人员的逃生和灭火救援的危害后果，尽管这种损害没有实际发生，但违法行为已经使这种损害后果具有发生的可能，因此也应依法给予处罚。如果某些行为对消防安全没有造成损害，也不可能造成损害，这种行为没有危害性可言，也就不构成违法。损害结果不仅是决定是否构成违法行为的构成要件，它的轻重也影响到被科处的消防法律责任的轻重。

（三）违法行为与危害后果之间有因果关系

违法行为与该行为所造成的危害后果之间存在着内在的、必然的联系，而不是表面的、偶然的联系。例如，火灾发生后阻拦报警，结果会导致火灾得不到及时扑救，从而使火灾扩大蔓延、损失增加。

（四）行为人有过错

行为人实施违反消防法律法规行为时的心理状态，分为故意与过失两种。这种心理状态是行为人承担公共安全法律责任的主观基础。所谓故意是指明知自己的行为会发生危害消防安全的结果，希望或者放任这种结果发生的心理状态。例如，明知火灾已经发生，却阻拦报告火警。所谓过失是指应当预见自己的行为可能会发生危害消防安全的结果，因疏忽大意而没有预见，或虽有预见但轻信可以避免，以致发生恶劣危害后果的心理状态。例如，在歌厅将认为已经熄灭的烟头丢弃在沙发缝隙中，结果导致阴燃起火。过失表明行为人对自己的行为采取的是一种不负责任的态度。《消防法》第 5 条规定：“任何单位和个人都有维护消防安全的义务。”如果责任主体对违反消防法律规范的行为存在过错，就应当承担相应的法律责任。

二、消防安全法律责任的主要形式

根据《消防法》《刑法》《行政处罚法》《国务院关于特大安全事故行政责任追究的规定》《生产安全事故报告和调查处理条例》和《公安消防机构工作人员执法过错责任追究暂行规定》等，追究消防违法行为法律责任的形式有两种，即行政责任和刑事责任，两种形式可以单独适用，也可以并用。

另外，行为人由于过错造成火灾事故，有可能侵害单位或者自然人的人身权利或者财产权利，也有可能引发以损害赔偿为主要责任方式的侵权民事责任，不列入本章学习范围。

第二节　消防行政责任

消防行政责任是指违反有关消防法律、法规的规定，但尚未构成犯罪的行为所依法应当承担的否定性的法律后果。

一、消防行政责任的分类

行政责任在追究消防违法行为的法律责任方式中运用最多。行政责任又分为两类，即行政处分和行政处罚。

（一）行政处分

行政处分是指对国家工作人员以及在机关、单位任职人员的消防行政违法行为，由所在单位或者其上级主管机关给予的一种制裁性措施。

消防行政处分不同于消防行政处罚，行政处分属于内部行政责任。《消防法》对于行政处分的对象和具体的违法行为进行了规定，包括以下三种情况：

1. 单位消防安全事务的主管人员和相关负责人违反消防法律规定

《消防法》第 67 条规定：“机关、团体、企业、事业等单位违反本法第 16 条、第 17 条、第 18 条、第 21 条第 2 款规定的，责令限期改正；逾期不改正的，对其直接负责的主管人员和其他直接责任人员依法给予处分或者给予警告处罚。”这里的处分，是指国家机关、企事业单位，按隶属关系，根据国家法律或国家机关、企事业单位的规章制度规定，对责任人作出的一种制裁性处理。行政处分的主要形式有警告、记过、记大过、降级、降职、撤职、留用察看、开除等。

2. 公安机关消防机构的工作人员违反消防法律规定

《消防法》第 71 条规定：“公安机关消防机构的工作人员滥用职权、玩忽职守、徇私舞弊，有下列行为之一，尚不构成犯罪的，依法给予处分……”这里的行政处分，根据不同体制下的公安机关消防机构的工作人员而执行不同的依据。对于实行现役制的消防工作人员的行政处分，适用《中国人民解放军纪律条令》，其行政处分的种类有七种：警告、严重警告、记过、记大过、降职（级）或者降衔（级）、撤职、开除军籍。对于实行公安职业制的消防工作人员的行政处分，执行《中华人民共和国公务员法》，行政处分种类有六种：警告、记过、记大过、降级、降职、开除。对于受行政处分的人民警察，依法还可以降低警衔、取消警衔。

3. 有关行政主管部门的工作人员违反消防法律规定

《消防法》第 71 条第 3 款规定：“建设、产品质量监督、工商行政管理等其他有关行政主管部门的工作人员在消防工作中滥用职权、玩忽职守、徇私舞弊，尚不构成犯罪的，依法给予处分。”

（二）行政处罚

行政处罚是指具有行政处罚权的行政主体为维护公共利益和社会秩序，依法对违反行政法律法规而尚未构成犯罪的行政相对人实施的一种法律制裁措施。

消防行政处罚是指消防行政主体为维护公共消防安全，依法对违反消防法律法规而尚未构成犯罪的行政相对人实施的一种法律制裁措施。

《消防法》具体规定了对消防违法行为实施行政处罚的种类和实施主体。

行政处罚的种类包括：

1. 警告

警告是指行政执法主体对违反消防法规行为的相对人依法实施谴责和告诫的行政处罚，通过对其名誉权的影响，使被警告人的精神受到惩戒。在为数众多的处罚种类中警告是最轻的一种行政处罚，一般适用于情节轻微和未造成实际危害后果的违法行为。

2. 罚款

罚款是指行政执法主体依法强制违法的相对人在一定期限内缴纳一定数额的金钱的处罚形式。《消防法》具体规定了对不同消防违法行为罚款的幅度。

3. 没收违法所得

没收违法所得是指行政执法主体将相对人违法所得到的经济收益，依法无偿收归国有的一种处罚。

4. 责令停产停业

责令停产停业是指行政执法主体依法强制违法的行政相对人停止生产、停止营业。责令停产停业是一种限制违法者生产或经营能力的处罚，并未最终剥夺其生产或经营的资格。同时，这也是一种较为严厉的行政处罚方式。因此，这种处罚常附有期限，在相对人改正了违法行为，履行了法定义务以后，可以恢复曾被停止的生产经营活动。责令停产停业，对经济和社会生活影响较大的，由公安机关消防机构提出意见，由公安机关报请本级人民政府依法决定，再由本级人民政府组织公安机关等部门实施。

5. 责令停止施工、停止使用

责令停止施工是指行政执法主体对违法的建设工程项目依法强制建设单位停止其施工的一种处罚。责令停止使用是指行政执法主体对不符合标准规定的电气设备、燃气设备等、违法的建设工程或场所等，依法强制其使用者停止使用的一种处罚。责令停止施工、停止使用是《消防法》在《行政处罚法》明确列举的六种行政处罚之外创设的新的、与责令停产停业并列的一种行政处罚方式。

6. 责令停止执业或者吊销相应资质、资格

责令停止执业或者吊销相应资质、资格，主要是针对消防产品质量认证、消防设施检测等消防技术服务机构出具虚假文件、报告等造成严重后果的行为所实施的处罚。这种处罚使违法行为人失去执业资格。

7. 拘留

拘留是指行政执法主体对违法的公民的人身自由予以限制的一类行政处罚。行政拘留只适用于自然人而不适用于法人或其他组织，但其法人代表可以作为行政拘留处罚对象。

二、消防违法行为及其行政处罚

消防违法行为是指违反《消防法》的规定，应当承担法律责任的行为。

对不同的消防违法行为，相关执法主体应当视违法行为人的具体情况和违法情节的严重

程度根据《消防法》及其他有关法律法规的具体规定，分别依法予以处理。《消防法》法律责任这一章对消防违法行为的行政责任作出了具体规定。为了方便学习和记忆，进行简单归类后列举如下。

（一）建设工程相关消防违法行为及其处罚

建设工程消防违法的行为是指建设工程相关责任主体违反《消防法》的有关规定，进行建设工程的建设、设计、施工、验收、使用的行为。相关违法行为及其行政处罚主要有：

1）对建设工程未经消防设计审核擅自施工或者消防设计审核不合格擅自施工；消防设计经抽查不合格不停止施工的消防违法行为，应当责令停止施工，并处3万元以上30万元以下罚款。

2）对建设工程未经消防验收擅自投入使用或者消防验收不合格擅自投入使用；建设工程投入使用后经抽查不合格不停止使用的消防违法行为，应当责令停止使用，并处3万元以上30万元以下罚款。

3）对公众聚集场所未经消防安全检查擅自投入使用、营业或者经消防安全检查不合格擅自投入使用、营业的消防违法行为，应当责令停止使用或者停产停业，并处3万元以上30万元以下罚款。

4）对建设单位未进行建设工程消防设计备案或者未进行竣工消防备案的消防违法行为，应当责令限期改正，处5000元以下罚款。

5）对建设单位违法要求建筑设计单位或者建筑施工企业降低消防技术标准设计、施工；建筑设计单位不按照消防技术标准强制性要求进行消防设计；建筑施工企业不按照消防设计文件和消防技术标准施工，降低消防施工质量；工程监理单位与建设单位或者建筑施工企业串通，弄虚作假，降低消防施工质量的消防违法行为责令改正或者停止施工，并处1万元以上10万元以下罚款。

（二）易燃易爆危险场所相关违法行为及其处罚

1）对生产、储存、经营易燃易爆危险品的场所与居住场所设置在同一建筑物内，或者未与居住场所保持安全距离；生产、储存、经营其他物品的场所与居住场所设置在同一建筑物内，不符合消防技术标准的消防违法行为，责令停产停业，并处5000元以上5万元以下罚款。

2）对违反消防安全规定进入生产、储存易燃易爆危险品场所；违反规定使用明火作业或者在具有火灾、爆炸危险的场所吸烟、使用明火的消防违法行为，对违法行为人处警告或者500元以下罚款；情节严重的，处5日以下拘留。

（三）可以依据《治安管理处罚法》进行处罚的消防违法行为

对违反有关消防技术标准和管理规定生产、储存、运输、销售、使用、销毁易燃易爆危险品；非法携带易燃易爆危险品进入公共场所或者乘坐公共交通工具；谎报火警的；阻碍消防车、消防艇执行任务；阻碍公安机关消防机构的工作人员依法执行职务的消防违法行为，依照《治安管理处罚法》第30条的规定，对违法行为人处10日以上15日以下拘留；情节较轻的，处5日以上10日以下拘留。

（四）违反防火禁令的处罚

对指使或者强令他人违反消防安全规定，冒险作业；过失引起火灾的；在火灾发生后阻拦报警，或者负有报告职责的人员不及时报警；扰乱火灾现场秩序，或者拒不执行火灾现场指挥员指挥，影响灭火救援；故意破坏或者伪造火灾现场；擅自拆封或者使用被公安机关消防机构查封的场所、部位的消防违法行为，尚不构成犯罪的，可对违法行为人处 10 日以上 15 日以下拘留，可以并处 500 元以下罚款；情节较轻的，处警告或者 500 元以下罚款。

（五）不履行组织、引导火灾现场在场人员疏散义务行为的处罚

对人员密集场所发生火灾时现场工作人员不履行组织、引导在场人员疏散义务的，情节严重，尚不构成犯罪的，处 5 日以上 10 日以下拘留。

（六）电器产品、燃气用具相关消防违法行为的处罚

对电器产品、燃气用具的安装、使用及其线路、管路的设计、敷设、维护保养、检测不符合消防技术标准和管理规定，经责令改正逾期不改正的消防违法行为，责令停止使用，可以并处 1000 元以上 5000 元以下罚款。

（七）单位不履行相关消防职责的违法行为及其处罚

1）对单位消防设施、器材或者消防安全标志的配置、设置不符合国家标准、行业标准，或者未保持完好有效；人员密集场所在门窗上设置影响逃生和灭火救援的障碍物；对火灾隐患经公安机关消防机构通知后不及时采取措施消除的消防违法行为，责令其改正的同时处 5000 元以上 5 万元以下罚款。

2）对单位损坏、挪用或者擅自拆除、停用消防设施、器材；占用、堵塞、封闭疏散通道、安全出口或者有其他妨碍安全疏散行为；埋压、圈占、遮挡消火栓或者占用防火间距；占用、堵塞、封闭消防车通道，妨碍消防车通行的消防违法行为，责令单位改正的同时处 5000 元以上 5 万元以下罚款。个人有上述违法行为的，处警告或者 500 元以下罚款。

3）《消防法》第 16 条、第 17 条、第 18 条和第 21 条第 2 款对单位的消防安全职责进行了具体的规定，单位有违反以上规定的消防违法行为的，应当责令限期改正；逾期不改正的，对其直接负责的主管人员和其他直接责任人员依法给予处分或者给予警告处罚。

（八）生产、销售和使用消防产品相关消防违法行为的处罚

生产、销售不合格的消防产品或者国家明令淘汰的消防产品的，由产品质量监督部门或者工商行政管理部门依照《中华人民共和国产品质量法》的规定从重处罚。人员密集场所使用不合格的消防产品或者国家明令淘汰的消防产品的，责令限期改正；逾期不改正的，处 5000 元以上 5 万元以下罚款，并对其直接负责的主管人员和其他直接责任人员处 500 元以上 2000 元以下罚款；情节严重的，责令停产停业。公安机关消防机构还应当将发现不合格的消防产品和国家明令淘汰的消防产品的情况通报产品质量监督部门、工商行政管理部门。产品质量监督部门、工商行政管理部门应当对生产者、销售者依法及时予以查处。

（九）消防技术服务消防违法行为及应当承担的法律责任

对消防产品质量认证、消防设施检测等消防技术服务机构出具虚假文件的消防违法行为，责令改正，处 5 万元以上 10 万元以下罚款，并对直接负责的主管人员和其他直接责任人员处 1 万元以上 5 万元以下罚款；有违法所得的，并处没收违法所得；给他人造成损失的，依法承担赔偿责任；情节严重的，由原许可机关依法责令停止执业或者吊销相应资质、资格。对消防产品质量认证、消防设施检测等消防技术服务机构出具失实文件，给他人造成损失的，依法承担赔偿责任；造成重大损失的，由原许可机关依法责令停止执业或者吊销相应资质、资格。

第三节　消防刑事责任

消防刑事责任是指行为人违反消防法律的有关规定发生重大伤亡事故或者造成其他严重后果构成犯罪的，由司法机关依照《刑法》和刑事诉讼程序，给予刑罚的一种法律责任。消防刑事责任是一种最严厉的消防安全法律责任。

一、消防刑事责任的犯罪构成要件

犯罪构成是由刑事实体法规定的、决定某一行为的社会危害性及其程度，并为成立该种犯罪所必须的客观要件和主观要件的总和。

行为人只有实施了犯罪行为，才会承担刑事责任，因此是否构成犯罪是确定应否承担刑事责任的基本条件。任何犯罪都具有四个共同的构成要件，即犯罪主体、犯罪客体、犯罪主观方面、犯罪客观方面。

（一）犯罪主体

犯罪主体是指实施犯罪行为的人。每一种犯罪，都必须有犯罪主体。在司法实践中，各种具体犯罪的主体情况尽管千差万别，但作为自然人犯罪，其共同之处都必须是达到刑事责任年龄具有刑事责任能力的人。单位犯罪，也应具备一定的主体资格。

（二）犯罪客体

犯罪客体是指刑法所保护而被犯罪行为所侵害的社会关系。犯罪总是侵害了一定的利益，犯罪所侵害的利益实质都是刑法所保护的社会关系。

（三）犯罪的主观方面

犯罪的主观方面是指犯罪主体对其实施的犯罪行为及其结果所具有的心理状态。犯罪主观方面的心理状态有两种，即故意和过失。

（四）犯罪的客观方面

犯罪的客观方面是指犯罪行为的具体表现，即犯罪是在什么样的客观条件下，用什么样的行为，使客体受到什么样的危害。犯罪客观方面首先是指行为人实施了危害行为，危害行为是构成犯罪的前提。其次，是指危害行为造成或可能造成的危害结果。

二、消防刑罚的种类

消防刑罚分为主刑和附加刑。

（一）主刑

主刑只能单独使用，即一个罪只能使用一个主刑，不能同时使用两个或两个以上主刑，按轻重依次为管制、拘役、有期徒刑、无期徒刑和死刑。

（二）附加刑

附加刑又称从刑，是补充主刑适用的刑罚方法。附加刑既能独立适用也可以跟主刑一起附加适用。我国刑法规定附加刑包括罚金、剥夺政治权利和没收财产三种。

对于犯罪的外国人，可以独立适用或者附加适用驱逐出境。驱逐出境独立适用于犯罪行为不很严重的外国人或无国籍人；附加适用于罪行比较严重的外国人或无国籍人。前者在判决确定后立即执行；后者则在主刑执行完毕后执行。

三、消防刑事责任的主要内容

广义的消防刑事犯罪内容较多，本章主要学习以下内容。

（一）放火罪

1. 放火罪的概念

放火罪是指故意放火焚烧公私财物，危害公共安全的行为。

2. 放火罪的犯罪构成

（1）客体要件　本罪侵犯的客体是公共安全，即不特定多数人的生命、健康或重大公私财产的安全。也就是说，放火行为一经实施，就可能造成不特定多数人的伤亡或者使不特定的公私财产遭受难以预料的重大损失。

（2）客观要件　本罪在客观方面表现为实施放火焚烧公私财物，危害公共安全的行为。所谓放火，就是故意引起公私财物燃烧的行为。放火的行为方式，可以是作为，即用各种引火物，直接把公私财物点燃；也可以是不作为，即故意不履行自己防止火灾发生的义务，放任火灾的发生。

（3）主体要件　本罪的主体为一般主体。由于放火罪社会危害性很大，所以《刑法》规定，已满14周岁不满16周岁的人犯放火罪的，应当负刑事责任。

（4）主观要件　本罪在主观方面表现为故意，即明知自己的放火行为会引起火灾，危害公共安全，并且有希望或者放任这种结果发生的心理态度。

3. 放火罪的刑罚

犯放火罪尚未造成严重后果的，处3年以上10年以下有期徒刑；致人重伤、死亡或使公私财产遭受重大损失的，处10年以上有期徒刑、无期徒刑或死刑。损害极端严重的，处死刑或无期徒刑。

【案例】　邢×于2008年4月4日21时许，在其工作的“福锅记”饭店内，因倒垃圾问题与饭店经理陈×发生争执。便把饭馆餐桌下的煤气管道阀门打开，并用打火机点燃，意图烧陈×。煤气起火后将1把椅子和隔板烧坏。后饭店员工及时将火扑灭。被点燃的煤气管道连接4个大型煤气罐，如不及时扑灭极易引起爆炸，威胁到饭店及饭店周围商店的安全。后邢×被民警当场抓获。邢×为报复他人在饭店内将连接4个大型煤气罐的煤气管道点燃，威胁到饭店周围不特定多数人的生命及财产安全，其行为已构成放火罪，当地法院依照《刑法》第114条规定，判决被告人邢×犯放火罪，判处有期徒刑4年。

（二）失火罪

1. 失火罪的概念

失火罪是指由于行为人的过失引起火灾，造成严重后果，危害公共安全的行为。

2. 失火罪的构成

（1）客体要件　本罪侵犯的客体是公共安全，即不特定多数人的生命、健康或重大公私财产的安全。

（2）客观要件　本罪在客观方面表现为行为人实施了引起火灾，造成严重后果的危害公共安全的行为。

首先，行为人必须有引起火灾的行为。如吸烟引起火灾，取暖做饭用火不慎引起火灾等。

其次，行为人的行为必须造成严重后果，即致人重伤、死亡或者使公私财产遭受重大损失。

（3）主体要件　本罪主体为一般主体，凡达到法定刑事责任年龄、具有刑事责任能力的人均可成为本罪主体。国家工作人员或者具有从事某种业务身份的人员，在执行职务中或从事业务过程中过失引起火灾，不构成失火罪。

（4）主观要件　本罪在主观方面表现为过失。既可出于疏忽大意的过失，即行为人应当预见自己的行为可能引起火灾，因为疏忽大意而未预见，致使火灾发生；也可出于过于自信的过失，即行为人已经预见自己的行为可能引起火灾，由于轻信火灾能够避免，结果发生了火灾。

3. 失火罪的刑罚

犯失火罪的，处3年以上7年以下有期徒刑；情节较轻的，处3年以下有期徒刑或者拘役。

【案例】 2004年2月15日，吉林市中百商厦发生特大火灾事故，54人在事故中丧生，70多人受伤。2004年3月3日，船营区人民检察院对吉林市中百商厦“2·15”特大火灾犯罪嫌疑人于××等7人批准逮捕。其中第一被告人于××涉嫌失火罪被提起公诉。公诉机关认为：相关管理规定要求员工不许工作期间在仓库等存在火灾危险性的地方吸烟，但犯罪嫌疑人于××在明知此项规定的同时，在工作期间将烟头扔在仓库重地，使没有熄灭的烟头引燃仓库中的易燃物品，并导致此次特大火灾发生，造成重大人员伤亡和财产损失，后果极其严重，依据《刑法》中的相关规定，应处于××失火罪。后法院以失火罪判处于××有期徒刑7年。

（三）消防责任事故罪

1. 消防责任事故罪的概念

消防责任事故罪是指违反消防管理法规，经消防监督机构通知采取改正措施而拒绝执行，造成严重后果的行为。

2. 消防责任事故罪的构成

（1）客体要件　消防责任事故罪侵犯的客体是国家的消防监督管理制度和公共安全。

消防工作是全民同火灾作斗争的事业，关系到国计民生和社会的安定，涉及各行各业、千家万户。我国对消防工作实行严格的监督管制，专门制定了《消防法》等消防法规，其中规定，我国消防工作由公安机关实施监督管理，并由县级以上公安机关消防机构具体实施。消防机构发现有火灾隐患的，应及时通知被检查单位采取有效措施，消除火灾隐患。

（2）客观要件　消防责任事故罪的客观方面表现为行为人违反消防管理法规，经消防监督机构通知采取改正措施而拒绝执行，造成严重后果的行为。消防责任事故罪为结果犯，只有因未履行消防安全责任而造成严重后果的才构成犯罪。因此，不存在犯罪未遂问题。

本罪的客观方面有以下主要特征：一是行为人必须有违反消防管理法规的行为。二是行为人违反消防管理法规的行为必须经公安机关消防机构通知采取改正措施。构成消防责任事故罪，在客观方面必须具有经公安机关消防机构通知采取改正措施的前置条件。行为人违反消防管理法规的行为在前，公安机关消防机构指正在后，如果仅有违规行为，而无指正行为，就不构成本罪。三是行为人对公安机关消防机构通知采取改正措施拒绝执行。首先，对于行为人违反消防管理的行为，公安机关消防机构应按《消防监督检查规定》的要求书面通知行为人。采取改正措施的消防法律文书，是认定公安机关消防机构履行法定监督职责和监督人不接受监督管理的重要根据。其次，行为人须有对公安机关消防机构采取改正措施的通知拒绝执行的行为。拒绝执行不仅包括明示拒绝，也包括暗示拒绝，即未明确拒绝但实质上拒不执行整改要求的行为。四是行为人对公安机关消防机构通知采取改正措施拒不执行造成了严重后果。

（3）主体要件　消防责任事故罪的主体为特殊主体，主要是负有消防安全职责的单位负责人员。实践中，主要是那些与消防安全责任有直接关系的单位法定代表人、单位及部门消防安全负责人、专（兼）职消防安全保卫人员及涉及改正措施过程的其他有关人员。

（4）主观要件　消防责任事故罪在主观方面表现为过失，既可以是疏忽大意的过失，也可以是过于自信的过失。

3. 消防责任事故罪的刑罚

犯消防责任事故罪的，对直接责任人员处3年以下有期徒刑或者拘役；后果特别严重的，处3年以上7年以下有期徒刑。

【案例】 2004年2月15日，吉林市中百商厦发生特大火灾事故，54人在事故中丧生，70多人受伤。2004年3月3日，吉林市船营区人民检察院对吉林市中百商厦特大火灾犯罪嫌疑人于××等7人批准逮捕。2004年6月1日，检察院根据责任性质，决定对7名犯罪嫌疑人提起公诉。

法庭查明，在火灾发生之前，吉林市公安局船营分局消防科曾就火灾隐患向中百商厦下达了《责令限期改正通知书》。但该商厦总经理刘××、副总经理赵×、保卫科科长马××对该通知书提出的有关改正要求未予全部落实，导致仓库起火后，火势蔓延至商厦楼内，造成重大人员伤亡及财产损失。针对以上3人，法庭判决如下：中百商厦原总经理刘××犯消防责任事故罪，判处有期徒刑6年；中百商厦原副总经理赵×犯消防责任事故罪，判处有期徒刑5年；中百商厦保卫科原科长马××犯消防责任事故罪，判处有期徒刑4年。

（四）重大责任事故罪

1. 重大责任事故罪的概念

本罪是指在生产、作业中违反有关安全管理的规定，或者强令他人违章冒险作业，因而发生重大伤亡事故或者造成其他严重后果的行为。

2. 重大责任事故罪的构成

（1）客体要件　重大责任事故罪的对象是人身和财产。

（2）客观要件　重大责任事故罪的客观方面表现为在生产和作业的过程中违反规章制度，不服从管理或者强令工人违章冒险作业，因而发生重大伤亡事故，造成严重后果的行为。

（3）主体要件　重大责任事故罪的主体是特殊主体，即工厂、矿山、林场、建筑企业或者其他企业、事业单位的职工。

（4）主观要件　重大责任事故罪的主观方面表现为过失。

3. 重大责任事故罪的刑罚

工厂、矿山、林场、建筑企业或者其他企业、事业单位的职工，由于不服管理、违反规章制度，或者强令工人违章冒险作业，因而发生重大伤亡事故或者造成其他严重后果的，处3年以下有期徒刑或者拘役；情节特别恶劣的，处3年以上7年以下有期徒刑。

【案例】 2010年11月15日，上海市静安区胶州路728号教师公寓大楼发生特别重大火灾事故（简称11·15火灾），造成58人死亡，71人受伤，直接财产损失1.58亿元。

法院经审理查明，2010年6月初，静安区胶州路教师公寓节能改造工程被违法层层转包，最后脚手架项目中的电焊作业又被交给不具备资质的施工方承包，之后又招用无有效特种作业操作证的吴××和王××等人从事电焊作业。2010年11月15日，在没有申请动火证的情况下，电焊工吴××及电焊辅助工王××在无消防安全保障措施的情况下违规进行电焊作业。电焊溅落的金属熔融物引燃下方九层脚手架防护平台上堆积的聚氨酯材料碎块、碎屑，引发火灾。

2011年8月2日下午，上海市第二中级人民法院对“11·15”特别重大火灾事故相关6起刑事案件作出一审判决，分别判处26名被告人有期徒刑16年至免予刑事处罚，其中多人罪名为重大责任事故罪。

（五）危险物品肇事罪

将此罪列入消防刑事责任的内容之一是因为危险物品的管理一直是消防安全管理工作的一个重要方面，当前我国《消防法》和《危险化学品安全管理条例》等法律、法规对危险物品的管理作出了相关规定。由于违反以上规定造成严重后果就可能导致刑事处罚。

1. 危险物品肇事罪的概念

危险物品肇事罪是指违反爆炸性、易燃性、放射性、毒害性、腐蚀性物品的管理规定，在生产、储存、运输、使用过程中，由于过失发生重大事故，造成严重后果的行为。

2. 危险物品肇事罪的构成

（1）客体要件　本罪侵犯的客体是公共安全，即不特定多数人的生命、健康和重大公私财产的安全。本罪的犯罪对象是特定的，即能够引起重大事故的发生，致人重伤、死亡或使公私财产遭受重大损失的危险物品（爆炸性物品、易燃性物品、放射性物品、毒害性物品、腐蚀性物品等）。

（2）客观要件　本罪在客观方面表现为在生产、储存、运输、使用危险物品的过程中，违反危险物品管理规定，发生重大事故，造成严重后果。

（3）主体要件　本罪的主体为一般主体。从实践中案件情况看，主要是从事生产、储存、运输、使用爆炸性、易燃性、放射性、毒害性、腐蚀性物品的职工。但不排除其他人也可能构成本罪。

（4）主观要件　本罪在主观方面表现为过失。

3. 危险物品肇事罪的刑罚

犯本罪的，处3年以下有期徒刑或者拘役；后果特别严重的，处3年以上7年以下有期徒刑。所谓后果特别严重，主要是指致多人伤亡的；或者造成严重财产损失的等。

【案例】 2009年2月9日晚21时许，在建的央视新台址园区文化中心发生特大火灾事故，大火持续6h，在救援过程中1名消防队员牺牲，6名消防队员和2名施工人员受伤。建筑物过火、过烟面积21333m^2，其中过火面积8490m^2，造成直接财产损失16383万元。经查这是一起责任事故，火灾由违规燃放烟花引起。之后71名事故责任人受到消防安全法律责任追究。

央视大火案于2010年5月10日在北京市二中院进行一审宣判，首批23人均以危险物品肇事罪被起诉，有的是因决策指挥、运输燃放烟花被追究责任，有的则是因监管不力而致事故发生，但以责任大小量刑轻重不同。其中，央视新址办原主任徐×获刑最重，判处其有期徒刑7年。

（六）大型群众性活动重大安全事故罪

依据《大型群众性活动安全管理条例》（国务院令第505号），大型群众性活动是指法人或者其他组织面向社会公众举办的每场次预计参加人数达到1000人以上的活动，如体育比赛活动；演唱会、音乐会等文艺演出活动；展览、展销等活动；游园、灯会、庙会、花会、焰火晚会等活动；人才招聘会、现场开奖的彩票销售等活动。

当前，我国各地大型群众性活动越来越多，其消防安全也成为政府及相关安全管理部门关注的重要内容。《消防法》第20条规定：“举办大型群众性活动，承办人应当依法向公安机关申请安全许可，制定灭火和应急疏散预案并组织演练，明确消防安全责任分工，确定消防安全管理人员，保持消防设施和消防器材配置齐全、完好有效，保证疏散通道、安全出口、疏散指示标志、应急照明和消防车通道符合消防技术标准和管理规定。”如果由于违反相关安全规定引发火灾事故，造成严重后果，将承担刑事责任。

1. 大型群众性活动重大安全事故罪的概念

所谓大型群众性活动重大安全事故罪是指举办大型群众性活动违反安全管理规定，因而发生重大伤亡事故或者造成其他严重后果的行为。

2. 大型群众性活动重大安全事故罪的构成

（1）客体要件　本罪的客体要件是公众活动场所的公共安全，即公园、娱乐场、运动场、展览馆或者其他供社会公众活动的场所中不特定的多数人的生命、健康或重大公私财产安全。

（2）客观要件　本罪在客观方面表现为在举办大型的群众性活动中，违反在公共场所的群体性活动中相关的安全管理规定，没有履行相应的注意义务，发生了重大伤亡事故或者造成其他严重后果。

（3）主体要件　该罪的犯罪主体是对发生大型群众性活动重大安全事故“直接负责的主管人员和其他直接责任人员”。“直接负责的主管人员”是指大型群众活动策划者、组织者、举办者；“其他直接责任人员”是指对大型活动的安全举行、紧急预案负有具体落实、执行职责的人员。由于国家机关可以成为大型群众性活动的组织者、举办者，所以此罪的犯罪主体可以是国家机关工作人员。该罪的犯罪主体，既可以是单位，也可以是公民个人。单位犯本罪的，实行代罚制，只处罚“直接负责的主管人员”，不对单位进行处罚。

（4）主观要件　该罪的主观方面只能是过失，故意不构成本罪。

3. 大型群众性活动重大安全事故罪的刑罚

举办大型群众性活动违反安全管理规定，因而发生重大伤亡事故或者造成其他严重后果的，对直接负责的主管人员和其他直接责任人员，处3年以下有期徒刑或者拘役；情节特别恶劣的，处3年以上7年以下有期徒刑。

【案例】　2006年10月，某市某部门决定为全市市民、特别是中小学生，举办一场消防成果展览会，但鉴于经费问题，该部门的负责人王×将展览会安排在了一个位于建筑物疏散通道、安全出口不符合规定的大型展览馆内，当时就有本单位工作人员提出需要进行整改的意见，被拒绝。在展览会举办过程中，因展览馆的电线老化，引发火灾，造成了2名参观者死亡，20 名参观者被烧成重伤，公私财产损失达 40 余万元。由于 2006 年 6 月 29 日通过的《刑法修正案（六）》第 3 条增设了大型群众性活动重大安全事故罪，而本案案情与该罪名情形相符，该案当事人王 × 被以此罪名提起公诉。

自学指导

本章学习重点：消防违法行为及其消防行政处罚；失火罪和消防责任事故罪。

1. 消防违法行为及其消防行政处罚

消防违法行为是指违反《消防法》的规定，应当承担法律责任的行为。

消防行政处罚是指消防行政主体为维护公共消防安全，依法对违反消防法律法规而尚未构成犯罪的行政相对人实施的一种法律制裁措施。消防行政处罚的种类包括警告，罚款，没收违法所得，责令停产停业，责令停止施工、停止使用，责令停止执业或者吊销相应资质、资格，拘留。行政处罚的实施主体是指对消防违法行为作出行政处罚的决定机关，也称执法主体，是指有权实施消防行政处罚和负责追究有关法律责任的国家行政机关。《消防法》第 70 条第 1 款规定："本法规定的行政处罚，除本法另有规定的外，由公安机关消防机构决定；其中拘留处罚由县级以上公安机关依照《中华人民共和国治安管理处罚法》的有关规定决定。"

2. 失火罪和消防责任事故罪

失火罪是指由于行为人的过失引起火灾，造成严重后果，危害公共安全的行为。失火罪侵犯的客体是公共安全，即不特定多数人的生命、健康或重大公私财产的安全。失火罪在客观方面表现为行为人实施引起火灾，造成严重后果，危害公共安全的行为。失火罪的主体为一般主体，凡达到法定刑事责任年龄、具有刑事责任能力的人均可成为本罪主体。失火罪在主观方面表现为过失。

消防责任事故罪是指违反消防管理法规，经消防监督机构通知采取改正措施而拒绝执行，造成严重后果的行为。消防责任事故罪侵犯的客体是国家的消防监督管理制度和公共安全。消防责任事故罪的客观方面表现为行为人违反消防管理法规，经消防监督机构通知采取改正措施而拒绝执行，造成严重后果的行为。消防责任事故罪的主体为特殊主体，即指那些对消防安全负有直接责任的人员。消防责任事故罪在主观方面表现为过失。

本章学习难点：消防违法行为及消防行政处罚。

《消防法》中对消防违法行为及其行政处罚作出了具体的规定，但由于内容较多，不易掌握。本章将其归类为九个方面方便记忆和理解，可对照《消防法》法律责任一章的条文进行学习。

复习思考题

一、填空题（将正确的答案填写在括号中）

消防安全法律责任主要有（　　　　）和刑事责任两种形式。

二、简答题

1. 消防行政处罚的种类有哪些？

2. 人员密集场所发生火灾时现场工作人员不履行组织、引导在场人员疏散的义务，情节严重，但不构成犯罪的，应受到什么处罚？

三、案例分析题

案例：公安机关消防机构监督人员在检查中发现，某歌厅未办理任何消防安全手续就私自开业。

问题：

1. 该行为违反了什么法律、法规？

2. 可能受到怎样的处罚？

第九章　典型场所消防安全管理

学习目标

1. 应了解、知道的内容

◇ 各典型场所基本防火要求。

◇ 社区消防建设。

◇ 建筑工地主要岗位消防安全职责。

2. 应理解、清楚的内容

◇ 各典型场所应建立、健全哪些消防安全管理制度。

3. 应掌握、学会的内容

◇ 宾馆、商场、公共娱乐场所、学校等人员密集场所消防安全管理组织结构。

4. 应熟练掌握的内容

◇ 各典型场所火灾危险性分析。

◇ 各典型场所消防安全教育的主要内容。

自学时数　10学时。

老师导学

本章主要对人员密集的宾馆、商场、公共娱乐场所、学校等场所及社区、建筑工地等场所的火灾危险性，基本防火要求，消防安全管理组织，消防安全管理制度及消防安全教育等进行了介绍。在本章的学习中，应重在应用，能够结合上述各典型场所的实际，掌握其消防安全管理知识。

“典型场所”这里主要包括宾馆、商场、公共娱乐场所、学校等人员密集场所及社区、建筑工地等场所。这些场所一旦发生火灾，容易发生群死群伤的恶性事故，对人民生命财产造成重大损失。因此，做好这些场所的消防安全管理工作至关重要。

第一节　宾馆消防安全管理

宾馆是供国内外旅客住宿、就餐、娱乐和举行各种会议、宴会的场所。现代宾馆一般都具有多功能的特点，拥有各种厅、堂、房、室、场。

厅：包括各种风味餐厅、歌舞厅、咖啡厅、展览厅等。

堂：包括大礼堂、小礼堂、会堂等。

房：包括各种客房和厨房、面包房、库房、洗衣房、锅炉房、冷冻机房等。

室：包括办公室、变（配）电室、美容室、医疗室等。

场：包括商场、娱乐场、停车场等。

随着现代建筑业的发展，新建的宾馆大都集这些厅、堂、房、室、场于一体。既讲究其整体美观实用性，又要讲究外观雄伟、内部装饰豪华，而且富有特色。从而使得其内部结构复杂多变，装饰物增多等，这些装饰物的增多，不但增加了火灾荷载，同时也增加了火灾危险性。

【案例】 2005年6月10日，位于广东省汕头市潮南区的华南宾馆因电气线路短路故障，引燃周围可燃物，导致特大火灾事故。这起火灾造成31人死亡，3人重伤。导致重大人员伤亡的原因，一是华南宾馆周围环境复杂；二是被困人员多；三是火势蔓延迅猛，浓烟大，并含有毒气；四是报警迟缓，贻误了救人灭火的有利战机。发生火灾的时间是11时40分，酒店保安人员进行自救，但因能力匮乏，效果甚微，自救和无力救火时没有及时向消防部门报警。直到大约30min后的12时15分，潮南区消防中队才接到途经路人的电话报警。消防部队到场时，火势已处于大面积猛烈燃烧阶段，贻误了抢救被困人员和灭火的有利时机。

一、宾馆的火灾危险性

现代宾馆抛弃了以往那种以客房为主的单一经营方式，将客房、公寓、餐饮、购物和夜总会、会议中心等集于一体，向多功能方向发展。因而对建筑和其他附属设施的要求很高，并追求豪华、舒适，以满足顾客的需要，提高行业竞争能力。从而使得在建造过程中潜藏着许多火灾危险性，主要表现在以下几方面。

（一）可燃物多，火灾荷载大

宾馆虽大多数采用钢筋混凝土结构或钢结构，但大量的内部装饰材料和陈设用具却采用木材、塑料和棉、麻、丝、毛及其他纤维制品和化学合成材料，这些都是有机可燃物质，增加了建筑物内的火灾荷载，增大了火灾危险性。一旦发生火灾，这些材料燃烧猛烈，蔓延迅速。塑料制品等在燃烧时还会产生大量的高温有毒气体，如一氧化碳、二氧化碳、氰化氢、氯化氢等，往往会造成较大伤亡，并给扑救和疏散带来很大不便。

（二）导致火灾发生的因素多

1. 吸烟不慎引起火灾

吸烟不慎引起火灾在宾馆火灾中占居首位，起火部位多为客房。吸烟不慎引起火灾主要有以下五种情况。

1）乱扔烟头、火柴梗，引起地毯、沙发、衣服、废纸篓、垃圾道起火。

2）躺在沙发、床上吸烟，火星散落其上，阴燃引起火灾。这种原因引起的火灾在客房火灾中所占比例最大。顾客游玩回到宾馆后，感到疲倦，尤其是在醉酒后，躺在沙发或床上吸烟，不知不觉中睡着了，燃着的烟头掉落在沙发或床褥上，引起火灾。

3）顾客将未熄灭的烟头放在沙发扶手上，因事后遗忘或掉落在沙发上引起沙发起火。

4）顾客将未熄灭的烟头或火柴梗扔入烟灰缸内离去，引起烟灰缸内可燃物起火。这类火灾大多发生在烟灰缸靠近其他可燃物的情况下。

5）在禁止吸烟的地方违章吸烟。在有可燃气体或蒸气的场所，违章点火吸烟，发生爆炸起火。

2. 电气故障引起火灾

在宾馆火灾中，由电气引起的火灾仅次于吸烟，具体原因有以下两点。

（1）电气线路故障引起火灾　电气线路往往由于过载运行、短路等原因，产生电火花、电弧、局部过热，导致电线、电缆和周围可燃物起火。

（2）用电设备故障引起火灾　电气设备由于质量差、故障或使用不当引起火灾事故。

一是电气设备质量低劣，发生故障，产生漏电，局部电阻过大或局部过热引起火灾；二是荧光灯、电视机、电扇、空调器等电气设备开启使用时间过长，使变压器、镇流器、电动机等元器件发热起火；三是顾客或员工使用电熨斗、电热杯、热得快、电炉子等，由于没有切断电源或疏忽大意，电热器具的高温烤着可燃物起火；四是照明灯具与可燃物距离太近，造成火灾，60W 以上白炽灯泡或碘钨灯可造成这样的事故。

3. 厨房用火不慎引起火灾

厨房内由于使用明火，又有气体、液体燃料或其他可燃物等，操作不当或因工作疏忽，容易引起火灾。

4. 施工过程中动用明火作业不慎起火

这类火灾主要发生在施工、设备检修或改建、装修的场合。电焊熔渣飞溅或掉落在可燃物上起火引起火灾在该类火灾中比例最大，而且在宾馆火灾中较为突出，尤其是老旧旅馆、酒店都在向高档化装修改造，这种火灾时有发生。

（三）建筑结构易产生烟囱效应

现代的宾馆大多是高层建筑，其中的楼梯井、管道井、电梯井、电缆井、垃圾井等竖井林立，如同一座座大烟囱；还有通风管道，纵横交错，延伸到建筑的各个角落。一旦发生火灾，竖井产生的烟囱效应，使火焰沿着竖井和通风管道迅速蔓延扩大，危及整个建筑。

（四）疏散困难，并易造成重大伤亡

宾馆是人员较集中的地方，而多数人员又是暂住的顾客，流动性很大。他们对建筑物内的环境、安全疏散设施不熟悉，发生火灾时，人们都有强烈的逃生欲望，往往会出现慌不择路的现象，加之烟雾弥漫且高温有毒，极易使人迷失方向，拥塞在通道上，造成秩序混乱，给疏散工作带来困难，并易造成重大伤亡。还有些高层建筑内缺乏应有的疏散指示标志，很有可能使顾客在火灾时跑到服务台或躲到床下，钻进箱柜，也有可能跑向死角等。

二、宾馆的基本防火要求

据有关资料统计，宾馆发生的火灾 80% 以上是从电气设备、客房、餐厅、厨房、洗衣房、娱乐厅、锅炉房开始的，为了做好宾馆的消防安全工作，应将这些部位作为宾馆重点管理的部位。

（一）宾馆的电气设备防火

宾馆电气设备的安装、使用、维护必须做到以下几点。

1）所有电气设备的安装及线路敷设应符合低压电气安装规程的规定并由经专门培训的电工安装，严禁乱拉乱接。

2）在增添大容量的电气设备时，应重新设计线路并经过有关供电、消防部门审核同意，方可进行安装和使用。严禁私自在电气线路上增加容量，以防过载引起火灾。

3）建筑内不允许采用铝芯导线，应采用铜芯导线。敷设线路进入夹层或闷顶内，应穿管敷设并将接线盒封闭。

4）客房内的台灯、壁灯、落地灯和厨房内的电冰箱、绞肉机、切菜机等电气设备的金属外壳，应有可靠的接地保护。床头柜内设有音响、灯光、电视等控制设备的，应做好防火隔热处理。

5）照明灯具表面高温部位不得靠近可燃物，碘钨灯、荧光灯、高压汞灯（包括荧光灯

镇流器），不应直接安装在可燃物件上；深罩灯、吸顶灯等，如安装在可燃物件附近时，应加垫石棉布或石棉板隔热层；碘钨灯、功率大的白炽灯的灯头线，应采用耐高温线穿瓷套管保护；厨房等潮湿地方应采用防潮灯具。

6）配电室设在客房楼内时，应作防火分隔处理，其耐火极限不得低于2h。配电室内不得堆放任何可燃、易燃物品。

7）配电盘应尽可能用不燃材料制作，凡用可燃材料制作的配电盘，必须用镀锌薄钢板严密包好。

8）配电盘的保险装置，必须使用规定型号的熔丝，不得用铜丝、钢丝等其他金属材料代替。

9）火灾报警装置、自动灭火装置、事故照明等消防设施的用电，应备有应急电源；消防设施的专用电气线路应穿金属管敷设在非燃烧体结构上。定期进行维护检查，以保证随时可用。

10）电气设备、移动电器、避雷装置和其他设备的接地装置每年至少进行两次绝缘及接地电阻的测试。

11）在配电室和装有电气设备的机房内，应配置适当的灭火器材。

12）宾馆门前霓虹灯装修、灯箱应采用非燃或难燃材料制作，其下方不得有可燃装修材料。

（二）宾馆的客房防火

客房在宾馆中发生火灾的几率最高，发生火灾的主要原因是烟头、火柴梗引燃可燃物或电热器具烤着可燃物。发生火灾多在夜间和假日，尤以顾客酒后卧床吸烟，引燃被褥或其他棉织品等发生的火灾事故，最为常见。

对客房的防火要求有以下几点。

1）客房内所有的装饰材料应采用非燃材料或难燃材料，窗帘一类的丝、棉织品，应经过防火处理。

2）客房内除了固有电器和允许顾客使用电吹风、电动剃须刀等日常生活用的小型电器外，禁止使用其他电气设备，尤其是电热设备。

3）对顾客及来访人员应明文规定：禁止将易燃、易爆物品带入宾馆，凡带入宾馆的易燃、易爆物品，要立即交服务员专门储存，妥善保管。

4）在宾馆区域内严禁燃放烟花爆竹。

5）客房内应配有禁止卧床吸烟的标志、应急疏散指示图及宾客须知等消防安全指南。

6）服务员应经常向顾客宣传，不要躺在床上吸烟，烟头和火柴梗不要乱扔乱放，应放在烟灰缸内；入睡前应将音响、电视机等关闭；人离开客房时，应将房内的电器关掉。

7）服务员应保持高度警惕，在整理房间时要仔细检查窗台上、挽起的窗帘内、沙发缝隙内及叠起的床单和被褥内、地毯压缝处 、废纸篓中等处是否有火种存在。烟灰缸内未熄灭的烟蒂不得倒入垃圾袋或垃圾道内。

8）服务员要提醒顾客不要卧床吸烟，不要把燃着的香烟放在桌子上或卡在烟灰缸的缺口上离开，不得把未灭的烟头与火柴或打火机放在一起。特别是醉酒后的顾客，除对其提醒外，过一段时间应在其房外观察有无异常或结合服务进入房间进行检查。

9）服务员平时进入顾客房间服务时，应注意查看房间内的消防安全问题，发现火险隐患要采取措施。

10）长期出租的客房，出租方和承租方应签订租赁合同并明确各自的防火责任。

（三）宾馆的餐厅防火

餐厅是宾馆人员最集中的场所，一般有大小宴会厅、中西餐厅、咖啡厅、酒吧等，大型的宾馆通常设有几个风味餐厅，可以同时供几百人甚至上千人就餐、举行宴会。这些餐厅、宴会厅出于功能和装饰上的需要，其内部常有较多的装修、空花隔断，可燃物的数量很大。厅内装有许多装饰灯，供电线路非常复杂，布线都在闷顶内，又紧靠失火概率较大的厨房。有的餐厅，为了增加地方风味，临时使用明火较多，如点蜡烛增加气氛，吃火锅使用各种火炉等，这方面事故屡有发生，必须注意。

1）餐厅内不得乱拉临时电气线路，如需增添照明设备以及彩灯一类的装饰灯具，应按规定安装。

2）餐厅内的装饰灯具，如果装饰件是由可燃材料制成的，其灯泡的功率不得超过60W。

3）餐厅应根据设计用餐的人数摆放餐桌，留出足够的通道，通道及出入口必须保持畅通，不得堵塞。举行宴会和酒会时，人员不应超出原设计的容量。

4）如餐厅内需要点蜡烛增加气氛时，必须把蜡烛固定在非燃烧材料制作的基座内并不得靠近可燃物。或将蜡烛做成半球状，平面向上放入盛有2/3自来水的透明玻璃盘内，使其浮在水面上。

5）供应火锅的风味餐厅，必须加强对火炉的管理。液化石油气炉，禁止使用；酒精炉和木炭炉，慎用；特别是酒精炉，严禁在火焰未熄灭时添加酒精，因火未熄灭就添加酒精引起大火的事故时有发生。最好使用固体酒精燃料，比较安全。

6）餐厅服务员在收台时，不应将烟灰、火柴梗卷入台布内。

7）餐厅内应在多处放置烟灰缸、痰盂，以方便宾客扔放烟头和火柴梗。

8）服务员要提醒顾客不要把燃着的烟头与火柴、打火机、餐巾纸放在一起，更不要躺在餐厅的沙发上吸烟。

9）顾客在宴会厅、餐厅进餐、谈话，特别是站立或走动敬酒时，无意间放在烟灰缸或桌子上的燃着烟支应引起服务员的足够警惕，以防烟头被碰落在桌布或座椅上引起火灾。

10）顾客离开餐厅后，服务员应对餐厅进行认真的检查，彻底消灭火种，然后将餐厅内的空调、电视机、音响、灯具等电气设备的电源关掉，方可离开餐厅。

（四）宾馆的厨房防火

宾馆的厨房用火最多，若易燃气体的管道泄漏或油炸食品时油温过高等都容易发生火灾。厨房内一般都设有冷冻机、绞肉机、切菜机、烤箱等多种电气设备，由于烟雾浓、水气大，电气设备容易受潮，使其绝缘层老化，极易发生漏电、短路起火。

1）经常检查炉灶各部位，发现阀门堵塞、失灵、胶管老化破损等，要立即停用修理，确保炉灶在完好状态下使用。

2）炉灶上放上油锅或水壶等，操作人员因有人找、接电话、去洗手间等离开时，必须把炉火熄灭。

3）厨房内放置抹布的挂架或搁板应远离炉灶，以免抹布掉在炉灶上引起火灾。

4）油炸食品时，锅内食油不得超过满锅容量的2/3，以防食油溢出，遇明火燃烧。油温不宜过高，以防食油自然起火。

5）油炸食品时，如油温过高起火，应迅速盖上锅盖，隔绝空气灭火，将油锅平稳地端离火源，待其冷却后再打开锅盖。

6）厨房内的抽油烟罩每日应擦洗一次，烟道每半年应清洗一次。

7）厨房内使用的绞肉机等电动机械设备不得过载运行并防止电气设备和线路受潮。在使用中，发现有烧焦、冒烟等异常现象时，应立即停止运作，及时检查维修。

8）厨房内除配置常用的灭火器材外，还应配置石棉毯，以便扑灭油锅火灾。

9）工作结束后，操作人员应及时关闭厨房的所有阀门、切断气源、火源和电源后方能离开。

（五）宾馆的洗衣房防火

洗衣房一般都设有干洗、湿洗、烘干等部分。湿洗，火灾危险性不大，但干洗和烘干，情况就不同了。特别是干洗，由于用油用电，相应地增加了洗衣房的火灾危险性。若使用操作不当，易引起火灾、爆炸事故。

1）加强检查维修工作，保证设备完好。自动控制装置，一定要灵敏有效。电气线路接头必须牢固，接触良好，严禁机器带病运转。

2）做好清洁工作，机器上的油污和废绒必须每天揩擦、清扫。

3）在干洗机、烘干机周围3m内，禁止堆放、悬挂衣物、床上用品等可燃物，以防火势蔓延。

4）操作工必须经过专门培训，才能上岗。操作人员必须掌握自动装置失灵后的手控措施和出现异常情况的应急处理办法。机器设备在运转时，严禁脱离岗位。

5）收集的待洗衣物入库前，应在库外逐件打开、抖动，检查是否有火种夹入。

6）下班时必须切断电源仔细检查，确保没有遗留火险隐患。

（六）宾馆的娱乐厅防火

宾馆娱乐厅的装潢一般都比较讲究，因此常采用多种照明设计。如果电气线路和灯具安装使用不当，容易发生短路起火。娱乐厅又采用大量木材、塑料、纤维织品等可燃材料作各种装饰物，使火灾荷载大幅度增加，一旦发生火灾，势必燃烧猛烈，蔓延迅速。宾馆娱乐厅的顾客随意性比较大，有时人员云集，密度很高，加上灯光暗淡，一旦起火，由于人员拥挤、秩序混乱，极易造成人员伤亡。

1）娱乐厅通往建筑物外的安全疏散出口不得少于两个，通道、楼梯、安全出口应保持畅通，严禁堆放任何物品。通道至出口应设有中、英文和图案的灯光疏散标志，并保证完备好用。

2）设在二楼以上的娱乐厅，其疏散楼梯应不少于两个，不准采用螺旋楼梯和扇形踏步。

3）娱乐厅的门应向外开启，不准采用卷门、转门和吊门。

4）娱乐厅的装潢材料，应采用不燃或难燃材料。内部装修工程应事先将装修图纸和电气线路图申报所在地区公安消防监督机关审核，经同意后方可施工。装修工程竣工后，经公安机关消防机构验收合格后，方可投入使用。

5）娱乐厅室内应安装消防给水设备，配置相应种类、数量的灭火器具。大型娱乐厅应设置自动报警和自动喷水灭火装置。

6）消防器材应设置在明显和便于取用的地方，有专人管理，定期检查维修和更换，保证完整好用。

7）娱乐厅应根据场地大小，确定同时参加人数的最高限额，以保安全。

8）娱乐厅内，严禁将易燃、易爆物品带入，严禁堆放其他任何可燃物。

9）娱乐厅必须确定专人负责安全值班，以便及时发现和处理火险隐患。每天营业结束后，负责人应按岗位责任制的分工，进行全面检查，特别要注意有无遗留的烟头等火种，确认安全后，切断电源，才能下班。

（七）宾馆的锅炉房防火

1）不准在锅炉房内堆放易燃、可燃物品或烘烤衣物，无关人员不得随便进入锅炉房。

2）司炉工应经专业培训并考试合格后，领取司炉工操作证，方可独立操作。

3）司炉工应严格遵守安全操作规程和责任制度，严格交接班手续，经常对水位表、压力表、安全阀等附件进行检查，及时排污，保证锅炉的正常运行。

三、宾馆消防安全管理组织

宾馆是人员集中的场所且流动性大，大部分顾客的消防安全意识较差。如果没有强有力的消防安全组织，宾馆的消防安全工作很难做好。为此，宾馆必须建立、健全消防安全组织结构，使消防安全工作处处有人管，时时有人抓。纵向从总经理到基层的普通员工，横向每个工作部门都有一份消防安全责任。

宾馆的消防安全工作，必须建立、健全消防安全管理组织，实行逐级消防安全责任制，自上而下的各级领导和职工应把预防火灾作为日常工作的一个重要组成部分，使消防安全工作经常化、制度化。宾馆消防安全管理组织结构示例如图 9-1 所示。

宾馆的消防安全责任人由该单位的法定代表人担任，一般是总经理担任。宾馆的消防安全责任人应自觉地将消防安全工作纳入自己的工作范围，参与研究、布置、检查消防安全工作并且进行总结、评比。由于消防工作的面广、专业性强、任务重，加之责任人一般是身兼数职，有时对消防安全工作力不从心。在这种情况下，消防安全责任人应适当授权副职对消防安全工作进行指导、监督，抓好各层消防安全责任人的工作。

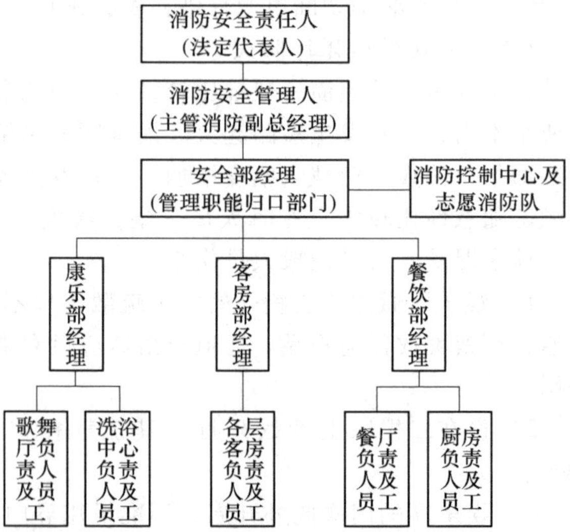

图 9-1　宾馆消防安全管理组织结构示例

四、宾馆消防安全管理制度

必须有严格的制度约束才能保证各项消防安全工作的落实。各宾馆应结合本单位实际，制定适合本单位的各项规章制度。

消防安全管理制度应当做到内容、程序详细，科学性、可操作性强。宾馆常用的消防安全管理制度包括：

（1）消防安全管理工作制度　主要是全面落实“谁主管、谁负责”的原则，将本单位的消防安全工作全方位地纳入每个员工的日常工作之中。

（2）消防安全宣传教育制度　对招收的新员工在上岗之前，要进行三级消防安全教育。即宾馆级消防安全教育，部门级消防安全教育，班组岗位级消防安全教育。考核不合格者不得上岗。此外还有顾客消防安全教育、重点岗位人员消防安全教育等。

（3）消防安全检查制度　包括员工自检制度、班组检查制度、部门检查制度、单位检查制度、夜间巡逻检查制度、专业和重点检查制度、节日检查制度等。

（4）用火、用电、危险品安全管理制度　如动火审批制度，电源、火源管理制度等。

（5）仓库（储藏室）的消防安全管理制度　包括出入库的安全要求，储存物品的养护管理，储存物品的数量、间距、种类要求等。

（6）消防器材、设施的管理制度　包括消防器材的定期维护、检查、更换等。

（7）消防安全管理报告制度　定期由下级逐级向上级和公安机关消防机构报告本单位的消防安全管理工作。

（8）消防安全管理奖惩制度　使消防安全工作与本单位的每位工作人员的工作责任、经济利益挂钩，包括奖惩的具体标准和实施办法。

（9）志愿消防组织的训练、管理制度　包括定期组织志愿消防队队员学习、训练、演练、考核、调整等。

（10）消防安全工作例会制度　定期召开有关消防安全工作的会议，解决消防安全工作中存在的问题。

五、宾馆消防安全教育

宾馆开展消防安全教育的目的是为了增强本单位员工和顾客的消防安全意识，提高宾馆全体人员做好消防安全工作的自觉性。使他们学习防火、灭火知识，掌握防火、灭火以及逃生自救的技术和技能。

宾馆开展消防安全教育的内容根据教育的对象而异。

（一）对宾馆全体工作人员

对宾馆的全体工作人员应进行经常性的消防安全教育，使大家从整体上都明白本单位的火灾危险性，了解有关的防火知识、灭火知识、逃生自救措施，会使用设置的消防设施和器材。

（二）对岗位人员

对前厅、客房、餐厅的服务人员、设备维修人员、消防控制中心等工作人员开展消防安全教育，要结合各岗位的特点，使其掌握基本的防火、灭火知识及消防技能。

例如，对客房服务员进行消防安全教育时，要使客房服务员明白自己有两个方面的责任：一是向顾客讲明防火注意事项，如安全吸烟、疏散走向、自救方法、发生火灾时怎么办等；二是如何做好经常性的防火工作和发生火灾时应采取的应急措施。

（三）对顾客

对顾客的消防安全宣传教育内容包括以下六点：

1）表明宾馆经理对本单位消防安全工作的态度。

2）向顾客介绍本单位的消防安全情况，使顾客心中有数，一旦发生火灾时能做好充分的思想准备。

3）向顾客介绍本单位的安全疏散路线：

① 请查看房门内侧的疏散路线图，确认自己房间的位置和两个方向的安全出口。

② 无论从哪个房间出来，都可按照疏散标志，走向疏散出口，请进行步行验证。

③ 请检查备用手电筒存放的位置。

④ 如对有的安全事项不明白，请询问服务台，电话号码为××××。

4）向顾客介绍发现火警时的注意事项：

① 发现火警时要冷静、不要慌乱。

② 请立即与服务台、消防控制室联系，电话号码为××××。

③ 及时向周围的人通报火警情况。

④ 离开房间时请关上房门。

⑤ 有人还留在房间时请迅速报告。

5）向顾客介绍安全疏散时的注意事项：

向顾客宣传如果发生火灾，必须进行安全疏散，听从服务员的引导和指挥；勿乘电梯；用湿毛巾掩住口鼻，防止烟气侵入呼吸道；沿着墙壁向与烟气相反方向的太平门躬身行走；在房顶避难时，应面朝上风方向，免受烟气侵害等知识。

6）向顾客介绍自救逃生措施。

宾馆消防安全教育的形式多种多样，对本单位的职工可以举办消防安全培训班、消防安全知识竞赛等；对顾客可以采用电视、广播、散发文字材料、板报等形式进行宣传教育或将与顾客有关的消防安全要求汇编成册，以《顾客须知》的形式分发到各个房间、餐厅的每个餐桌，供顾客自行翻阅。

第二节　商场消防安全管理

近年来，随着经济建设的快速发展，我国商场行业发展迅速，功能不断增加，有的集购物、休闲、餐饮于一体；面积不断扩大，占用建筑物几个楼层、建筑面积数千甚至上万平方米的大型超市数量也在不断增加。在大型商场不断涌现的同时，也带来了大量的消防安全隐患。

【案例】 2011年4月9日，位于西宁市西关大街46号的青海夏都百货股份有限公司纺织品百货大楼发生火灾。15时03分，西宁市公安消防支队119指挥中心接警出动，22时32分，明火全部被扑灭。这起火灾过火面积约8000m^2，直接经济损失为4683.65万元，1人死亡。起火原因：纺织品百货大楼东侧扩建部分施工工地二层西南角民工住宿棉质帐篷内，因电气线路连接处接触不良，导致接触电阻过大，局部高温引燃电气线路的绝缘层和附近可燃物后引燃帐篷起火。起火后，火借风势，烧透临时与原建楼二层商铺分隔的彩钢板，迅速水平向西侧商铺蔓延。同时，火势从原建楼二层东北角疏散楼梯间垂直向三至六层商铺及七至九层办公区、十层会议室蔓延。

一、商场的火灾危险性

（一）规模大

商场营业厅的建筑面积一般比较大，小的数千平方米，大的数万平方米；多层的商场，大多安装有自动扶梯，层层相通；有的还设有中庭，使商场的防火分隔问题相当突出，容易造成火灾蔓延扩大。

（二）可燃商品多，容易造成重大财产损失

商场经营的商品，大部分是可燃物品，一些商品本身虽属不燃材料制成，但其包装箱、盒却都是可燃的。还有一些商品，如指甲油、摩丝、发胶和小包装的汽油、酒精等有机溶剂以及丁烷气（打火机用）、火柴、赛璐珞制品等，均属易燃易爆化学危险品。商场的商品，大多采用自选式货架、柜台，有些商品如服装鞋帽、各类纺织品、工艺美术品、箱包带夹等，还悬挂大量宣传展品，琳琅满目。商场的这一特点，使商品高度集中，开架售货又使可燃物的表面积大于其他任何场所，一旦失火，就会迅速蔓延。

商场的商品周转很快，除了大量陈设在柜台内、货架上供顾客选购外，往往在每个柜台的后面还设有各自的小仓库，形成了“前柜后库”，甚至“以店代库”，在过道上也堆满商品的局面。尤其是租赁给个人的柜台更是如此，致使商场内储存了大量的商品。一旦发生火灾，会造成严重损失。此外，商场内的柜台、货架不少也是可燃材料制作，这些柜台、货架虽然分组布置，但距离一般都比较小，基本上毗连成片。

（三）功能复杂

商场不同以往单纯的购物商场，而是经营范围和项目不断扩大，出现集吃、喝、玩、乐、购于一体的多功能的复杂的综合性商场。集购物、电影、餐饮、歌舞娱乐、儿童游乐、展览、大卖场、健身、停车于一身。由于经营项目多、功能复杂，导致用火、用电、用气、用油等大幅度增加，增大了火灾发生率。

（四）商场人员聚集、流动量大、容易造成重大伤亡

商场的另一特点是顾客云集，男女老少挨肩接踵，在我国已成为公共场所人员密度最高、流动量最大的场所，在营业时间，万一发生火灾，就会引起混乱，疏散就更加困难，难免造成重大的人员伤亡。对地下商场来讲，问题就更为严重。地下商场可供顾客占用的面积往往比地上商场要小，在顾客流量同样大的情况下，人员密度大大高于地上商场；而地下商场的安全疏散通道、出口的数量和宽度由于受人防工程的局限，又小于地上商场。地下商场缺少自然采光和通风条件，一旦发生火灾，人们必然惊惶失措，难免有挤死人和踩死人的事故发生；由于建筑空间封闭，有毒烟气会充满整个商场，易致人员中毒窒息而亡。

（五）安全疏散状况不佳

1）安全出口数量满足要求，但在营业期间保持畅通的不多。商场的场地在经过建筑设计消防审核、验收、开业前消防安全检查等程序把关后，安全出口的数量、疏散通道的宽度等基本能满足规范要求。但在营业期间，出于防盗和便于管理的目的，商场往往只将主要出入口保持畅通，而把其他安全出口上锁或用货架、广告画等遮挡，群众基本不知道除主要出口之外的安全出口的位置。

2）安全疏散距离过长。在商场中由于货架的摆放，基本不能够按照直线疏散，从而造成部分位置疏散距离过长。

3）疏散通道被占用。商场进行开业前消防安全检查是在尚未营业、货物堆放整洁或尚未堆放货物、现场人员少的情况下进行的，实际在营业期间，部分销售量大的货架为了及时上货，往往将部分货物堆放在货架旁。另外，部分商家为了追求经济利益，在楼梯间或疏散通道内增加摊位，不同程度地占用了疏散通道，使疏散通道的宽度减小。

4）疏散指示标志不明显。商场出于促销及营造购物氛围的需要，往往在店内装饰很多气球、装饰物，在顶棚下悬挂宣传画、广告等，基本将疏散指示标志“淹没”，形同虚设，无法发挥其应有的作用。有的疏散指示标志指向的安全出口被锁或被封堵，在突发事件情况下，就会给人员误导，延误逃生的宝贵时机。

5）应急照明的最低照度达不到要求。由于商场的悬挂物多、货架多等特殊情况，应急照明的光线被遮挡。

（六）电气照明设备多，导致火灾的因素多

商场内电气照明设备的火灾危险性，按功能和用途有以下特点：

1）安装在商场顶、柱、墙上的照明灯、装饰灯，多采用带状方式或分组安装的荧光灯具，有些商场采用满天星式深罩灯。这些灯具都采用埋入式安装在顶棚里面，数量比较大，且荧光灯的镇流器易发热起火，深罩灯如采用功率较大的白炽灯，也易烤着附近的可燃物。

2）安装在商品橱窗和柜台内的照明灯具，除了荧光灯外，还有各种射灯。射灯除采用冷光源的外，其他光源的射灯，表面温度都较高，足以将可燃物烤着。

3）商场内和商品橱窗里除了大量安装广告霓虹灯和灯箱外，有的还安装了操作活动广告的电动机，霓虹灯的变压器具，有较大的火灾危险性。

4）在节假日，商场内外还要临时安装各种彩灯，增添节日气氛。

5）商场经营照明器材和家用电器的柜台，为了测试的需要，还装设有临时电源插座，没有空调系统的商场，在夏季还大量使用电风扇降温等。

以上各种电气照明设备，品种数量之多和线路错综复杂的程度，都是其他公共建筑难以比拟的，加上每天营业时间长，如若设计、安装、使用不慎，极易引起火灾。

另外，其他致灾因素也很多，如有的商场为了方便用户，还附设有服装加工部，家用电器维修部，钟表、眼镜、照相机等修理部，这些部位常常需要使用电熨斗、电烙铁等加热器具。

（七）扑救难度极大

商场发生火灾，可燃物多，空间大，蔓延快；顾客向外疏散，消防人员逆方向进入扑救，抢救和疏散人员、扑灭火灾都相当困难；发生火灾后，由于浓烟和高温，使消防人员侦察火情困难，难以迅速扑灭火灾。

二、商场的基本防火要求

（一）建筑耐火等级

商场的耐火等级一般应不低于二级，商场内的顶棚和其他装饰材料，不准使用可燃材料，对原有的建筑中可燃的木构件和耐火极限较低的钢架结构，必须采取措施，提高其耐火等级。商场内的货架和柜台，应采用金属框架和玻璃板组合制成。

（二）商场的布局及防火分隔

1）商场应按规定划分防火分区。多层商场地上按 $2500m^2$ 为一个分区，地下按 $500m^2$ 为一个防火分区；如商场装有自动喷水灭火系统时，防火分区面积可增加 1 倍；高层商场如果设有火灾自动报警系统、自动喷水灭火系统，并采用不燃或难燃材料装修时，防火分区面积可扩大到 $4000m^2$，地下商场防火分区面积可扩大到 $2000m^2$。

2）对于电梯间、楼梯间、自动扶梯等贯通上下楼层的孔洞，应安装防火门或防火卷帘

进行分隔，对于管道井、电缆井等，其每层检查口应安装丙级防火门，且每隔 2 ~3 层楼板处用相当于楼板耐火极限的非燃材料进行分隔。

3）商场的小型中转仓库、服装加工及家用电器、钟表、眼镜维修部等应与营业厅分开独立设置。

4）油浸式变压器，不宜设在地下商场内，如果必须设置时，应避开人员密集的部位和出入口，且应用耐火极限不低于 3h 的隔墙和耐火极限不低于 2h 的楼板与其他部位隔开，墙上的门应采用甲级防火门，变压器下面应设有能储存变压器全部油量的事故储油设施。

5）空调机房进入每个楼层或防火分区的水平支管上，均应按规定设置火灾时能自动关闭的防火阀门。空调风管上所使用的保温材料、吸音材料应选用不燃或难燃材料。

（三）安全疏散

商场是人员集中的公共场所之一，要有足够数量的安全出口，并多方位地均匀设置；不应设置影响顾客人流安全疏散的旋转门、侧拉门等；商场楼梯、走道、疏散外门等的疏散宽度，应符合有关消防技术规范的规定；安全出口、疏散用门、楼梯等通道，应设置灯光疏散指示标志和应急照明。

（四）日常电气照明设备的防火

1）电气设备应由具有电工资格的人员安装、检查、维修。

2）不准乱拉乱接电线，不准超负荷用电。

3）严禁用纸、布或其他可燃物遮挡灯具。

4）商场要经常开展安全检查，对电线、电气设备等每年至少要全面彻底检查一次，发现电线老化、破损、绝缘不良等不安全情况，要及时维修更新。

5）严禁在柜台内、附属仓库、堆货场地安装使用电炉、电热杯、电熨斗等电热器具。

6）电气设备选型和安装应符合国家有关技术规范。

7）商场的照明线路与营业性线路应分别设置，商品的测试、维修的电源必须是营业性电源，不得是照明性电源。

8）禁止使用不符合规格的保护装置。

9）配电设备下方不得存放可燃物品。

10）未经商场有关负责人批准不得使用电热设备。

11）霓虹灯的变压器、荧光灯的镇流器及高温灯具应设置在非燃结构上，并采取隔热、散热保护措施，且镇流器与灯管的电压与容量必须相同，配套使用。

12）停电或停止营业后，应切断营业性电源。

13）商场内临时安装电气线路，应由商场负责人批准，必须使用绝缘套电缆，使用完毕应及时拆除。

14）消防线路必须设专用线路，不得与其他线路相连，并经常检测，随时保持安全通畅。

（五）明火、易燃品管理

商场在设备安装、检修、柜台改造过程中，营业区与装修区之间应进行防火分隔，动用电气焊割作业时，应在动火作业前，履行用火审批手续。现场必须有人监护，备有消防器材，做好灭火准备。在商场设置禁止吸烟标志牌。

商场内经营指甲油、摩丝、丁烷气等易燃危险商品时，应控制在两日的销售量以内，同时要防止日光直射，与其他高温电热器具隔开，妥善进行保管。地下商场严禁经营销售烟花爆竹、发令枪纸、汽油、煤油、酒精、油漆等易燃商品。钟表、照相机修理等作业使用酒精、汽油等易燃液体清洗零件时，现场禁止明火。对日用少量易燃液体，要放至封闭容器内，随用随开，未用完的送回专用库房，现场不得储存。

（六）消防设施

商场的消防设施包括火灾自动报警系统、消防控制中心、室内外消火栓系统和自动喷水灭火系统、防烟排烟系统、火灾应急照明、应急广播、灯光疏散指示标志，防火门、防火卷帘等防火分隔系统的联动控制，以及灭火器材等。

三、商场消防安全管理组织

从商场的总经理至中层负责人到基层员工应该制定一套层次分明、分工明确的消防安全管理组织和逐级消防安全责任制度，才能保证各项消防工作有人抓、有人管。商场消防安全管理组织结构示例如图 9-2 所示。

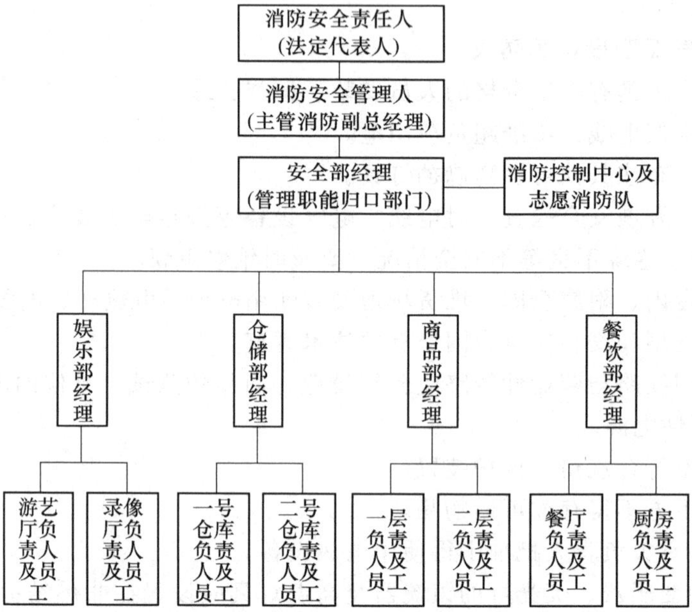

图 9-2　商场消防安全管理组织结构示例

四、商场消防安全管理制度

必须有严格的制度约束才能保证各项消防安全工作的落实。各商场应结合本单位实际，制定适合本单位的各项规章制度。

消防安全管理制度应当做到内容、程序详细，科学性、可操作性强。商场常用的消防安全管理制度包括：

1）防火检查、值班制度，包括防火巡查制度、月（季、年）度防火检查制度等。

2）动用明火消防安全管理制度。

3）用电、用油、用气消防安全管理制度。

4）危险品消防安全管理制度。

5）改建、装修施工消防安全管理制度。

6）出承租摊位消防安全管理制度。

7）消防设施检查、维修、保养制度。

8）消防安全宣传、培训制度。

9）消防安全管理奖惩制度。

五、商场消防安全教育

1）经常进行消防法制教育，普及消防知识，积极推广和交流消防经验，采用广播、黑板报、消防知识竞赛及灭火演练等各种形式进行消防宣传教育活动，提高全体员工的消防安全意识及自防、自救能力。

2）新进单位的员工，必须经过消防安全培训，并经考试合格后方能上岗。

3）凡从事有可能引起火灾危险的特殊工种人员，须经消防监督等部门进行专业培训，取得有关证件后方可上岗。

4）防火负责人有消防安全教育的责任，应把对员工的消防教育纳入日常工作计划中，不断加强和保持员工的消防安全意识和技能。

5）安全部每季度组织一次保安人员和志愿消防队员消防业务培训，每月组织对重点部门、部位、工种的员工考核和安全教育。

6）结合消防日（11 月 9 日）等活动，举行一次商场消防演习和消防知识竞赛，并对消防安全先进集体和个人进行表彰奖励。

第三节　公共娱乐场所消防安全管理

公共娱乐场所是指具有文化娱乐、健身休闲功能并向公众开放的室内场所。包括影剧院、录像厅、礼堂等演出、放映场所，舞厅、卡拉 OK 厅等歌舞娱乐场所，具有娱乐功能的夜总会、音乐茶座和餐饮场所，游艺、游乐场所，保龄球馆、旱冰场、桑拿等娱乐、健身、休闲场所和互联网上网服务营业场所。

【案例】 2008 年 9 月 20 日，广东省深圳市龙岗区龙岗街道龙东社区三和旧货市场大厦三楼舞王俱乐部发生火灾。22 时 49 分，龙岗区公安分局 110 指挥中心接警出动，23 时 25 分将火势扑灭。火灾事故共造成 44 人死亡，64 人受伤。这起火灾是因该俱乐部演员在舞台使用自制烟花道具枪时，引燃顶棚上的聚氨酯泡沫塑料（俗称隔音棉）等易燃有毒材料引起的。

一、公共娱乐场所的火灾危险性

公共娱乐场所普遍具有人员密集，流动量大；人员层次复杂；可燃装修、装饰材料多；用电设备多，功率大；电气线路复杂等特点。特别是卡拉 OK 厅、夜总会、舞厅、影剧院等，这些场所人员密集，灯光暗淡，一旦起火，容易引起混乱，极易造成群死群伤的恶性火灾事故。

（一）室内装饰、装修使用大量可燃材料

大多数公共娱乐场所都非常讲究装潢，采用大量的木材、塑料、纤维织品等可燃材料作各种装饰，如有些电影院、礼堂等演出、放映场所的屋顶建筑构件采用木质构件或钢构件，舞台幕布、木地板、道具、布景等可燃物集中，室内采用大量易燃材料装修；歌舞厅、夜总会、洗浴中心等为了讲究豪华气派采用三合板或麻纸板做夹墙，吊顶采用木质龙骨，其墙布、窗帘、地毯等采用可燃装修材料，且绝大多数未进行阻燃处理。火灾荷载大幅度增加，增大了发生火灾的概率和危害。

（二）用电设备多，起火源多，不易控制

公共娱乐场所一般采用多种照明和各类音响设备，且数量多、功率大，如果使用不当，很容易造成局部过载、短路等而引起火灾。有的灯具表面温度很高，如碘钨灯的石英灯管表面温度可达500～700℃，若与幕布、布景等可燃物质接近极易引起火灾。公共娱乐场所由于用电设备多，连接的电气线路也多，大多数影剧院、礼堂等观众厅的闷顶内和舞台电气线路纵横交错，倘若安装、使用不当，很容易引发火灾。公共娱乐场所在营业时往往还需要使用各类明火或热源，如果管理不当也会造成火灾。

（三）人员集中，疏散困难，易造成人员重大伤亡

人员聚集的公共娱乐场所，一旦发生火灾，人员疏散是非常困难的。即使是小的火灾事故，也会导致人们惊慌失措，争先逃生，互相拥挤，不能及时疏散而造成重大伤亡事故。舞厅、卡拉OK厅等娱乐场所，不同于影剧院，顾客随意性比较大，有时人员相对集中，密度很高，加上灯光暗淡，一旦起火，人员拥挤、秩序混乱，如果疏散通道不畅，极易造成大量人员伤亡。烟气毒性研究表明，在火灾三种主要致死因素中，最重要的是气体毒性，其次是热作用，最后是缺氧窒息作用。

（四）安全疏散、消防设施等方面不能满足规范要求

许多公共娱乐场在安全疏散、防排烟设施、自动消防设施等方面不符合国家现行《建筑设计防火规范》（GB 50016—2006）中的有关要求。

（五）消防管理不到位

场所投入使用后由于管理不到位，场所内从业人员消防安全知识缺乏等原因造成以下几个方面的隐患：

1）经营者只顾经济利益，对消防设施的维护管理不到位，致使先进的火灾报警、灭火设施经常因为维护不当，或常年失修、部件老化而无法正常使用。

2）没有严格建立逐级防火责任制和岗位防火责任制，没有建立完善的消防档案。疏于对火灾隐患的自查自纠，使本单位始终处于被动防火的不利局面。

3）在公共娱乐场所工作的服务人员大多没有经过系统的消防培训，缺乏必要的消防知识，有的甚至不会使用消火栓、灭火器等常用的灭火设备。

4）没有针对单位自身的经营性质和建筑结构特点制定行之有效的灭火及人员疏散预案，并组织员工进行演练；员工对疏散路线不熟悉，不懂得疏散的基本知识。

5）用火、用电管理不力。吸烟人多，吸烟时不慎或烟头处理不当，随意增加用电设施，增大负荷，临时线路乱搭乱接等均极易引起火灾。

（六）发生火灾蔓延快，扑救困难

公共娱乐场所的歌舞厅、影剧院、礼堂等发生火灾，由于建筑跨度大，空间高，空气流通，火势发展迅猛，极易造成房屋倒塌，往往给扑救带来很大困难。

二、公共娱乐场所的基本防火要求

（一）公共娱乐场所的设置要求

歌舞厅、录像厅、夜总会、放映厅、卡拉 OK 厅（含具有卡拉 OK 功能的餐厅）、游艺厅（含电子游艺厅）、桑拿浴室（除洗浴部分外）、网吧等歌舞娱乐放映游艺场所（以下简称歌舞娱乐放映游艺场所），宜设置在一、二级耐火等级建筑物内的首层、二层或三层的靠外墙部位，不宜布置在袋形走道的两侧或尽端。当必须布置在袋形走道的两侧或尽端时，最远房间的疏散门至最近安全出口的距离不应大于9m。

（二）公共娱乐场所的安全疏散

1）安全出口应分散布置。

2）设置有歌舞、娱乐、放映、游艺场所且建筑层数超过 2 层的建筑的室内疏散楼梯应采用封闭楼梯间（包括首层扩大封闭楼梯间）或室外疏散楼梯。

3）自动扶梯和电梯不应作为安全疏散设施。

4）建筑中各房间疏散门的数量不应少于两个。歌舞、娱乐、放映、游艺场所内建筑面积小于或等于 $50m^2$ 的房间可设置一个。

5）人员密集的公共场所、观众厅的疏散门不应设置门槛。

6）歌舞、娱乐、放映、游艺场所建筑不宜在窗口、阳台等部位设置金属栅栏，当必须设置时，应有从内部易于开启的装置。窗口、阳台等部位宜设置辅助疏散逃生设施。

7）疏散走道应设置消防应急照明灯具，消防应急照明灯具宜设置在墙面的上部、顶棚上或出口的顶部。

8）应沿疏散走道和在安全出口、人员密集场所的疏散门的正上方设置灯光疏散指示标志。

（三）其他防火要求

1）公共娱乐场所的房产所有者在与其他单位、个人发生租赁、承包等关系后，公共娱乐场所的消防安全由经营者负责。

2）公共娱乐场所在营业时，必须确保安全出口和疏散通道畅通无阻，严禁将安全出口上锁、阻塞。

3）公共娱乐场所在营业时不得超过额定的人数。

4）公共娱乐场所必须加强电气防火安全管理，及时消除火灾隐患，不得超负荷用电，不得擅自拉接临时电线。

5）严禁在公共娱乐场所营业时进行设备检修、电气焊、油漆粉刷等施工、维修作业。

6）公共娱乐场所内严禁带入和存放易燃易爆物品；严禁燃放烟花爆竹。

7）公共娱乐场所应当按照规定配备灭火器材，设置报警电话，定期维护保养，保证消防设施、设备完好有效。

8）公共娱乐场所应当在营业期间和营业结束后，指定专人进行安全巡视检查。特别要注意有无遗留烟头等火种，确认安全后，切断电源。

9）公共娱乐场所全体员工都应当熟知必要的消防安全知识，会报火警，会使用灭火器材，会组织人员疏散。新职工上岗前必须进行消防安全培训。

10）卡拉 OK 厅及其包房内，应当设置声音或图像警报，保证在火灾发生初期，将各卡拉 OK 房间的画面、音响消除，播送火灾警报，引导人员安全疏散。

三、公共娱乐场所消防安全管理组织

公共娱乐场所法定代表人是本单位的消防安全责任人，对本单位的消防安全工作负责。从法定代表人至中层负责人到基层员工应该制定一套层次分明、分工明确的消防安全管理组织和逐级消防安全责任制度，才能保证各项消防工作有人抓、有人管。公共娱乐场所消防安全管理组织结构示例如图 9-3 所示。

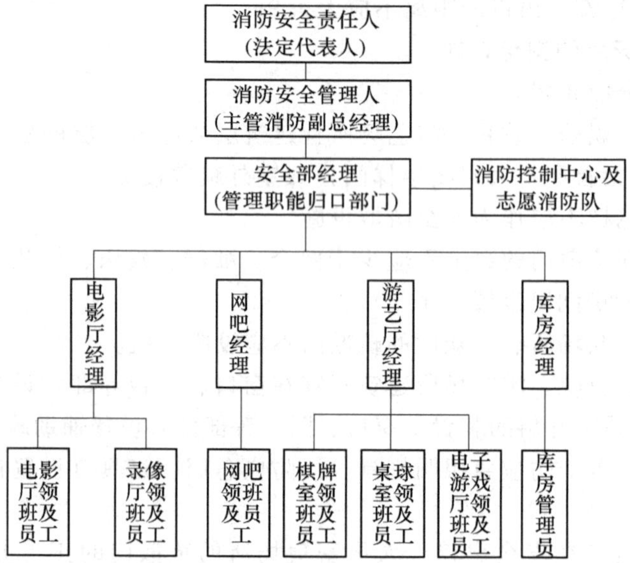

图 9-3　公共娱乐场所消防安全管理组织结构示例

四、公共娱乐场所消防安全管理制度

必须有严格的制度约束才能保证各项消防安全工作的落实。各公共娱乐场所应结合本单位实际，制定适合本单位的各项规章制度。

消防安全管理制度应当做到内容、程序详细，科学性、可操作性强。公共娱乐场所常用的消防安全管理制度包括：

1）防火检查、值班制度，包括防火巡查制度、月（季、年）度防火检查制度等。

2）动用明火消防安全管理制度。

3）用电、用油、用气消防安全管理制度。

4）危险品消防安全管理制度。

5）改建、装修施工消防安全管理制度。

6）出承租消防安全管理制度。

7）消防设施检查、维修、保养制度。

8）消防安全宣传、培训制度。

9）消防安全管理奖惩制度。

五、公共娱乐场所消防安全教育

1）经常进行消防法制教育，普及消防知识，积极推广和交流消防经验，采用广播、黑板报、消防知识竞赛及灭火演练等各种形式进行消防宣传教育活动，提高全体员工的防火意识及自防、自救能力。

2）新进单位的员工，必须经过消防安全培训，并经考试合格后方能上岗。

3）凡从事有可能引起火灾危险的特殊工种人员，须经消防监督等部门进行专业培训，取得有关证件后方可上岗。

4）防火负责人有消防安全教育的责任，应把对员工的消防教育纳入日常工作计划中，不断加强和保持员工的消防安全意识和技能。

5）安全部每季度组织一次保安人员和志愿消防队员消防业务培训，每月组织对重点部门、部位、工种的员工考核和安全教育。

6）结合消防日（11 月 9 日）等活动，举行一次娱乐中心消防演习和消防知识竞赛，并对消防安全先进集体和个人进行表彰奖励。

第四节　学校消防安全管理

学校是人员密集的场所，因人为因素、客观因素而引发火灾的可能性很大，且一旦发生火灾，往往会造成大量的人员伤亡。

【案例】 2001 年 3 月 26 日早 6 时 48 分，非洲国家肯尼亚首都一所公立学校的学生宿舍发生特大火灾，58 名男学童葬身火海，28 人被烧成重伤。

2001 年 5 月 16 日晚，韩国光州的一个私立寄宿学校发生大火，8 名即将参加高考的学生被烧死，25 人被烧伤。

2001 年 6 月 5 日，江西广播电视艺术幼儿园发生火灾，13 名 3～4 岁的幼儿在火灾中丧生。

2002 年 6 月 9 日晚，云南省寻甸回族彝族自治县羊街镇三元庄小学发生火灾，火灾中住校的 8 名男生全部被烧死。

2003 年 11 月 24 日凌晨，俄罗斯莫斯科人民友谊大学学生宿舍发生火灾，死亡 37 人，受伤人数近 200 人，其中我国留学生有 7 人罹难、6 人失踪、43 人受伤。

2004 年 7 月 17 日，印度南部一所私立贵族中学发生特大火灾，造成至少 84 名学生死亡，22 人受伤。

一、学校的火灾危险性

由于近年来学校规模不断扩大，师生人数迅速增多，建筑功能日趋复杂，除教室、实验室、宿舍、食堂外，还有图书馆、档案室、语音室、电子计算机中心以及仓库、商店等。这些设施的增加，毫无疑问提高了教学质量，但是也带来了消防安全方面的问题，增大了学校的火灾危险性，这主要表现在以下几方面。

（一）人员密集，火灾伤亡大

大多数中、小学校在校人数均在千人以上，大中专院校多半人数过万，并且学生的增长速度远大于学校扩大规模的速度，因此，许多学校的教室、宿舍人员的容量严重超标，一旦发生火灾，极易造成群死群伤的严重后果。

（二）老式建筑多，火灾损失大

学校图书馆、档案室、实验室等重要防火部位，往往都是一些建校初期建成的老式建筑。这些建筑存在着先天不足，如建筑布局不合理、耐火等级低、电线老化严重等。一旦发生火灾，扑救难度比较大，极易造成重大火灾损失。

（三）为方便使用、管理，擅自改变建筑结构

由于学校用房的短缺，为了方便日常的使用和管理，一些学校将教学楼和宿舍楼内原有的疏散通道截断，有的为了进一步方便管理，在学生宿舍窗户和安全出口上安装铁栅栏，晚上将出口锁闭，但是学生宿舍火灾一般发生在晚间，一旦深夜发生火灾，人员疏散混乱，极易造成找不到逃生出口而酿成灾难的后果。

（四）消防器材和设施陈旧、落后，不能有效扑救火灾

由于受学校资金或者管理者思想意识的影响，很多学校的灭火器材过于陈旧，缺乏维修保养，不能起到扑救火灾的作用，一旦发生火灾势必贻误战机。

一些历史悠久的学校，消防供水设施不完备，以及日常管理不善。一旦发生火灾，在起火部位附近水源供水不足，消防车不得不到很远的地方取水，延误灭火时机，影响火灾扑救工作。同时校内许多消火栓年久失修、占用现象严重，消防水池不及时维护管理，致使火灾时无法投入使用。

教学楼、食堂，特别是学生宿舍楼内的应急灯、疏散指示标志数量不足、年久失修，一旦发生火灾起不到辅助逃生疏散的作用。

（五）诱发火灾因素多

1. 学生宿舍

（1）用电增加　随着经济的发展，许多学生配备了计算机、电视机、电风扇等电气设备，而一些老的学生宿舍楼配电设计远远不能满足现在的使用情况，学生们就不按照安全用电的有关规定，随意安接插座，拖拉电线，增加用器设备，超负荷用电现象严重。有的还在宿舍使用“热得快”、电炉子等安全危险性大的电器。这些都极易造成电线短路，引发火灾。

（2）违章用火　学生在宿舍中使有酒精灯、煤气炉、电炉等明火做饭现象越来越突出，而宿舍的可燃物较多，如果操作不当，极易引燃周围的可燃物，发生火灾。许多学生还在宿舍使用蜡烛，躺在床上看书，不慎碰倒，而引燃蚊帐、被褥等可燃物，火灾危险性非常大。

（3）吸烟引发火灾呈上升趋势　现在学生抽烟现象严重，在男同学中更是屡见不鲜。学生们在公共场所是不敢明目张胆地抽烟的，而在宿舍中，就你一支，我一支，抽完烟后就随意乱扔，而烟头的内部温度高达几百度，一旦未熄灭，而扔进废纸篓、垃圾桶等易燃物上面，很容易引起火灾。

此外，学生生活自理能力差，不注意细节也是诱发火灾的重要因素。

2. 食堂、伙房

由于学校师生员工的增加，食堂工作量不断增大，用火、用电、用油增加，势必增加火灾发生的概率。

3. 可燃物品及化学试验药品仓库

仓库防火管理是学校防火工作的薄弱环节，很多学校的仓库无专人管理，可燃物品及化学试验药品不按规定存放，仓库内电气线路老化、敷设不规范，都给火灾的发生埋下了深深的隐患。

4. 计算机房、语音室、电教室

这些场所用电量很大，电气线路复杂，并且出于实际需要，大量采用可燃材料装修，大大增加了火灾危险性。

二、学校的基本防火要求

（一）对于改、扩建工程建设严格把关，逐步改变学校原有不合理布局，完善各类消防设施

学校在改、扩建过程中要尽量改变原有的不合理布局。要加快学校内各类消防器材设施的建设，提高防灭火能力。对老式建筑应采取增设消防设施的方式来达到防火的目的，即在不破坏老式建筑的原有结构，不影响其使用功能，满足古建筑装饰效果的前提下，增设以自动喷水系统、火灾自动报警系统为主的防火装置和排烟系统，分期分批逐步整改，力求降低火灾隐患的危险程度。室外消火栓不足的，要对原有室外消火栓进行改造，加强消防水池的维护管理，对堵塞消防通道的违章建筑等违反消防法律、法规的问题，要进行全面彻底的清理。同时要加强建筑物内的灭火器的维护与保养，对超过使用年限的要及时更换，楼道应设置应急灯和醒目的安全疏散线路指示标志，安全疏散出口指示灯。

（二）加强重点部位的管理

根据以往火灾教训，学校火灾大多发生在学生宿舍、食堂以及计算机房和实验室等场所，因此，有必要进一步加强对这些场所的安全管理。

1. 学生宿舍

1）严禁在安全出口上加装铁栅栏，学生在宿舍期间不能为了方便管理而将安全出口上锁，通廊式宿舍楼内不能设置隔断影响原有疏散功能，确保一旦发生火灾，学生能够顺利逃生疏散。

2）增强宿舍管理员责任心，加强对学生宿舍用火、用电管理。学校应制定制度，加强对学生宿舍的巡查检查，及时发现宿舍内违规用火、用电的行为。

3）学生宿舍应合理配备规定数量、品种的灭火器具。另外，要对消防器材定期检查，定时维修，做到有备无患。

2. 学生食堂、厨房

食堂是学校人员最集中的场所之一，用火、用电、用气很多，食堂厨房内设有冷冻机、和面机、绞肉机、烤箱等大功率用电设备；由于雾气、水气较大，油烟积存较多，电气设备容易受潮和导致绝缘层老化，造成漏电或短路起火；厨房用火较多，油锅、油烟起火是十分常见的。因此，食堂和厨房应做好以下防火工作：

1）食堂内不得乱拉乱接临时电气线路。

2）食堂应根据设计用餐人数摆放餐桌，留出足够的通道；通道及出口必须畅通。

3）厨房内易燃气体管道、法兰接头、仪表阀门必须定期检查，防止泄漏；发现泄漏，立即关闭阀门，及时通风，并严禁明火和启动电源开关；修复后方可使用。易燃液体还应专库存放。

4）厨房内使用的绞肉机、切菜机等机械设备不得过载运行，并防止电气设备和线路受潮。

5）油炸食品时，锅内的油不要超过2/3，以防油溢出遇明火燃烧。

6）工作结束后，操作人员应及时关闭厨房的所有阀门，切断电源、气源和火源后方可离开。

7）厨房内抽烟罩和烟道都要定期清洗。

8）厨房内除配置常用灭火器外，还应配置石棉毯，以便扑灭油锅起火。

3. 计算机房和电教室

计算机房和电教室根据使用要求，大多进行一定的内装修，增加了火灾荷载，因此，计算机房和电教室在建设过程中应严格按照规范进行设计施工，已建成的如果不符合规范要求应及时进行改造。

计算机房和电教室的另一个特点就是用电量大，电气线路复杂，所以在建设过程中必须按照规范进行配电设计，在使用过程中注意电源的管理以及用电设备的定期检查。

4. 实验室

实验室是学校必不可少的基础设施，而实验室工作由于所用材料、试验条件的复杂，常易发生火灾爆炸事故，造成无法弥补的损失。因此，做好实验室防火是科学研究的基础保障工作之一。而在各类实验室中，尤以化学实验室中的易燃易爆化学物品量大、类多。有些物品能自燃，有些物品化学性质相抵触，不安全因素多，火灾危险性也最大。在试验操作过程中，常需进行蒸馏、回流、萃取、电解等火灾危险性较大的作业，用火用电也比较多，一旦操作失误，很容易造成火灾。特别是学校的实验室在做试验时，由于学生对试验要领掌握得不够，操作不熟练，甚至出现误操作，往往会造成事故。因此学校的实验室必须做好以下防火措施：

1）化学实验室应为一、二级耐火等级的建筑。化学实验室内有易燃易爆液体蒸气和可燃气体散逸时，其使用的各种电气设备包括照明灯具、通风设备等应选用防爆隔爆安全型产品，配电线路和各种接线应符合防爆要求。在试验过程中，利用可燃气体作燃料时，其设备的安装和使用都应符合防爆安全的有关规定，对可燃气体贮罐、减压装置、配气或分流装置等要定期检查，确保安全。

2）化学实验室的建筑面积在$30m^2$以上时，应设有两个安全出口，安全疏散门应向疏散方向开启，不得设置门槛。

3）在化学试验过程中，试验性质不明或未知的物料，应先做小试验，从最小量开始，同时采取安全措施，做好灭火防爆准备；在试验台的范围内，不应放置任何与试验工作无关的化学物品，尤其是不应放置盛有浓酸或易燃易爆物品的容器。

4）实验室内做试验剩余的或常用的小量易燃易爆化学危险物品，总量不超过5kg时，应由专人保管，放置在金属柜中；超过5kg时，不得在实验室内存放；有毒的物品要集中存放或指定专人保管。往容器内灌装较大数量的易燃、可燃液体时，要采取防静电措施。实验室所用的各种气源或气体钢瓶要远离火源，放置在室外阴凉和空气流通的地方，用管道通入室内；氢气、氧气和乙炔不能混放在一处。

5）化学实验室内禁止使用没有绝缘隔热基座的电热仪器；在日光照射的房间必须备有窗帘，在日光照射到的地方不应放置遇热易蒸发的物品。

6）实验室内为试验而临时拉用的电气线路应符合安全要求，电加热器、电烤箱等设备应做到人走电断，电冰箱内禁止存放相互抵触的物品和低闪点的易燃液体。

7）实验室内要建立健全蒸馏、回流、萃取、电解等各种化学试验的安全操作规程和化学物品保管使用规则，严格遵守，防止因急于求成或思想麻痹而不按操作规程进行操作，或违反化学物品保管使用规则，引起燃烧或爆炸。实验室内有关人员要懂得和掌握基本灭火方法，实验室内应配备适用的轻便灭火器材，做好灭火准备工作。

三、学校消防安全管理组织

从学校的校长至中层负责人到基层教职员工应该制定一套层次分明、分工明确的消防安全管理组织和逐级消防安全责任制度，才能保证各项消防工作有人抓、有人管。学校消防安全组织结构示例如图 9-4 所示。

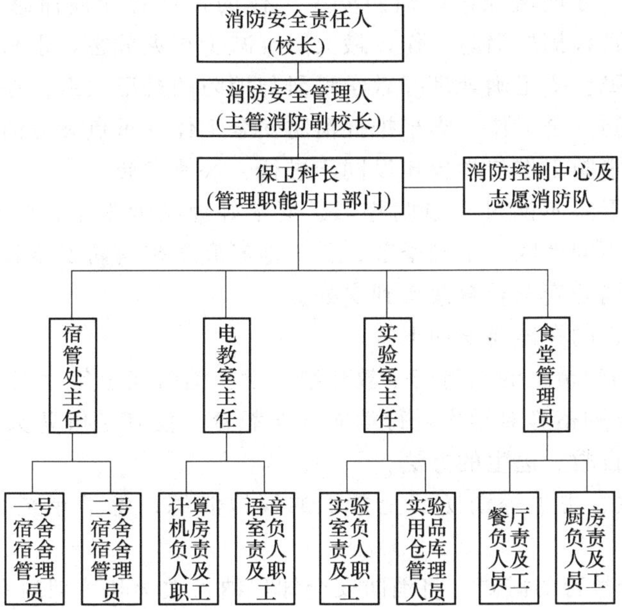

图 9-4　学校消防安全管理组织结构示例

四、学校消防安全管理制度

必须有严格的制度约束才能保证各项消防安全工作的落实。各学校应结合本单位实际，制定适合本单位的各项规章制度。

消防安全管理制度应当做到内容、程序详细，科学性、可操作性强。学校常用的消防安全管理制度包括：

1）防火检查、值班制度，包括防火巡查制度、月（季、年）度防火检查制度等。

2）动用明火消防安全管理制度。

3）用电、用油、用气消防安全管理制度。

4）危险品消防安全管理制度。

5）改建、装修施工消防安全管理制度。

6）学生宿舍消防安全管理制度。

7）实验室消防安全管理制度。

8）消防设施检查、维修、保养制度。

9）消防安全宣传、培训制度。

10）消防安全管理奖惩制度。

五、学校消防安全教育

对于学校的消防安全教育包括两方面，一方面是对学校管理者；另一方面是对广大学生。

对于学校管理者的教育可以使他们深刻认识到学校的消防安全工作面临的严峻形势，看到消防安全方面存在的突出问题，从而明白抓消防工作就是保学校稳定，抓消防工作就是促教学科研，只有这样，才能增强做好消防安全工作的责任感和使命感，才能更好地落实责任，履行职责，千方百计搞好消防工作，最大限度减少火灾危害；也只有这样，其他各项工作才能得到有力的保障。要正确处理好教学科研与消防的辩证关系，在重视教学与科研工作的同时，始终不忘消防安全工作，牢牢把握消防安全工作的重点和方向，研究解决消防工作中的具体问题，推动消防工作与学校建设同步进行，快速发展。

对于学生的教育形式不能过于单调陈旧，要很好地贴近学生、贴近实际，具有创新精神。学校领导要根据不同地区、不同季节，科学地研究学校消防安全教育的内容和形式，创造性地开展工作，把消防安全教育落实到实处。

学校消防安全教育的具体要求如下：

1）学校应当将师生员工的消防安全教育纳入学校消防安全年度工作计划。

2）学校要采取下列措施对学生进行消防安全教育，使其了解防火、灭火知识，掌握报警、扑救初起火灾和自救、逃生的方法：

① 开展学生自救、逃生等消防安全常识的模拟演练，每学年至少组织一次学生消防演练。

② 根据消防安全教育的需要，将消防安全知识纳入教学和培训内容。

③ 对每届新生进行不低于4学时的消防安全教育。

④ 对进入实验室的学生进行必要的安全技能和操作规程培训。

⑤ 每学年至少举办一次消防安全专题讲座，并在校园网络、广播、校内报刊、宣传橱窗开设消防安全教育栏目。

⑥ 编写学生防火须知和学生逃生自救方法等通俗易懂的小册子，发给学生阅读学习。

3）学校二级单位应当组织新上岗和进入新岗位的员工进行上岗前的消防安全培训；消防安全重点单位（部位）对员工每年至少进行一次消防安全培训。

4）下列人员要依法接受消防安全培训：

① 学校及二级单位的消防安全责任人、消防安全管理人。

② 专职消防管理人员、学生宿舍管理人员。

③ 消防控制室的值班、操作人员。

第五节 社区消防安全管理

加强社区消防建设，积极推进社区消防工作，努力预防和控制火灾事故的发生，保障人民群众生命财产的安全，既是各级人民政府、基层组织以及有关职能部门和单位应当承担的职责，也是新形势下消防工作坚持群众路线，推动消防工作社会化进程的有效途径和措施。

【案例】 2009年1月31日23时56分，拉丁酒吧因顾客燃放烟花引燃顶棚处的吸音棉引发火灾。该酒吧位于福建省福州市长乐市郑和小区两座6层居民住宅楼之间的两层连接体的首层。2月1日0时0分，长乐市公安消防大队接警出动，火灾于0时20分被扑灭，1时45分左右，火场清理完毕。这起火灾过火面积约30m^2，直接财产损失人民币109702元，22人受伤，15人死亡。

2010年11月15日14时15分23秒，上海市静安区胶州路728号正在进行节能综合改造的高层公寓大楼发生火灾，火势于15时22分被控制，18时30分基本扑灭。火灾事故造成58人死亡、71人受伤。

一、社区居民火灾成因分析

社区居民火灾的原因主要包括以下几个方面：

（一）消防安全常识匮乏，防火意识差，是引发居民火灾的根源

随着生活水平的不断提高，现代家庭越来越讲究装修、装潢，但由于消防安全意识差，采用大量的易燃可燃材料，并未经防火阻燃处理，埋下了先天性火灾隐患。同时，许多人缺乏消防安全意识，缺乏基本的消防安全常识。一旦遇到火灾，甚至不会拨打电话119，更不会使用灭火器扑救初起火灾，也不懂简单的火场逃生知识，致使许多本该消灭在萌芽状态的小火酿成大灾。

（二）用电不慎，是引发居民火灾的头号杀手

从公安部历年统计资料分析得知，电气火灾占居民火灾总数的三成多。随着居民物质文化生活水平的逐步提高，电视机、电冰箱、空调、家庭影院、洗衣机、电饭锅、电吹风、电熨斗、微波炉等家用电器成倍地增加，一方面会使用电量急剧增加，若超过原电气线路及开关的允许最大承载能力，会造成“打火”或局部发热遇可燃物而引起火灾；另一方面由于受市场经济的负面影响，存在质量缺陷的电器、电线、阻燃管等电气产品充斥市场，很多居民贪小便宜安装了这些电器，在使用过程中，这些电器会因本身质量问题和电器通电、断电、接地保护措施不完善而发生漏电、短路等现象，使电器内部电压突然升高、电流突然增大而导致燃烧或爆炸。另外，电线长期受热、受潮而失去绝缘能力，年久失修绝缘层老化或破损，并且乱接乱拉，致使电线短路而引发的火灾也时有发生。一些家庭在使用电器时，只习惯性地将电器机身开关关掉，并不将电线插头从电源插座拔出，致使电器仍处于局部通电状态，长期蓄热引起电器故障而发生起火或爆炸。电冰箱、空调、照明灯具等靠近窗帘、沙发等可燃物，利用电热取暖器具烘烤衣物或镇流器直接放在可燃物上，也容易引发火灾。在使用电熨斗等电器时，因突然停电而忘记拔下电源，一旦来电很容易引起火灾。

（三）生活用火不慎，是引发居民火灾的又一重量级杀手

在日常生活中，人们几乎天天都要与火打交道。如烧饭、做菜、照明、取暖、吸烟、驱蚊、奠祭等，这就是人们统称的生活用火。在用火过程中稍有不慎，就会引发火灾。其中最值得注意和吸取经验教训的有三个方面：一是炊事用火引发的火灾。烧饭、烧菜或烧开水时，要有人看管。有些居民由于一时疏忽大意，而导致被烧食物煮干引起火灾；烹调菜肴、熬油或油炸食品都要使用热油，热油是容易燃烧的物质，如果一旦离开，导致油锅加热时间过长，当温度超过油的自燃点时，即起火燃烧；很多饭店或是居民住宅烟道内淤积了大量油垢，这些油垢遇火即燃，在做饭过程中很容易引发火灾。二是居民在使用液化石油气罐、管道煤气和管道天然气时，由于炉具炉灶设置、使用不当，缺乏定期检查、维修和保养，以及缺乏防火安全意识和消防基本常识而引发火灾；部分居民缺乏炉火安全使用常识，也造成了火灾的发生。主要表现在炉子安装位置不当，靠近可燃物；烟囱贴近门窗等可燃物；或者液化气与炉火同处一室；炉火灰炭处置不当，在炉火上烤衣物无人看管等，这些都是造成火灾的重要因素。三是吸烟是引发居民火灾的重要杀手。有些人喜欢躺在床上、沙发上吸烟，特别是饮酒之后，往往是未吸完，人已入睡。结果烟头在被褥、沙发等可燃物上阴燃一段时间后，便会起火燃烧。或有的人吸烟后未将烟头熄灭就随手乱扔，如果扔在可燃物上，经过相当长一段时间的阴燃就会起火。另外，停电时将点燃的蜡烛放在可燃物上，小孩玩火、祭祀时烧纸钱、春节等节日期间燃放烟花爆竹，引燃可燃物而引起火灾。

（四）存放、使用易燃易爆危险物品不妥，是引发居民火灾的重要原因

在日常生活中，人们时常会与一些危险物品接触。如摩托车、助动车的汽油；打火机；废弃电池；消毒酒精；气罐杀虫剂；胶水、油漆；香蕉水等稀释剂；指甲油；喷发胶；空气清洁剂；赛璐珞制品；氢气球；医用氧气；烟花爆竹等，都属易燃、易爆危险物品，或者是含有易燃、易爆危险物品。上述物品在使用中，如果不按其特性正确存放、使用，极易发生中毒、窒息、火灾、爆炸等事故。

二、社区消防工作

（一）物业服务企业按要求履行消防安全职责

居民住宅区的物业服务企业应当在管理范围内履行下列消防安全职责：

1）制定消防安全制度，落实消防安全责任，开展消防安全宣传教育。

2）开展防火检查，消除火灾隐患。

3）保障疏散通道、安全出口、消防车通道畅通。

4）保障公共消防设施、器材以及消防安全标志完好有效。

其他物业服务企业应当对受委托管理范围内的公共消防安全管理工作负责。

加强社区消防安全基础设施建设，要依托每个治安亭设置消防站，安装报警电话，设置消防器材箱，配备灭火器、消防水带、消防水枪、消防斧、救生绳、应急照明等工具，随时接受居民群众的求助。按照业务精、作风正、热心消防工作的要求，多渠道、多形式地建立社区志愿者消防队，培养消防专业工作者，负责对辖区公共消防设施、居民楼内消防设施的检查和维护，向居民家庭发放消防宣传材料，开展消防安全宣传和教育、防火检查及初起火灾的扑救。

（二）居民委员会按要求履行消防安全职责

《消防法》第32条规定，居民委员会应当确定消防安全管理人，组织制定防火安全公约，进行防火安全检查，开展群众性的消防工作。

消防安全管理人组织实施本社区的消防安全管理工作。“防火安全公约”是人民群众基于共同的利益和愿望，规定共同遵守的消防安全行为规范，是居民在消防安全工作中进行自我管理、自我教育、自我约束的一种有效方式，主要内容一般有：遵守消防的法律、法规、规章；掌握防火、灭火基本知识；管好生活用火；安全使用家用电器；教育儿童不玩火；防止吸烟酿成火灾等。防火安全检查是贯彻“预防为主、防消结合”方针的具体体现，是了解消防管理情况和安全状况、发现和消除火灾隐患、预防火灾发生的重要控制手段之一，也是发动群众，增强消防安全意识，推动消防工作的有效形式。居民委员会进行的防火安全检查属于群众性的自我管理形式。群众性的消防工作就是通过宣传、教育、动员、组织居民群众积极开展消防安全工作，使广大公民增强消防法制观念，严格遵守消防法律、法规，提高群众的自防自救能力，以创造良好的消防安全环境。提高群众的自防自救能力，就是使居民学习、掌握基本的防火灭火知识和技能，平时能注意防火，改善防火条件，落实防火措施，防患于未然，一旦发生火灾会报警、会扑救初起火灾、会疏散自救。以上工作持之以恒地抓好了，居民住宅区的消防安全管理会有很大的改善。

（三）街道办事处要加强对居委会消防工作的指导和监督

街道办事处要切实担负起对辖区消防工作的组织领导、综合协调、监督检查，通过成立社区消防安全委员会、消防工作联席会议、社区代表议事会等方式，形成以街道党（工）委、办事处为主导，以居委会为依托，驻区单位、行业部门、群众代表共同参与的社区消防工作协调运行机制，明确职责范围，定期召开消防工作会议，研究部署消防工作任务。主要是从政策上、法律上和业务工作的角度对社区居委会的消防安全工作提出原则性的意见和建议，在指导的同时，支持和帮助居民委员会开展群众性消防工作。街道办事处的这一职责在《消防法》第 32 条中作出了规定。

（四）公安派出所对居委会、物业服务企业履行消防安全职责的情况进行监督检查

公安派出所要对居委会、物业服务企业履行消防安全职责的情况进行监督检查。每个社区都设置警务办公室，设立社区民警。这对派出所加强对居委会、物业服务企业履行消防安全职责的情况进行监督检查提供了便利条件。派出所要在掌握居委会、物业服务企业法定消防安全职责，掌握高层居民楼消防安全要求的基础上，通过调查研究，发现问题，查找居委会、物业服务企业在履行消防安全职责上的失误和偏差，及时督促、指导其纠正，同时，综合社区消防安全管理的普遍和突出问题，向街道办事处汇报，多途径地指导、督促、帮助解决问题。对于违反消防法规行为应当予以处罚的，依法实施处罚，处罚结果在居民区内公布，宣传和警示公众遵守消防法规，维护消防安全。

（五）相互配合，形成社区消防共建合力

驻社区各类企事业单位要树立驻区意识，支持、配合所在社区的消防建设，充分利用现有资源来解决社区建设资金、设施、器材不足等问题；街道办事处、居委会要主动了解驻区单位的消防安全需求，找准双方利益的共同点，创造条件，努力达到社区消防资源共享；各单位都要把加强社区消防宣传教育当成一项重要工作来抓，积极组织开展丰富多彩、寓教于乐的消防文体娱乐活动，每个社区要在人员集中或休闲场所建立消防宣传栏，有条件的要建立消防宣传室、消防画廊、消防公益广告箱，要针对不同季节、不同群体的特点开展多种形式的宣传教育活动，适时宣传推广社区消防工作的新经验、新事物，让群众耳濡目染，警钟长鸣，全社会形成良好的消防安全氛围，使群众自我保护意识和社会监督能力明显增强；把社区消防警务工作融入社区建设之中，每个社区都要实行责任区民警包片负责制，明确责任区民警的消防监督管理职责，实行重心下移。切实发挥公安机关的监督作用，确保消防宣传、安全防范、防火巡查、火灾扑救等各项消防安全措施落实到社区的每个角落。在必要的情况下，进行综合治理，如消防设施被盗、开发较早的住宅小区消防车通道问题等。

三、社区消防建设

社区的管理要按照“以人为本、居民自治”的原则，以建立“政府引导、社会支撑、群众参与”的社区消防工作新格局，基本达到“组织网络健全、管理机制合理、硬件设施配套、防范意识增强”的要求，有效提升社区抗御火灾的能力，为群众安居乐业提供有力的消防安全保证。

建立规范的城市社区应做到以下几点：

（一）组织建设落实到位

社区消防组织包括领导机构和消防队伍建设。社区居委会成立消防安全委员会，由居委会、小区物业服务企业、社区民警、治安联防队、辖区单位和居民代表参加，切实担负起对辖区消防工作的组织领导、综合协调和监督检查。社区消防安全委员会明确职责范围，定期召开消防工作会议，研究部署消防工作，统一领导、协调和组织开展社区消防工作；确定社区居委会主任为消防安全责任人，确定1名副职为消防安全管理人，对本社区的消防工作负责，配备2名以上专职（兼职）消防管理人员，负责协调和组织开展社区消防工作。社区消防安全委员会下设消防办公室，与社区警务室合署办公，配有必要的办公用具。社区成立志愿消防队，并设置消防备勤室。（有条件的社区依托现有保安、联防等队伍，把社区消防与社区警务、治安、联防等工作相结合。没有专职保安人员的旧社区，采取自愿和积极动员参与的方法组建志愿消防队伍。）定期开展消防安全知识培训，开展消防安全检查，消除火灾隐患，扑救初起火灾；聘请公安消防监督人员作为社区消防助理员，指导社区消防业务工作开展，提供消防法律援助。社区居委会要充分发挥自治作用，并通过层层签订消防安全责任书等形式，建立和落实社区消防安全责任制，形成以社区居委会为依托，社区单位、行业部门、广大群众共同参与的社区消防工作运行机制。

（二）消防工作制度落实到位

主要是加强社区消防的制度建设，明确社区消防安全委员会、消防办公室、警务室等机构及社区消防安全责任人、社区消防安全管理人等各类人员的消防安全职责；建立和落实社区的消防安全责任制、工作例会、宣传教育、防火巡查检查与火灾隐患整改、消防设施管理、火灾扑救等制度，规范社区消防管理。社区消防安全委员会组织召集不少于一次的年度社区消防工作会议；社区每年与驻区单位、物业公司和居民住户签订消防安全责任书，推动社区消防安全责任制的落实。通过制度建设，形成以街道办事处为主导，以居委会为依托，社区单位、行业部门、广大群众共同参与的社区消防工作运行机制。

（三）消防安全检查到位

社区每月组织开展一次消防安全检查，检查维护辖区公共消防设施和居民楼内的消防设施，对居民家庭使用电热器具、液化气炉灶等进行消防安全检查和提示，为特护家庭和人员提供消防安全服务，及时清理整治居民楼道可燃物的堆放，疏通消防车通道，纠正违反消防法律法规的行为，督促消除火灾隐患，在防火检查时发现的不能处理的问题及较大火灾隐患，要及时上报公安机关消防机构，依法彻底消除火灾隐患，创造良好的社区消防安全环境，确保消防安全。志愿消防员和保安坚持每日防火巡查，及时纠正消防违法违章和督促整改火灾隐患。辖区消防大队（科）、派出所在指导街道办事处、社区居委会做好辖区消防工作的同时，还依托社区警务室，加强对社区消防工作的检查和指导。

（四）经费保障落实到位

社区消防基础设施建设按照“因地制宜、量力而行、尽力而为”的原则，采取“政府出一点，街道补一点，社会筹集一点”的办法，在社区内设立消防备勤室，设置消防器材箱，配备必要的消防器材。同时，依托社区物业服务企业、治安岗亭、门卫室等单位、场所，设置报警电话、社区消防违章举报电话和消防器材箱，配备必要的灭火器、消防水带、消防水枪、消防斧、救生绳、应急灯等消防器材，随时接受群众的救助。社区还应组织开展“让灭火器走进家庭”活动，让有条件的家庭都配备灭火器。

（五）消防安全档案管理到位

社区消防办公室建立社区消防基本情况、社区特护人员及家庭基本情况，社区单位一览表，社区消防民警、社区消防助理员、志愿消防宣传讲解员基本情况登记表，志愿消防队员基本情况登记表，志愿消防巡查员基本情况登记表、火灾情况登记表、消防设施器材登记表、消防安全宣传教育情况登记表、防火巡（检）查记录、火灾隐患整改记录、消防会议和活动记录等有关档案资料，及时记录整理，分类存放，确保社区消防工作底数清、情况明。

四、社区消防安全管理制度

必须有严格的制度约束才能保证各项消防安全工作的落实。社区应结合实际，制定适合本社区的各项规章制度。

消防安全管理制度应当做到内容、程序详细，科学性、可操作性强。社区常用的消防安全管理制度包括社区消防安全委员会工作制度，社区消防站工作制度，社区消防安全委员会例会制度，社区防火检查制度，社区防火巡查制度，社区消防安全警示制度，火灾隐患督促整改制度，社区消防安全宣传教育制度，社区特殊群体消防安全保障制度，社区公共消防设施、器材管理制度，居民防火公约等。

五、社区消防安全教育

社区以街道文化站、社区服务活动室、社区广场等现有文化活动设施为载体，通过居民群众喜闻乐见、贴近生活和切合实际的方式开展消防安全宣传教育活动。在图书室、老年活动室、社区报刊中增加消防方面的内容；设置消防安全宣传教育室，提供各种消防法规、书籍和画册供群众阅读，定期播放消防安全 VCD 宣传片；在人员集中或休闲场所设置消防安全宣传栏、消防公益广告牌、消防画廊等；采用图片、文字、实物、现场演示相结合等形式，宣传消防法律法规，普及防火、灭火和自救逃生知识，使社区居民耳濡目染，警钟长鸣，逐步提高消防安全意识和知识水平，并形成自我宣传、自我发动的良好消防安全氛围。要在单位和居民住宅楼出入口设置警示牌和《居民防火公约》，提醒居民增强消防安全防范意识，做到消防安全宣传日常化。要组织好每年的“119”消防日宣传活动，并针对不同季节、不同群体的特点开展多种形式的宣传教育活动，做到宣传教育不留死角，向居民家庭发放消防安全宣传资料，增强群众的消防安全意识，提高群众的消防安全素质。

第六节　建筑工地消防安全管理

建筑工地是一个多工种密集型立体交叉混合作业的施工场地，尤其在工程施工的高峰期间，明火作业多，作业工种多，施工方法又各有不同，因而就出现不同的火灾隐患。

【案例】 2000年12月25日21时35分，洛阳东都商厦发生火灾，直接财产损失270万元，死亡309人。洛阳东都商厦位于洛阳市中州路与南大街交叉口，属洛阳市老城区。该商厦地上4层，地下2层。地下二层外租给十几家商户开了家具店；地下一层及地上一层不久前租给郑州市丹尼斯量贩（台资企业）开办了丹尼斯量贩洛阳东都店；二、三层属东都商厦，正在装修；四层靠墙四周隔有房间，为东都商厦和丹尼斯量贩的共同办公处，中间一空场内是“东都歌舞厅”。这起火灾是12月25日晚9时左右，王××等4名均无证上岗的电焊工，在东都商厦地下一层焊接该层与地下二层分隔铁板时，电焊熔渣溅落到地下二层的可燃物上引发了火灾。王××等人用水扑救无效后未报警，即逃离现场。大火虽然只燃烧到地上一层的延伸处，地上二层、三层并没有起火，但是浓浓的烟雾顺着楼梯迅猛涌上四层。时值圣诞之夜，前来四层歌舞厅娱乐的人很多，由于歌舞厅缺乏消防设施和逃生通道，大多数人因窒息而死。

一、建筑工地火灾成因分析

一是多数工地施工单位（特别是小单位）消防管理混乱，并且员工素质参差不齐，消防意识淡薄。建筑工程一般要经过基础、结构、安装和装修四个阶段，各工种施工人员常处于分散流动状态，尤其是在结构和设备安装两个阶段，工种交叉作业多，总承包单位若不加强施工人员的管理，统一指挥，调度生产，极易引发火灾。有部分施工单位负责人和绝大多数工人来自农村，没有受过专门培训，素质相对而言较差，注重赶进度、多赚钱，将消防安全抛于脑后，在作业时嫌麻烦，怕费事，简化工序冒险蛮干，不采取相应的消防安全措施、配备必要的消防器材，最值得注意的是一些具有火灾危险性的重点工种，如油漆工、电焊工、电工未经上岗培训，不懂基本防灭火常识，只一味蛮干，一旦发生火灾，不知所措，不顾国家财产及他人生命安全，只顾自身逃命，终酿成惨祸，洛阳东都商厦火灾就是这样造成的。

二是工地临时用火用电现象很多，但是真正懂得专业知识、防范知识，能安全用火用电的员工却很少，导致施工现场违章临时用火用电现象大量存在，形成了诸多引发火灾成因。部分工地作业时嫌麻烦，不按电气安装使用规定，私自在各线路随意破皮乱拉乱接电线，如果在混凝土养护时湿水稍不注意，就会引起电线短路；电线不固定安装而随便拖拉在地上，或用铁钉钉、钢丝捆扎固定电线，就有可能被物体碾压砸伤、铁钉和钢丝磨破而损坏绝缘，引起电线短路起火；不按要求随便搭接电线，连接点不包扎压紧或电线直接插入插座，有的甚至采用透明胶代替绝缘胶布，导致接点松动，接触电阻过大而产生火花和发热起火；不根据用电设备功率大小选择相应的电线规格和任意增加用电设备，形成电线负荷过载而发热起火；对电气线路的使用环境和使用性质不作了解，随便选取安装电线，极易导致电线损坏起火。

三是施工现场易燃、可燃材料多，到处乱堆乱放，而没有采取相应的消防措施。在施工现场到处可以看见成堆的可燃、易燃材料，有木材、模板、竹竿、刨花、油漆及稀释剂等，在有的维修工地甚至还有商品或设备，如果作业中稍不小心就易将火种遗留其中而不易发觉，在人们收工以后，就蔓延开来，发生火灾。现阶段建筑工地多为钢筋混凝土结构或钢结构，因而在整个工地中都离不开电焊、气割，现场经常火星直飞，这些溅出的高温火花及灼热物体掉在易燃、可燃材料上很容易引起火灾。

四是工地生活用火用电不慎，引起火灾。有些工地员工住在简易工棚或建筑毛坯房内，用简易热得快烧水、使用电炉子、电褥子取暖。更有甚者在屋内使用明火取暖等。

五是施工现场缺少消防水源和通道。施工现场往往只有临时水源，管径细，并且受季节变化影响，一旦到冬季结冰，不能保证消防给水。同时，施工现场常常进出材料和挖掘沟道，消防道路常处于阻、断、通的动态循环中，一旦在道路阻断时发生火灾，将妨碍灭火行动的开展。

因此，应加强工地的消防安全管理，规范各施工队伍的消防行为，避免各类火灾事故发生。

二、建筑工地基本防火要求

1）现场要有明显的消防安全宣传标志，每月对职工进行一次消防安全教育，定期组织防火检查，建立消防档案。

2）电工、电焊工从事电气设备安装和电、气焊作业，要有操作证和用火证。动火前要清除附近易燃物，配备看火人员和灭火用具。用火证当日有效。动火地点变换，要重新办理用火手续。

3）使用电气设备和易燃、易爆物品，必须严格防火措施，指定防火负责人，配备灭火器材，确保施工安全。

4）因施工需要搭设临时建筑，应符合防火要求，不得使用易燃材料。

5）施工材料的堆放、保管，应符合防火安全要求，库房应用非燃材料搭设。易燃、易爆物品，应专库储存，分类单独堆放，保持通风，用火符合防火规定。不准在工程内、库房内调配油漆、稀释易燃、易爆液体。

6）工程内不准作为仓库使用，不准存放易燃、可燃材料，因施工需要进入工程的可燃材料，要根据工程计划限量进入，采取可靠的防火措施。工程内不准住人。

7）施工现场严禁吸烟。必要时设有防火措施的吸烟室。

8）施工现场和生活区，未经安全保卫部门批准不得使用电热器具。

9）施工工程始末要坚持消防安全交底制度。特别进行电焊、气焊、油漆粉刷或从事防水等危险作业时，要有具体防火要求。

10）现场应划分用火作业区，易燃、易爆材料区，生活区，按规定保持防火间距。如果条件所限，防火间距达不到标准时，就采取相应防火措施，适当减少防火距离，这种做法要征求当地消防部门的意见。

11）现场应有车辆环形通道，禁止占用场内通道堆放材料。

12）现场应设消防水管网，配备消火栓。消火栓处要设明显标志，配齐配足消防水带，周围不准存放任何物品，要留有直达消火栓处的通道。消防泵房应设专人值班。

13）现场材料堆放的防火要求有以下三点：

① 木料堆放不宜过多，垛与垛之间要保持一定的防火距离。木材加工的废料要及时清理，以防自燃。

② 现场生石灰应单独存放，不准与易燃、可燃材料放在一起，并注意防水。

③ 易燃、易爆物品的仓库应设在地势低处，电石库应设在地势较高的干燥处。

14）现场中用易燃材料搭设工棚在使用时应遵守下列规定：

① 工棚设置处要有足够的灭火器材，设蓄水池或蓄水桶。

② 工棚不得过于集中。

③ 不准在高压线下搭设工棚。

④ 工棚内物品应摆放合理，要留有通道，合理设门窗，门窗均应向外开启。

⑤ 工棚内的灯具、电线都应采用妥善的绝缘保护，照明器表面的高温部位靠近可燃物时，应采取隔热、散热等防火保护措施。

15）施工现场不同施工阶段的防火要点如下：

① 在基础施工时，注意工地上风方向是否有火种落下的可能，注意焊接钢筋时易燃材料应及时清理。

② 在主体结构施工时，焊接量比较大，要加强人员的现场监护。特别高层施工时，电焊熔渣一落数层，如果场内易燃物多，应多设看火人员。在焊点垂直下方，尽量清理易燃物。熔渣落点要及时清理，消灭火种。电焊线接头要锁紧，焊线绝缘要良好，与脚手架或建筑物接触时要采取保护，防止漏电打火。照明和动力用胶皮线应按规定架设。

③ 在装修施工时，易燃材料较多，对所用电器及电线要严加管理，预防短路打火。在顶棚内安装管道时，应在顶棚易燃材料装上以前完成焊接作业，禁止在顶棚内焊割作业。如果因为工程特殊需要必须在易燃棚顶内从事电气焊时，应先与消防部门商定妥善的防火措施后，方可施工。在使用易燃油漆时，要注意通风，严禁明火，以防易燃气体燃烧爆炸。还应注意静电起火和工具碰撞打火。

三、建筑工地消防安全责任制及岗位职责

建筑工程总承包单位的项目经理为本建筑工程的消防安全责任人，对施工现场的消防安全工作全面负责。

（一）项目经理岗位责任

1）全面负责本工程的施工任务，对施工现场的消防安全工作全面负责。

2）认真贯彻执行《消防法》等消防法律、法规的规定，保障施工现场消防安全符合规定，及时传达上级有关消防安全工作精神。

3）落实消防安全三级岗位责任制，实行“谁主管、谁负责”原则，责任到人。

4）制订施工现场安全工作全程计划，消防安全实行目标管理，施工过程中定期表彰消防安全工作先进个人。

5）组织建立消防安全例会制度，每月至少召开一次消防安全工作会议。

6）组织消防安全检查，每月至少参加一次安全检查，落实整改经费，及时整改各种隐患和消防违法行为，确保安全。

7）按规范配置消防器材，并落实经费，专款专用。

8）组织建立消防组织，制定灭火应急疏散预案。

9）针对不同季节、不同施工阶段施工现场的特点，制订消防培训计划。

项目副经理在消防安全责任人领导下具体组织实施本建筑工程的消防安全管理工作，是本工程的消防安全管理人。

（二）项目副经理岗位责任

1）认真贯彻执行《消防法》有关规定，在消防安全责任人领导下具体组织实施本建筑工程的消防安全管理工作。

2）健全和完善三级防火安全各项规章制度和防火安全操作程序，定期检查制度落实情况，做到有章可循，违章必纠，严格管理、严格要求。

3）制定建筑工程全程的防火安全工作目标，定期研究分析防火安全工作现状，及时布置、检查各项防火安全工作，及时总结评比，表彰防火安全工作先进个人。

4）健全防火安全组织网络，落实三级防火安全岗位责任制，签约率达100%，明确三级责任人，确定志愿消防队员，定期组织学习、培训，不断提高工作责任心和业务水平，并将三级责任人、志愿消防队员名单造册备案。

5）定期开展消防安全宣传教育，不断增强职工消防安全意识和自防自救能力，建立三级消防安全教育制度，营造人人重视消防安全的氛围。

6）定期组织开展消防安全检查，对发现火灾事故、隐患要及时整改，一时无法整改的要采取积极有效措施，加强防范，确保万无一失，及时将检查情况向消防安全责任人汇报。

7）管理、保养施工现场的消防器材，全面落实消防器材定人、定点、定责的“三定”管理办法。

（三）安全员岗位责任

1）监督各项消防安全制度的落实情况，做好职工的消防安全常识、消防安全规章制度以及用电、防火的教育工作，新工人须经培训后方可上岗。

2）按照施工组织方案，落实安全技术措施，负责安全技术交底，组织安全竞赛活动。

3）坚持安全第一原则，若生产与安全矛盾，应服从安全，不违章指挥并监督工人按章作业。

4）建立消防档案，落实每日巡查，对发现的火灾隐患及消防违法行为要督促及时整改，并将整改情况及时上报。

四、建筑工地消防安全管理制度

必须有严格的制度约束才能保证各项消防安全工作的落实。各建筑工地应结合实际，制定适合本建筑工地的各项规章制度。

消防安全管理制度应当做到内容、程序详细，科学性、可操作性强。建筑工地常用的消防安全管理制度包括消防安全例会制度，消防安全教育制度，安全检查、隐患整改制度，用火、用电、用气安全管理制度，灭火器材维护、管理制度等。

五、建筑工地消防安全教育

1）消防安全责任人、消防安全管理人应参加公安机关消防机构组织的消防安全培训。

2）电焊工、电工等特殊工种人员应经专门培训合格后，持证上岗。

3）新职工应由施工队组织上岗前消防安全教育、培训，新职工的培训工作由消防安全管理人负责。

4）每月对职工进行一次防火教育，每半年应至少组织全体职工参加一次消防知识培训、消防知识考试和灭火实战演练。

5）培训内容应包括消防安全制度和操作规程；灭火器材使用方法；报火警、扑救初起火灾及安全疏散引导常识；工地火灾危险性及预防措施；其他消防安全知识。

6）培训结束后应组织考试，建立适当的奖惩制度，对成绩优异者给予奖励，对不及格者应给予适当的经济惩罚。

自学指导

本章学习重点：火灾危险性分析；消防安全管理组织；消防安全教育的内容。

1）在掌握本章列举的几个典型场所的火灾危险性的同时，学会分析不同场所火灾危险性的基本方法。

2）针对场所的特点，如何建立、健全消防安全管理组织，是做好消防工作的关键。

3）针对场所的特点，明确开展消防安全教育的主要内容。

本章学习难点：结合场所火灾危险性，制定防火要求；应建立、健全的消防安全管理制度。

1）在分析不同场所火灾危险性的基础上，制定防火基本要求，并能据此对场所的消防安全状况进行简单的检查和分析。

2）针对场所的特点，分析其应建立、健全哪些消防安全管理制度。

复习思考题

一、简答题

1. 简述公共娱乐场所的火灾危险性。

2. 简述学校的火灾危险性。

3. 社区火灾原因主要包括哪些？

4. 建筑工地应建立哪些消防安全管理制度？

二、论述题

1. 宾馆应如何开展消防安全教育？

2. 针对商场，如何建立一套完善的消防安全管理组织？

3. 选择某一场所（如宾馆、超市、学校、网吧等），综合论述如何做好其消防安全管理工作。

第十章 单位火灾事故管理

学习目标

1. 应了解、知道的内容

◇ 单位火灾事故预警的含义与措施。

◇ 预案制定的程序和要求。

◇ 初起火灾扑救的指挥要点。

◇ 单位火灾事故责任人员的处理。

◇ 公安部门火灾统计的分工与要求。

◇ 公安部门火灾统计的范围和内容。

2. 应理解、清楚的内容

◇ 预案演练的程序。

◇ 初起火灾扑救的基本作战原则。

◇ 常见火灾事故的直接原因与间接原因。

◇ 起火单位在火灾事故调查、处理中的职责。

◇ 火灾统计的基本任务。

3. 应掌握、学会的内容

◇ 预案制定的内容。

◇ 预案演练的要求。

◇ 单位火灾事故调查的任务。

◇ 单位火灾事故的防控措施。

◇ 火灾事故等级分类。

4. 应熟练掌握的内容

◇ 火灾报警对象、报警方法和报警内容。

◇ 火灾时人员疏散的方法及要求。

◇ 火灾时物资疏散的范围和要求。

◇ 起火单位的火灾统计管理。

自学时数 8 学时。

老师导学

本章主要介绍了单位火灾事故预警与预案建设、火灾事故的应急处置、火灾事故调查与处理以及单位火灾事故统计等内容。在本章学习过程中，学员应注重理论与实践的结合。重点掌握单位灭火与应急疏散预案的内容；正确的火灾报警方法以及火场中人与物资的安全疏散方法和要求；掌握单位常见火灾事故原因分析，了解火灾事故调查与处理中的任务与职责。在此基础上，总结单位火灾发生、发展的原因和规律，提出单位火灾防控措施，进一步提高单位消防安全管理水平。

单位火灾事故管理是消防安全管理的重要内容之一，它包括单位火灾事故预警、火灾事故的应急处置、火灾事故调查与处理以及单位火灾事故统计等内容。

第一节　单位火灾事故预警与预案建设

一、单位火灾事故预警的含义

预警是指在灾害或灾难以及其他需要提防的危险发生之前，根据以往总结的规律或观测得到的可能性前兆，向相关部门或人员发出紧急信号，报告危险情况，以避免危害在不知情或准备不足的情况下发生，从而最大限度地降低危害所造成的损失的行为。

单位火灾事故预警是指根据火灾发生的规律特点以及单位生产、环境变化情况对单位火灾风险进行有效评估，提前获取火灾事故前兆，从而向有关部门或人员发出紧急信号，报告火灾危险信息的行为，以此敦促相关部门采取措施预防火灾事故发生或降低事故发生的可能性及其灾害程度等。

二、单位火灾事故预警措施

单位常见的火灾事故预警措施包括预警制度建设、预警系统建设以及预警人员的执勤与战备等。

（一）单位火灾预警制度建设

单位应在制定的消防安全管理制度中规范相应的预警制度建设，确定预警人员的职责、岗位及其预警工作的具体内容。根据单位火灾事故危险性大小，确定预警级别及报告程序，为单位火灾预警工作的开展提供依据和指导。

（二）单位火灾预警系统建设

单位火灾预警系统是建筑消防设施的重要组成部分，它通过技术手段，借助一系列探测、警报装置实现场所的火灾事故预警工作。火灾预警系统借助机械原理实现24h不间断的火灾预警工作，既起到及时报警的功能，又减少了工作人员的工作量，提高工作效率，与此同时，与人的生理疲劳和情绪波动相比，效果更稳定。

（三）预警人员的执勤与战备

单位火灾事故预警人员主要包括消防控制室值班人员，防火巡查、检查人员，专职消防队工作人员以及其他相关岗位的消防安全管理人员。

单位火灾事故预警人员应严格落实岗位职责，及时发现和分析火灾危险信息，综合运用各种经验及技术手段，对信息加以评价，发出火灾预警信号。从人的主观能动性而言，预警人员对预警信息的判断可根据实际情况进行客观判断，较预警系统的预设功能而言，人员预警更灵活、预警信息更可靠。

三、单位灭火与应急疏散预案的制定与演练

《单位消防安全管理规定》第39条、第40条规定，消防安全重点单位应当制定灭火和应急疏散预案，其他单位应当结合本单位的实际，参照制定相应的应急方案。

（一）灭火与应急疏散预案的内容

消防安全重点单位制定的灭火和应急疏散预案应当包括下列内容：

1. 组织机构

单位灭火和应急疏散预案的首要内容是确定预案实施中涉及的组织机构，主要包括灭火行动组、通信联络组、疏散引导组、安全防护救护组。

（1）灭火行动组　由单位所属消防、保卫以及重点部位人员等参加。主要任务是具体组织指挥灭火救援及相关的工作。

（2）通信联络组　由办公室通信人员组成，主要任务是及时汇集、分析、通报事态信息，向上级报告情况。负责应急救援专业组织和现场指挥机构与上下级之间的通信联络工作。

（3）疏散引导组　由单位重点部位、场所的人员组成。负责紧急情况下现场人员、物资的疏散引导等任务。

（4）安全防护救护组　由单位后勤、工程、医疗等部门人员组成。主要负责组织医务人员、救护车辆及时救护治疗受伤人员，负责紧急情况下现场断（供）电、供（排）水、断气、通信、破拆、清障、抢运任务，负责现场安全监督检查和看守巡逻任务。

2. 报警和接警处置程序

单位的某个部位发生火灾时，应立即报告119火警调度指挥中心，在报警时应说清楚起火的单位、起火的部位、起火的物质及有无人员被困，并要说清楚单位在哪一条路、报警电话号码、报警人姓名；同时，还要报告本单位值班领导和有关部门。单位领导接警后，立即按预案调动各方面人员赶赴火场进行灭火。

3. 应急疏散的组织程序和措施

发生火灾后，首先要了解火场有无被困人员及其所在的地点和抢救通道，以便进行安全疏散。当遇有居民住宅、集体宿舍和人员密集的公共场所起火，人员安全受到威胁时，或因发生爆炸燃烧，在建筑物倒塌的现场上或浓烟弥漫、充满毒气的房屋里，人员受伤、被困时，指挥人员必须采取稳妥可靠的措施，积极组织抢救和疏散。

（1）人员密集场所疏散的组织程序和措施　影剧院、歌舞厅、医院、学校以及商店、集贸市场等人员密集场所一旦起火，在场人员有因烟气中毒、窒息以及被热辐射、热气流烧伤的危险，如果组织疏散不力，就会造成重大伤亡事故。因此，人员疏散是头等任务。在制定安全疏散方案时，要按人员的分布情况，制定发生火灾情况下的安全疏散路线，并绘制平面图，用醒目的箭头标示出口和疏散路线。

（2）物资的疏散组织程序和措施　火场上的物资疏散应有组织地进行，防止火势蔓延和扩大，其程序是：疏散那些可能扩大火势和有爆炸危险的物资，例如，起火点附近的汽油、柴油桶，充装有气体的钢瓶以及其他易燃、易爆和有毒的物品；疏散性质重要、价值昂贵的物资，例如，档案资料、高级仪器、珍贵文物以及经济价值大的原料、产品、设备等；疏散影响灭火战斗的物资，例如，妨碍灭火行动的物资、怕水的物资等。

4. 扑救初起火灾的程序和措施

扑救初起火灾应及时、快捷。发现火灾时，指挥员通过火情侦察，迅速对火场情况作出正确的分析和判断，合理分配灭火力量和部署灭火任务。措施主要是所使用消防设施、器材的调集；进攻的途径、消防水枪位置的选择、供水的组织；救人、通信、疏散物资的方法等。预案在表述灭火部署和措施时要详细具体。叙述任务要按照先主要，后次要；先专职消防队，后志愿消防队；先灭火战斗任务，后协调保障的顺序进行。

扑救初起火灾的程序和措施除有文字表达外，还应有灭火疏散图来直观反映。灭火疏散图是依据单位基本情况，假设的火灾情况以及灭火部署情况等顺序进行标绘。其内容和顺序是：标绘单位基本情况；按假设火灾情况标画火情态势；按灭火战斗部署标画各单位位置、运用的战术手段和协同保障措施等。

5. 通信联络、安全防护救护的程序和措施

通信联络首先要保证应急救援专业组织与应急指挥机构之间、各相关专业组织之间、现场指挥机构与上级之间通信联络的畅通。必要时，还可指明重要的信号规定及重要标志的式样。

安全防护预案中要明确不同区域的人员应分别采取的最低防护等级、防护手段和防护时机；在某些特定的化学物品的火灾事故中，还必须采取特殊的安全防护措施。负责安全救护的人员必须清楚掌握应急物资器材的储备量及储存位置、储备的品种，尤其要特别注意标明急救药品和生活必需品的储存状况及供给渠道。

以上是以消防安全重点单位为例，介绍了灭火和应急疏散预案的基本内容，其他单位可以根据自身特点，结合上述内容制定预案。

【示例】

某单位灭火与应急疏散预案

一、组织机构

1. 指挥部

指挥：（略）

成员：（略）

职责：①及时召集力量，确定现场灭火指挥员，布置救人、抢救物资和灭火，并检查执行情况；②根据火情，决定是否通报人员疏散并组织实施；③消防队到达后，及时向消防队的火场总指挥报告情况，按照统一布置，带领员工贯彻执行。

2. 灭火行动组

按部门分为四个小组：

（1）第一小组（行政部）

组长：（略）。

成员：（略）。

装备：灭火器、消防水带、消防水枪、应急手电。

（2）第二小组（生产部）

组长：（略）。

成员：（略）。

装备：灭火器、消防水带、消防水枪、应急手电。

（3）第三小组（设备部）

组长：（略）。

成员：（略）。

装备：灭火器、消防水带、消防水枪、应急手电。

（4）第四小组（财务部）

组长：（略）。

成员：（略）。

装备：灭火器、消防水带、消防水枪、应急手电。

3. 通信联络组

组长：（略）。

成员：（略）。

4. 疏散引导组

组长：（略）。

成员：（略）。

5. 安全防护救护组

组长：（略）。

成员：（略）。

二、报警和接警处置程序

1）火灾发生后，首先通过广播、电话以及喊话等方式、方法向全体员工报警，通知各车间员工及应急疏散负责人组织员工迅速疏散至安全地带。

2）由通信联络组负责立即拨打119报警电话，并立即报告公司各领导。报火警时应注意把火灾发生地的门牌号码、报告人、电话号码和火灾具体位置、燃烧物质及火势情况说明清楚。

3）危急情况时可由火情发现人直接拨打火警电话。

三、应急疏散的组织程序和措施

1）火灾发生后，全体员工必须服从统一指挥，不得乱跑、乱窜、各行其是，防止出现混乱现象和意外事故。

2）在疏散引导人员的指示引导下，有组织地迅速撤离到火灾区域以外的安全地带。

3）如无固定哨位指示，火场人员可按安全出口指示标志引导的方向，有组织地沿着疏散通道或疏散楼梯等安全疏散通道撤离火场。

4）已疏散到安全地点的人员，应帮助引导疏散或协助救援。

5）各楼层疏散负责人最后检查车间、卫生间、茶房、办公室有没有遗留人员。到达安全地带后清点各楼层人员并报告应急指挥领导。

6）电梯工在第一时间将E栋电梯开到最底层并关闭电梯。

四、扑救初起火灾的程序和措施

1）火灾发生后，在及时报警、疏散人员的同时，应了解并掌握起火物质的火灾特点，正确采取灭火行动。

2）灭火行动组负责切断电源，打开水泵，以保障消防用水或准备相应的灭火器。

3）启动通风排烟系统。

4）尽量利用周围的室内消火栓及干粉灭火器等消防设施打“近体战”。

5）在灭火过程中，接受公安机关消防机构的指挥，并积极配合，做好善后及后勤保障工作。

五、通信联络、安全防护救护的程序和措施

对受伤人员进行简单包扎，对重伤者联系救护车并护送到医院进行抢救。公安机关消防机构的抢险救援人员到达现场后，通知供水、供电、交通、医院等有关单位到火灾现场协助。

（二）预案制定的程序

1. 把握法律、法规，明确工作范围

认真学习消防安全管理的法律、法规和各项规章制度，明确机关、团体、企业、事业单位在消防安全管理中的性质、任务、职责、权限等，准确把握法律、法规的内容，全面领会法律、法规的实质，深入了解和掌握本单位的行业性质、类型和特点。在此基础上，确定单位火灾预防和扑救中应采取的主要措施、抢险救灾人员的主要部署以及各种后勤保障。

2. 准备有关资料，分析研究情况

消防信息资料是做好预案的先导和基础，如果在这些方面出现了信息资料真空，就无法作出准确的行动计划和安排。分析和研究有关信息资料，必须以科学的态度和方法，进行全面的调查，通过对获得的有关资料分析，找出火灾的特点和规律，只有这样，才能进行准确的应对。做好这项工作需要从两方面入手：一是尽可能多地收集一些与消防预案有关的资料；二是善于运用统计的方法对火灾发生的类型、频率、密度以及危害损失进行分析、权重。

3. 划分处置阶段，设计行动计划

在充分准备资料、分析判断情况的基础上，消防预案制定者要对处置阶段进行科学划分，有针对性地提出行动计划和安排。处置阶段的划分和行动预案的设计应根据火灾的性质、类型、规模及受灾人数而定。在划分处置阶段，设计行动计划时，通常要考虑以下相关因素：

（1）拟定处置企图　处置企图，是对火灾事故处置行动所要达到的目的和采取的基本手段的具体构思，是制定消防预案的重要依据。

（2）任务与工作范围　这是对火灾时单位实施灭火和人员疏散工作的设想。

（3）方法手段　是指为完成灭火或人员疏散任务，处置人员采取的方法或手段。

（4）人员部署　是指对担负灭火与疏散任务的人员进行的工作分工、编组、行动序列和配置。

（5）现地研究　当灭火和疏散预案构思完毕后，到可能发生火灾的地点，结合具体的地理情况进行反复研究，使构思的内容与现地尽量相一致。

（6）补充完善　在现地研究的基础上，应对处置企图中某些不合适的内容作出局部的修改、补充和完善，使消防预案能够建立在科学严谨的基础上，起到规范和指导作用。

（7）形成文书　灭火和疏散预案在补充完善的基础上，按照预案的格式形成一份完整的文书。

预案的表述在灭火和疏散过程中可能会出现许多偶然情况，因此，阶段的划分和行动预案的设计，不可避免地会出现一些不切实际或者疏漏的问题。在设计预案时，一般也是估计几种可能，据此制定几种应对措施，这样才能使预案切实可行。

4. 灵活运用载体，完善各类预案

灭火和应急疏散预案在筹划过程中，要具有针对性、可行性和有选择性。针对性是要求预案针对处置对象的特点，筹划相应的对策；可行性是根据现场的态势和力量对比实际情况，合理确定处置的步骤和方法；有选择性是要考虑到种种可能，多案准备，而且各种预案之间要有原则上的区别，使预案具有选择性。拟定的预案，要进行分析评估和优选，即对拟定的各种预案进行比较、分析和评判，从而确定最优或最佳的预案。在此基础上，通过文字、图表或计算机显示的形式具体表现出来。

（三）预案制定的要求

单位灭火和应急疏散预案的制定应符合下列要求：

1）组织机构的设置要符合单位特点，并要明确各行动小组的职责，责任到人。

2）报警和接警处置程序应当明确如何接警、报警。单位员工一旦确认本单位发生火灾，一定要及时报警。有些单位规定向“119”报警要经过领导同意，这是很严重的错误。

【案例】 2005年12月15日，吉林省辽源市中心医院发生火灾后，院领导不同意报警，迟报火警达半个小时之久，延误了最佳扑救时机，最后造成37人死亡、95人受伤的严重后果。

3）应急疏散的组织程序和措施，应当明确规定发生火灾后如何通知相关人员、如何组织疏散、利用何种设施疏散。

4）扑救初起火灾的程序和措施，应当规定火灾现场指挥员如何组织人员，如何利用灭火器材迅速扑救，并视火势蔓延的范围启动建筑消防设施，协助消防人员做好火灾扑救工作。

5）通信联络、安全防护救护的程序和措施，应当预定火灾事故情况下的通信联络方式，保证通信联络畅通。同时要配备必要的医药用品，对受伤人员进行必要的救护，并及时通知医护人员赶赴火灾现场救护伤员。

（四）预案演练的程序

灭火和应急疏散预案演练，是指根据预案规定的内容，在假设火情的情况下，将预案中涉及的所有人员及其组织机构充分动员，按照预案规定的各方职责进行想定作业，全面检查单位火灾应急处置组织或人员对预案规定其职责的熟悉程度，与此同时，检测单位灭火和应急疏散预案的实用性和可操作性。

预案演练一般由两个阶段组成：一是演练的准备阶段；二是演练的实施阶段。准备是基础，演练是重点，每个阶段都需根据程序要求全面开展相应的工作。

1. 预案演练的准备阶段

（1）建立演练领导机构　演练领导机构是演练准备与实施的指挥部门，对演练实施全面控制，其主要职责是确定演练目的、原则、规模、参演的单位；确定演练的性质和方法；选定演练的时间和地点；规定演练的时间尺度和公众的参与程度；协调各参演单位之间的关系；确定演练实施计划、情况设计与处置预案；审定演练准备工作计划、导演和调理计划及其他有关重要文件；检查与指导演练准备工作，解决准备与实施过程中所发生的重大问题；组织演练；总结评价。

（2）明确导演与调理人员　导演与调理人员通常参与全部的准备工作。其主要职责是根据演练目的，制定演练目标，选择演练场地，进行演练具体设计；制订演练进程计划，进行总体情况的构筑，拟制导演和调理计划、演练组织与准备工作计划等；指导参演单位按演练要求进行演前训练，组织导演部分人员开展活动；提出演练所需的通信、技术、物资器材、生活用品等项目清单及经费申请；组织与指导参演单位预演，从中发现问题，并加以纠正；指导演练实施，组织参演单位的演练总结与评价，并进行评估，提出演练成败的结论性报告；对预案的修改和完善提供决策性的建议。

（3）编写演练文件　演练中所需的各类文件是组织与实施演练的基本依据。不同性质、规模的演习，需要编写的文件不同。有关文件大体包括演练准备工作计划、演练实施（进程）计划、情况设计方案、处置方案示例、各种保障计划等。演练文件必须符合演练目的和要求，力求简明和实用。

2. 预案演练的实施阶段

（1）演练情况介绍　演练开始前，根据需要，演练领导机构应进行组织情况介绍。其内容主要包括演练的性质与规模；事故情况设定的主要考虑；演练开始时间及持续时间的估计；对非参演人员的安排；导演、调理人员及演练人员的识别；为保证演练不被误认为真实事故而应采取的措施；演练期间，一旦发生真实事故，应采取的具体措施等。

（2）演练实施，导演与调理方法　演练实施中，对导演与调理工作的基本要求如下：严格按导演调理计划指导参演者正确处置情况；坚持因势利导，以情况诱导为主，行政干预为辅；导演应注意控制演练态势，把握演练节奏，不要干预各种细节，注意的重心应放在协调演练与实际应急可能行动之间的关系；从演练效果出发，发挥整体效能，提高演练效率；调理人员应抓住调理重点，选择调理时机与渠道，灵活地处理参演部门出现的问题，及时向导演提供必要的情况和建议。

（3）演练结束，清理整顿　各参演部门应按统一规定的信号或指示停止演练动作。在演练宣布结束后，所有演练活动应立即停止，并按计划清点人数，检查器材，查明有无伤病人员，并迅速进行适当处理。演练保障组织负责清理演练现场，尽快撤出保障器材，尤其要仔细查明危险品的清除情况，决不允许任何可能导致人员伤害的物品遗留在演练现场内。

（4）演练评价，修改预案　对演练进行评价的依据主要有：导演和调理人员的记录和他们的看法，公安机关消防机构有关专家的意见，参演单位的自我评估，上级领导与机关的指示等。评价范围应包括演练组织者、参演的所有单位、演练保障单位等。评价可参照演练计划中所规定的各项具体指标进行，最后根据演练的总目标，得出总的评价结论。只要有条件，各种评价和总评价结论尽可能量化。通过演练，对预案中暴露出来的问题要充分讨论，找出切实可行的解决办法，并补充到预案中去，使预案得到充实和完善，以达到提高单位自防自救能力的目的。

（五）预案演练的基本要求

根据《消防法》和《单位消防安全管理规定》，单位灭火和应急疏散预案的演练工作应符合下列要求：

1）消防安全重点单位应当按照灭火和应急疏散预案，至少每半年进行一次演练，并结合实际，不断完善预案。其他单位应当结合本单位实际，至少每年组织一次演练。

2）组织演练之前，可以根据需要对相关人员进行消防安全知识和预案内容的教育培训，使其掌握必要的消防知识，明确职责。

3）消防演练时，应当设置明显标志并事先告知演练范围内的人员。

第二节　单位火灾事故应急处置

单位不仅要做好火灾事故的预防工作，而且应掌握必要的火灾事故应急处置措施，在单位发生火灾事故时，能紧急、有序地进行火灾事故处置，最大限度地控制火灾事故蔓延，减少或降低火灾事故造成的危害。

根据火灾发生、发展的阶段，单位应采取不同措施紧急应对。

一、报告火警

发现火灾及时报警是每个公民应尽的义务。《消防法》第44条规定："任何人发现火灾都应当立即报警。任何单位、个人都应当无偿为报警提供便利，不得阻拦报警。严禁谎报火警"。因此，正确报告火警是单位火灾应急管理的首要任务。

（一）报警对象

单位发生火灾时，第一时间应该报警，报警对象包括以下组织或成员。

1）向单位内部员工发出火灾警报。一方面使处于火场的人员安全撤离，另一方面召集他们前来参加初起火灾扑救或进行重要（易燃易爆）物资疏散；同时向周边群众发出火灾警报，实现避让提醒的职责。

2）本单位有专职、志愿消防队的，应迅速向他们报警。因为他们一般离火灾现场较近，能较快到达火场，并且作为单位灭火救援专业力量，其消防装备更符合扑救需求。

3）向公安现役消防队报警。公安现役消防队是灭火的主要力量，尽管失火单位有专职消防队，也应向公安现役消防队报警，不可等本单位扑救不了时再向公安现役消防队报警，更不能因担心影响评优、评先、评奖金，而不报告火警，那会延误灭火时机。

4）向受火灾威胁的人员发出警报，要他们迅速做好疏散准备。发出警报时，要根据火灾发展情况作出局部或全部疏散的决定，并告诉火场群众保持镇静，避免慌乱引起拥挤、踩踏事故。

（二）报警方法

1. 向单位和周围的人群报警

向单位和周围的人群报警时，可以使用电话、警铃、汽笛等手动报警设施或其他平时约定的手段报警；派人到本单位（地区）的专职消防队报警；使用有线广播报警。农村地区可以使用敲锣等方法报警或大声呼喊等方法报警。

2. 向公安现役消防队报警

向公安现役消防队报警时，可以拨打"119"火灾报警电话迅速实现报警。当没有电话且离消防队较近时，可迅速到消防队报警。总之，方法要因地制宜，以最快的速度将火警报告出去。

（三）报警内容

当拨打火警电话向公安现役消防队报警时，必须讲清楚以下内容：

1. 发生火灾单位或个人的详细地址

报警首先应讲清楚单位所在的街道名称，门牌号码，靠近何处；农村发生火灾要讲明县、乡（镇）、村庄名称；大型企业要讲明分厂、车间或部门；高层建筑要讲明第几层楼等。总之，地址要讲得明确、具体。

2. 起火物质特征

如房屋、商店、油库、露天堆场等；房屋起火最好讲明何种建筑，如棚屋、砖木结构、新式工房、高层建筑等；尤其要注意讲明的是起火物为何物，如液化石油气、汽油、化学试剂、棉花、麦秸等都应讲明白，以便公安机关消防机构根据情况派出相应的灭火车辆。

3. 火势情况

如“只见冒烟”“有火光”“火势猛烈”，或“有两间房屋起火了”等一些具体状态描述。

4. 联系方式

报警人姓名及所用电话的号码，以便公安机关消防机构电话联系，了解火场情况。报警之后，有条件的还应派人到路口接应消防车。

二、扑救初起火灾

根据火灾发生发展的规律，火灾初起阶段，燃烧面积不大，火灾现场温度不高，此时用正确的方法、较少的人力和灭火器材，就能有效地控制火势蔓延或扑灭火灾。所以，有效实施初起火灾扑救是单位应当具备的能力。

【案例】 1998年9月29日，某家具厂因厂房内的用电设备过负荷产生高温引燃配电箱及房顶上的油毡发生火灾。火灾初起时，该厂职工胡某正在配电箱附近干活，当他发现配电箱冒烟时，旁边就放有两个干粉灭火器，只要使用两个灭火器灭火，该小火很快就会扑灭，但遗憾的是胡某并没有使用灭火器灭火，而是出去报警和叫人灭火，待胡某和其他职工赶来灭火时，大火已烧穿房顶冲向天空，使投资30万元的36间厂房及家具、木料、油漆和三合板全部化为灰烬。然而，同因配电箱过负荷引起火灾的另一家具厂，在场的本厂职工许某发现后，一边叫人去报警，一边立即使用身边的灭火器灭火，不到3min就将火势控制，当消防队赶到现场时，火已被扑灭，除了烧毁一个配电箱外，无其他损失。由此可见，培养员工树立扑救初起火灾的意识和掌握常用火灾扑救方法对于单位消防安全至关重要。

单位专职消防队和其他灭火救援力量应根据火灾现场燃烧物质特性以及现有消防设施器材和其他灭火工具的功能，结合燃烧与灭火理论，从冷却灭火法、隔离灭火法、窒息灭火法和抑制灭火法中选择一种或几种可行性方案进行初起火灾扑救。单位初起火灾扑救时应遵循正确的作战原则与指挥要点。

（一）初起火灾扑救的基本作战原则

初起火灾扑救通常是指，专职消防队未能到达火场以前，对刚发生的火灾事故所采取的处理措施。单位扑救初起火灾时，应遵循“救人第一”“先控制、后消灭”“先重点、后一般”的基本作战原则。

1. “救人第一”的原则

“救人第一”原则是指火场上如果有人受到火势威胁，各单位消防人员、保安员及在场群众的首要任务就是把被火围困的人员抢救出来。运用这一原则，要根据火势情况和人员受火势威胁的程度而定。在灭火力量较强时，灭火和救人可以同时进行，但绝不能因灭火而贻误救人时机。人未救出之前，灭火是为了打开救人通道或减弱火势对人员威胁程度，从而更好地为救人脱险，为及时扑灭火灾创造条件。

2. “先控制、后消灭”的原则

“先控制、后消灭”原则是指对于不可能立即扑灭的火灾，要首先控制火势的继续蔓延扩大，在具备了扑灭火灾的条件时，再展开全面进攻，一举消灭。单位专职消防队组织灭火时，应根据火情和自身战斗能力灵活把握这一原则。如火势较大，灭火力量相对薄弱，或因其他原因不能立即扑灭时，就要把主要力量放在控制火势发展或防止爆炸、泄漏等危险情况发生上，为公安现役消防队到场赢得时间，为彻底扑灭火灾创造有利条件。“先控制、后消灭”的作战原则在灭火过程中是紧密相连不能截然分开的，对于能扑灭的火灾，要抓住战机，迅速消灭。

3. “先重点、后一般”的原则

“先重点、后一般”是就整个火场情况而言的。运用这一原则，要全面了解并认真分析火场的情况，主要是：

1）人和物相比，救人是重点。

2）贵重物资与一般物资相比，保护和抢救贵重物资是重点。

3）火势蔓延猛烈的方面与其他方面相比，控制火势蔓延猛烈的方面是重点。

4）有爆炸、毒害、倒塌危险的方面与没有这些危险的方面相比，处置爆炸、毒害、倒塌危险的方面是重点。

5）火场上的下风方向与上风、侧风方向相比，下风方向是重点。

6）可燃物集中区域与可燃物较少的区域相比，可燃物集中区域是保护重点。

7）要害部位与其他部位相比，要害部位是火场上的重点。

（二）初起火灾扑救的指挥要点

实践证明，单位初起火灾的扑救与控制工作主要依赖于企业员工和单位专职消防队伍，因为他们不仅离火灾现场较近，能迅速到达火场展开灭火，同时，他们最熟悉和了解本单位的基本情况，对于火势发展蔓延以及危险部位有很好的判断能力。因此，考虑到专职消防队的专业性，当其到达火场时，单位初起火灾扑救由专职消防队的领导负责组织指挥，组织指挥工作主要做好以下几点。

1. 及时报警，组织扑救

无论在任何时间和场所，一旦发现起火，都要立即报警，并参与和组织群众扑救火灾。报警的对象、内容、方法和要求如前所述。

2. 积极抢救被困人员

当火场上有人被围困时，要在确保施救人员安全的基础上，组织身强力壮人员，积极抢救人员生命。但不得组织残疾人、未成年人参加火灾扑救。

3. 疏散物资，建立空间地带

火场上要组织一定的人力和机械设备，将受到火势威胁的物资疏散到安全地带，以阻止火势的蔓延，减少火灾损失。

4. 防止扩大环境污染

火灾的发生，往往会对环境造成污染。泄漏的有毒气体、液体和灭火用的泡沫等还会对大气或水体造成污染。有时，燃烧的物料不及时扑灭只会对大气造成污染，如果扑灭早了反而还会对水体造成更严重的污染。因此，当遇到类似火灾时，如果燃烧的火焰不会对人员或其他建筑物、设备构成威胁时，在泄漏的物料无法收集的情况下，灭火指挥员应当果断决定，宁肯让其烧完也不宜将火扑灭，以避免对环境造成更大的污染等危害。

单位专职消防队按照上述原则组织初起火灾扑救，但公安现役消防队到场后，专职消防队应将灭火指挥权及时移交给公安现役消防队到场的最高指挥员，由公安现役消防队统一组织指挥。单位专职消防队应当尽可能向公安现役消防队讲明起火部位的基本情况，建筑物及其内部的有关情况，如建筑物结构、建筑内是否有被困人员或危险化学品等，以便公安现役消防队正确判断火灾形势，为确定科学施救方案提供可靠依据。同时，单位专职消防队还应服从和配合公安现役消防队，为公安现役消防队抢救人员、扑救火灾提供便利和条件。

三、安全疏散

安全疏散是减少人员伤亡和财产损失的一个非常重要的途径。从目前全国的火灾统计数据来看，人员伤亡最大的直接原因主要有三个方面：

第一，单位不重视安全疏散与逃生，把疏散门、疏散通道堵上，或者不设疏散门。

第二，单位员工不会组织现场群众逃生，遇到火灾不及时组织现场群众逃生，而是自己溜之大吉。

第三，人们不懂得正确的逃生方法，平时讲时事不关己，遇到火灾惊恐万分，慌乱不知所措，被浓烟活活熏死或盲目跳楼摔死。

【案例】 1994年12月8日，新疆克拉玛依友谊馆发生火灾，火灾时，8个安全出口竟然有7个上锁，当消防队员破拆开“死亡之门”，门内横七竖八躺着不少人体，一个摞着一个，足有大半个人高。此次火灾共造成355人死亡，130多人重伤（残）。

2002年6月16日凌晨，北京市海淀区蓝极速网吧发生火灾，由于逃生通道和外窗都被防护栏封死，网吧内被困学生无处逃生，只能等待消防官兵的破拆救助，最终导致25人死亡，12人受伤。

2008年11月14日早晨6时10分左右，上海商学院徐汇校区一个学生宿舍楼发生火灾，火势迅速蔓延导致烟火过大，宿舍内4名女生因恐慌而从6楼宿舍阳台跳楼逃生，不幸全部遇难。

因此，单位应保持疏散通道畅通，并学会组织人员安全疏散，员工应掌握正确的逃生方法，对于减少火灾危害意义重大。

（一）人员的安全疏散

人员疏散的方法很多，要根据其所处火场位置及人员自身情况，合理判断、准确选择。

1. 自救疏散

火灾时被困人员必须坚定自救意识，不要惊慌失措，应冷静观察，借助掌握的疏散逃生技巧进行逃生。如刚得知起火信息，火势不大时，应通过安全疏散通道和安全出口快速跑离火场；当火势蔓延、烟气较大时，应采取低姿势行走或匍匐穿过浓烟区的方法逃生，有条件的，还应当用湿毛巾捂住口鼻迅速撤离；当人身衣帽起火时，应尽快把衣帽脱掉，或就地打滚，切记不能奔跑，那样会使身上的火更旺，还会把火种带到其他场所，引起新的火点；当被困高楼，无法通过安全疏散通道逃生时，不能盲目跳楼，应借助结绳、雨水管等方式安全逃生。

2. 引导疏散

火灾初期，单位组织人员疏散时，如果人员较多或能见度很差，应在熟悉疏散的人员带领下，鱼贯地撤离起火点。带领人可用绳子牵领，用“跟着我”的喊话或前后扯着衣襟的方法将人员撤至室外或安全地带。

3. 等待救援

火灾发生时，如果被困在三楼以上，烟火已经将所有的逃生通道封堵或烧毁，此时，被困人员绝不能跳楼，可转移到其他较为安全的地方，耐心等待救援。等待中应注意观察所处位置的安全状态，借助窗户和彩色布条挥动、呼喊，引人救援。

（二）物资的安全疏散

火场上的物资疏散应该是有组织地进行，目的是为了最大限度地减少损失，防止火势蔓延和扩大。

1. 急于疏散的物资

1）疏散那些可能扩大火势和有爆炸危险的物资。例如，起火点附近的汽油、柴油油桶，充装有气体的钢瓶以及其他易燃、易爆和有毒的物品。

2）疏散性质重要、价值昂贵的物资。例如，档案资料、高级仪器、珍贵文物以及经济价值大的原料、产品、设备等。

3）疏散影响灭火战斗的物资。例如，妨碍灭火行动的物资、怕水的物资等。

2. 组织物资疏散的要求

1）将参加物资疏散的职工或群众编成组，指定负责人，使整个疏散工作有秩序地进行。

2）先疏散受水、火、烟威胁最大的物资。

3）疏散出来的物资应堆放在上风向的安全地点，不得堵塞通道，并派人看护。

4）尽量利用各类搬运机械进行疏散，如企业单位的起重机、输送机、汽车、装卸机等。

5）怕水的物资应用苫布进行保护。

第三节　单位火灾事故的调查与处理

火灾事故发生以后，单位应在配合公安机关消防机构火灾事故调查、处理的同时，根据单位消防安全管理需要，调查、处理火灾事故。

一、单位火灾事故调查的任务

单位实施火灾事故调查的任务包括以下四个方面：

1）查明火灾事故原因。

2）统计火灾损失。

3）处理有关责任人员。

4）总结火灾教训、制定火灾防控措施。

二、单位火灾事故原因分析

单位火灾事故调查中，为了查明火灾事故原因，应借助火灾原因分析方法，结合火灾发生的具体情形，进行火灾事故原因分析。

综合各种火灾事故原因分析方法，常见的火灾事故原因分为两大类：一是直接导致火灾事故发生或加速火势蔓延、扩大火灾事故后果的直接原因，包括人的不安全行为和物的不安全状态；二是导致直接原因产生的间接原因，包括技术原因、管理原因、教育原因以及人的身体和精神原因等。

（一）直接原因

1. 起火的主要原因。

1）员工违章（违规）操作。

2）吸烟、使用明火不慎失火。

3）故意放火。

4）机器设备故障。

5）电气线路老化或过负荷运行。

6）物质自燃。

7）摩擦或静电起火。

8）爆炸起火。

9）高温聚热。

10）雷击、闪电、地震等自然灾害起火。

2. 加速火势蔓延和灾害扩大的原因

1）易燃、可燃或有毒性材料装修。

2）疏散通道、安全出口不畅。

3）建筑防火分区破坏。

4）消防产品不合格或功能失效。

5）建筑消防设施失灵。

（二）间接原因

1）消防设计上存在缺陷，布局不合理。

2）施工技术上存在缺陷，建设、安装不符合要求。

3）评估、检验、检测技术落后，难以发现隐患。

4）单位消防安全意识不强，违规操作。

5）各项消防安全制度不健全、不落实。

6）消防安全管理不到位、设备设施疏于维护、消防安全检查流于形式。

7）物品管理混乱，未按照物质特性进行分类或特殊封存。

8）缺乏消防安全教育长效机制，消防安全教育内容脱离实践需求。

9）员工身体或精神状态与安全生产需求不符。

三、单位火灾事故责任人员的处理

在火灾事故原因查明后，为了教育所有员工，单位应当依据公安机关消防机构的责任认定和内部奖惩制度的规定，对有关责任人员进行处理，以达到“惩前毖后、治病救人”的目的，督促单位其他人员更好地履行消防安全管理职责，做好单位的消防工作。

（一）火灾事故责任者的概念

火灾事故责任者是指引发火灾事故并应承担相应责任的部门及个人。

认定火灾事故责任者必须具备三个条件：一是有火灾事故发生；二是实施了某种行为；三是实施的行为与火灾事故之间存在关系。这里的行为包括作为和不作为，作为是指某人直接实施了某种具体的行为；不作为是指某人赋有某种职责而不履行，最后导致火灾。

（二）火灾事故责任分类

1. 按照火灾事故责任者的行为与火灾事故之间的关系划分

（1）直接责任　直接责任是指行为人直接导致火灾事故的发生、扩大和蔓延。

（2）间接责任　间接责任是指虽然没有直接导致火灾事故的发生，但是由于不履行或不正确履行自己的职责，而对火灾事故的发生、发展和蔓延负有一定责任。

（3）直接领导责任　直接领导责任是指在其职责范围内，对直接主管的工作不负责任，不履行或者不正确履行职责，对造成的火灾事故负有主要领导责任。

（4）领导责任　领导责任是指在其职责范围内，对本单位或下属单位存在的火灾隐患失察或发现后纠正不力，以致发生火灾事故，对造成的火灾事故负有一定的领导责任。

2. 根据火灾事故责任者依法承担责任的方式划分

（1）刑事责任　火灾事故责任人的行为触犯刑法，构成犯罪的，如失火罪、放火罪、消防责任事故罪等，依法承担刑事责任。

（2）民事责任　火灾事故责任人侵犯国家、集体、个人财产和个人人身安全的，应承担民事责任。

（3）行政责任　违反行政管理法规的责任。例如，公共场所发生火灾时，该公共场所的现场工作人员不履行组织、引导在场群众疏散义务，造成人身伤亡，尚不构成犯罪的，处15日以下拘留。

（4）违反党纪、政纪的责任　火灾事故责任人因违反党纪、政纪的，还应受到党纪、政纪等行政处分，如开除党籍等。

【案例】 1994年11月15日，吉林市银都夜总会发生火灾，火灾殃及同一建筑物内的市博物馆，造成一具7000万年前的恐龙化石在大火中化为灰烬；32000多件文物、石器、陶器、服饰、书画以及40多年来的音像、图片、文字资料档案全部烧毁；19世纪末20世纪初国内外珍贵邮票11000余枚，1909年至今的科技文献及中外文刊物9.7万册全部烧毁。火灾烧毁建筑6800m^2（其中夜总会1860m^2全部烧毁），直接财产损失671万元，间接损失无法估计。

火灾事故责任追究：

直接责任：给予博物馆馆长王××开除党籍、行政撤职处分，由司法机关拘留审查；给予博物馆副馆长刘××留党察看1年、行政撤职处分；给予博物馆保卫科科长王××行政撤职处分。

直接领导责任：给予文化局原局长杨××留党察看1年处分；给予文化局局长赵××开除党籍、行政撤职处分，移送司法机关依法处理。

领导责任：吉林市委副书记、市长战××给予其党内严重警告、行政记大过处分；给予分管消防工作的副市长陈×党内严重警告、行政撤职处分，按法律程序免去其行政职务；给予分管城建工作的副市长辛××行政记过处分。

（三）火灾事故责任追究

火灾事故责任认定清楚后，要根据法律规定进行相关责任追究，实现惩戒错误，教育社会的目的，促进消防安全责任制的落实。根据火灾事故责任的分类，责任追究主要包括刑事责任追究、行政责任追究、民事责任追究以及违反党纪政纪的责任追究。其中消防行政责任追究主要通过消防行政处罚的方式进行，如警告、罚款、没收违法所得和非法财物、责令停产停业、停止施工（使用）、行政拘留等；民事责任追究多表现为对行为造成的伤害给予赔偿；违反党纪政纪的责任追究多通过行政处分的形式作出，如留党察看等。对于构成犯罪的，火灾事故处理时则需对行为人追究相应的刑事责任。

【案例】 2004年2月15日，吉林中百商厦发生特大火灾，造成54人死亡，70人受伤，直接经济损失426万元。经国务院调查组技术勘察确定，火灾是中百商厦电器行雇工于××向库房送包装纸板时，叼着的香烟掉落在仓库中，引燃地面上的纸屑等可燃物引发的。

该事故责任追究如下：

中百商厦电器行原雇员于××犯失火罪，判处有期徒刑7年；中百商厦原总经理刘××犯消防责任事故罪，判处有期徒刑6年；中百商厦原副总经理赵××犯消防责任事故罪，判处有期徒刑5年；中百商厦保卫科原科长马××犯消防责任事故罪，判处有期徒刑4年；中百商厦保卫科原副科长陈××犯重大责任事故罪，判处有期徒刑3年6个月；中百商厦保卫科科员曹××犯重大责任事故罪，判处有期徒刑3年。

四、总结经验教训，制定火灾防控措施

单位要从已经发生的火灾事故中吸取教训，研究制定有针对性的措施，改进消防安全管理中的薄弱环节，加强员工的教育培训，防止类似事故的再次发生。

常见单位火灾防控措施主要包括技术、管理及教育三个方面。

（一）技术措施

单位火灾事故预防的主要技术措施有以下几个方面：

1）按照标准进行消防设计，选购国家产品质量认证机构认证合格的消防产品，确保单位整体布局合理，设备、设施及消防产品合格、有效。

2）加强技术监督，选用有资质的施工单位进行工程建设或产品安装。

3）加强技术人才培养与引进，确保先进科学技术方法的合理运用，及时发现和正确整改火灾隐患。

4）为危险部位或场所安装可提高消防安全性能的防护设施。

5）借助防火、耐火材料，防爆、防雷击产品进行相应的技术改造，提高单位消防安全水平。

（二）管理措施

火灾事故调查与统计表明，80%以上火灾是由于人的不安全行为导致的，而人的因素多源于单位消防安全管理问题。常见的消防安全管理措施有如下几个方面：

1）建立健全单位各项消防安全管理制度，明确各岗位消防安全职责。

2）落实消防安全管理制度，确保员工正确履行岗位职责，避免违规操作和违法作业。

3）根据岗位特点制定消防安全操作规程，使员工的消防安全生产有据可依。

4）加强单位消防安全检查与巡查，及时发现、认定和整改火灾隐患。

5）加强危险物品管理，从控制可燃物、隔绝助燃物、清除起火源的角度进行分类管理。

6）加强设备、设施维护保养，确保其运行安全及功能有效。

（三）教育措施

消防安全教育是单位乃至社会提高消防安全素质的根本途径，单位消防安全教育的主要措施包括：

1）加强单位消防安全宣传教育，提高员工消防安全意识和履行消防安全制度的自觉性。

2）完善消防安全培训制度，尤其是消防安全重点岗位员工要定期培训，确保其消防安全知识和技能与工作岗位匹配。

3）论证并完善消防安全宣传教育的内容。根据单位特点设计宣传教育的内容，体现教育内容与实践需要的紧密联系；与此同时，根据时间、人物及环境变化，及时更新和充实宣传教育的内容。

4）加强消防法律、法规的宣传，促使员工知法、懂法、守法，避免消防违法行为的发生；同时了解公安机关消防机构的职责，日常工作生活中做好配合。

五、起火单位在火灾事故调查、处理中的职责

火灾扑灭后，起火单位除依据单位火灾事故管理规定进行火灾原因分析、责任认定、损失统计以及总结教训，制定防控措施外，还应按照公安机关消防机构的要求保护火灾现场，接受事故调查，如实提供数据资料、汇报火灾事故情况，协助公安机关消防机构调查起火原因，统计火灾损失。未经公安机关消防机构同意，不得擅自清理火灾现场。

（一）保护火灾现场

火灾现场是提取、查证起火原因痕迹物证的重要场所，一旦遭到破坏，将直接影响起火原因的调查取证，甚至导致无法查明起火原因。因此，保护火灾现场是做好火灾调查工作的前提。单位应当按照公安机关消防机构的要求，划定保护范围，组织单位员工或配合公安机关消防机构对火灾现场进行警戒，阻止无关人员进入。经公安机关消防机构同意后，方可撤销对火灾现场的保护。

（二）组织安排调查访问对象

火灾调查的一个重要环节是调查访问目击者、知情人、单位有关工作人员，为查明起火原因、分析事故责任、确定责任人员提供线索和证据。单位应当协助公安机关消防机构，及时通知单位有关人员协助调查，如实反映情况，切不可为了单位利益胁迫、诱导有关人员隐瞒火灾事故真相。

（三）如实提供有关文件资料

在火灾事故调查过程中，公安机关消防机构可能需要查阅单位有关设备器材采购管理、值班记录、要事处理、消防安全管理等文件资料，以查明起火原因、统计火灾损失。单位应当根据公安机关消防机构的要求，如实提供相关资料，不得隐匿、涂改和销毁原始资料。

（四）统计财产损失和伤亡情况

单位应当组织有关人员，按照公安机关消防机构的要求，初步统计火灾损失和伤亡情况，并如实提供相关原始凭据和会计资料，便于公安机关消防机构统计火灾损失。与此同

时，将统计资料按照单位消防安全管理需要进行分类汇总、归档。

第四节　单位火灾事故统计

火灾事故统计是消防安全管理工作的一项重要内容，是火灾事故的真实反映，它不仅是认定火灾原因、处理火灾事故责任者和打击放火犯罪分子的证据材料，更是公安机关消防机构以及社会有关部门和起火单位用来分析不同时期火灾规律、研究制定防范对策的可靠依据。所以，火灾事故统计数据必须真实，火灾事故统计资料必须全面，并作为公安机关消防机构和社会单位消防档案建设的基础内容，永久保存。

一、火灾事故等级分类

根据 2007 年 6 月 1 日起施行的《生产安全事故报告和调查处理条例》以及公安部消防局下发的《关于调整火灾等级标准的通知》，火灾事故按照损失严重程度划分为特别重大火灾事故、重大火灾事故、较大火灾事故以及一般火灾事故四类。

（一）特别重大火灾事故

特别重大火灾事故是指造成 30 人以上死亡，或者 100 人以上重伤，或者 1 亿元以上直接财产损失的火灾。

（二）重大火灾事故

重大火灾事故是指造成 10 人以上 30 人以下死亡，或者 50 人以上 100 人以下重伤，或者 5000 万元以上 1 亿元以下直接财产损失的火灾。

（三）较大火灾事故

较大火灾事故是指造成 3 人以上 10 人以下死亡，或者 10 人以上 50 人以下重伤，或者 1000 万元以上 5000 万元以下直接财产损失的火灾。

（四）一般火灾事故

一般火灾事故是指造成 3 人以下死亡，或者 10 人以下重伤，或者 1000 万元以下直接财产损失的火灾。

上述火灾等级分类所称“以上”包括本数，“以下”不包括本数。

二、火灾统计的基本任务

火灾统计的基本任务是对火灾进行统计调查、统计分析，提供统计资料，实行统计监督。

三、公安部门火灾统计的分工与要求

（一）火灾统计的分工

火灾统计管理，按照“谁主管、谁负责”的原则，实行统一领导，分级、分部门管理。

1）全国火灾统计工作，由公安部统一归口管理，负责掌握火灾情况，汇总和公布火灾统计资料，实施火灾统计监督。

2）省（自治区、直辖市）、市（地、盟）、县（区、旗）、乡镇的火灾统计工作，分别由各级公安部门负责，行使相应的监督管理职能。

3）火灾统计表式、内容、计算方法和统计编码，由公安部负责制定并报国家统计局备案。

4）接受地方公安部门监督的单位发生火灾，由所在地公安部门负责统计。

5）跨区域的油田、管道、交通工具等发生火灾，由起火地公安部门负责统计。

6）由铁道、交通、民航公安部门实施消防监督的单位，其火灾统计分别由铁道、交通、民航公安部门负责。

7）军队、矿井地下部分、森林发生的火灾，分别由其主管部门负责统计。

8）一起火灾如涉及几个独立的统计调查单位，其火灾统计由主管起火单位监督工作的公安部门负责。

（二）火灾统计的要求

发生火灾后，受灾单位及其主管部门必须如实提供统计资料，报当地公安部门审核。各级公安部门按照下列有关要求进行火灾统计。

1）各省（自治区、直辖市）公安厅（局），铁道、交通、民航公安局须在每月十二日之前将上月火灾数据报公安部消防局。全年的火灾数据（含补报）在次年的一月十二日以前上报。

2）军队、矿井地下部分的主管部门，于当年七月和次年一月，向公安部消防局报半年和全年的火灾数据。

3）发生特大火灾事故，省（自治区、直辖市）公安厅（局）消防局和铁道、交通、民航公安局须在24h内向公安部消防局报告火灾基本情况，并及时续报、补报。火灾发生后1个月内上报特大火灾专题报告。

4）军队、矿井地下部分发生特大火灾，其主管部门应当及时将有关情况报公安部消防局。国家重点文物保护单位、国家重点建设项目发生直接财产损失不足100万元的火灾事故，由于政治、经济影响较大的，也按此要求执行。

5）发生重大火灾，市（地）公安机关消防机构要及时上报省（自治区、直辖市）公安机关消防机构。

6）各级公安机关消防监督机构应当根据火灾统计工作的实际需要配备专职或兼职统计人员，建立、健全火灾统计管理制度，加强统计计算和数据传输技术的现代化建设，保障统计资料的准确性和及时性。

7）火灾统计资料应当建档保存，并由公安、统计部门负责向有关部门通报或公布。

四、公安部门火灾统计的范围和内容

（一）火灾统计的范围

所有火灾不论损害大小，都列入火灾统计范围。

以下情况也列入火灾统计范围：

1）易燃易爆化学物品燃烧爆炸引起的火灾。

2）破坏性试验中引起非实验体的燃烧。

3）机电设备因内部故障导致外部明火燃烧或者由此引起其他物件的燃烧。

4）车辆、船舶、飞机以及其他交通工具的燃烧（飞机因飞行事故而导致本身燃烧的除外），或者由此引起其他物件的燃烧。

（二）火灾统计的内容

各级公安部门按照分工和要求及时做好火灾统计工作，统计的内容主要包括起火单位基本情况、火灾发生原因、灾害扩大原因、火灾责任认定与处理结果、火灾伤亡情况、财产损失情况等。

1. 伤亡情况统计

火灾扑救过程中因烧伤、摔、砸、炸、窒息、中毒、触电、高温、辐射等原因所致的人员伤亡均列入火灾伤亡统计范围。其中死亡以火灾发生后 7 天内死亡为限，伤残统计标准按劳动部的有关规定认定。

2. 财产损失情况统计

火灾损失分直接财产损失和间接财产损失两项统计。火灾直接财产损失是指被烧毁、烧损、烟熏和灭火中破拆、水渍以及因火灾引起的污染等所造成的损失；火灾间接财产损失是指因火灾而停工、停产、停业所造成的损失，以及现场施救、善后处理费用（包括清理火场，人身伤亡之后所支出医疗、丧葬、抚恤、补助救济、歇工工资等费用）。火灾直接财产损失和火灾间接财产损失的计算方法按公安部有关规定执行。

以上统计结果要定期汇总分析，得出一段时间内火灾发生数量、伤亡人数、财产损失，并根据需要进行火灾形势研判。

五、起火单位的火灾统计管理

火灾统计是单位分析火灾事故原因，总结火灾事故教训，改进火灾防控管理措施的基础工作，火灾事故统计资料是单位实施消防安全管理的依据，也是单位消防档案建设的主要内容之一。

（一）单位火灾统计的内容

单位发生火灾时，不论大小都列入统计范围。火灾统计工作的具体内容包括：

1. 火灾基本情况

火灾基本情况包括火灾发生的时间，最早发现火灾的人员，火灾发生的具体部位，发展的过程，初起火灾扑救的力量构成及作战情况，报警情况，公安现役消防队到达火场的时间和扑救过程，火灾扑灭的时间等。

2. 火灾原因分析

单位火灾统计的重点是进行火灾事故原因分析，单位火灾事故原因分析借鉴或参考公安机关消防机构火灾事故调查期间的火灾原因分析进行，也包括起火原因与灾害成因两部分内容。首先，按照火灾事故原因分析方法，查找导致火灾发生以及灾害扩大的直接原因，在此基础上，从管理、技术、教育以及员工方面探索直接原因背后的间接原因。在单位火灾事故原因分析中，一定要结合本单位的生产实际进行分析，原因尽可能描述清楚，不应简单概括，为制定火灾防控措施提供实践依据。

3. 火灾损失统计

火灾损失包括两方面内容：一是火灾造成的人员伤亡情况；二是火灾导致的财产损失情况。

单位火灾损失统计与公安机关消防机构火灾统计的标准相同，但应结合单位消防管理需要，分项目详细统计和说明，为日后的统计分析做准备。表 10-1、表 10-2 是单位火灾损失统计样表。

表 10-1　某单位火灾事故伤亡情况统计表

死亡	姓名	死亡时间	伤残	姓名	伤残等级
死亡人数			伤残人数		

表 10-2　某单位火灾事故财产损失情况统计表

直接财产损失		间接财产损失	
损失原因	损失金额/万元	损失原因	损失金额/万元
烧毁		停工、停产、停业损失	
烧损		清理火场费用	
烟熏		丧葬费	
破拆		抚恤金	
水渍		医疗费	
污染		歇工工资	
其他直接原因		其他间接原因	

（二）单位火灾统计要求及资料管理

1. 单位火灾统计要求

单位火灾统计工作包含两个方面：一是配合公安机关消防机构的火灾统计；二是为本单位消防档案建设统计火灾事故资料。具体要求如下：

1）国家机关、社会团体、企事业单位和个体工商户等火灾统计调查对象，必须依照有关法律法规，向火灾事故调查部门如实提供火灾统计资料，不得虚报、瞒报、拒报、迟报，不得伪造、篡改火灾事故资料。

2）全国和各地的火灾统计资料在尚未公布前，任何单位和个人不得擅自向外界提供和公布。

3）单位内部火灾统计工作应及时高效、实事求是，统计内容要分类清晰、描述翔实，统计分析应科学准确，体现实用价值。

2. 单位火灾统计资料管理

单位对于火灾事故统计资料应按照档案建设的基本要求进行分类存档，永久保存。结合消防安全管理需要，对火灾事故资料进行选择性分析，了解火灾事故发生的直接原因和间接原因，分析火灾事故发生、发展规律，为制定消防安全管理措施提供依据。

借助火灾事故统计的具体资料，进行单位消防安全宣传教育，以案促建，更真实、更形象地教育员工提高消防安全意识，激发员工火灾事故预防的主动性。

自学指导

本章学习重点：单位灭火与应急疏散预案的内容；火灾事故等级分类；单位常见的火灾防控措施。

1）单位灭火与应急疏散预案的内容包括组织机构；报警和接警处置程序；应急疏散的

组织程序和措施；扑救初起火灾的程序和措施以及通信联络、安全防护救护的程序和措施五个方面。

2）火灾事故等级分类。按照损失严重程度火灾事故分为特别重大火灾事故、重大火灾事故、较大火灾事故和一般火灾事故四个等级。

3）单位常见的火灾防控措施主要包括三个方面：①技术措施；②管理措施；③教育措施。

本章学习难点：单位火灾事故应急处置工作的主要内容；火灾事故调查与处理中起火单位的职责。

1）单位火灾事故应急处置工作的主要内容包括及时报警、初起火灾扑救、安全疏散三个方面。

2）火灾事故调查中起火单位的职责：①保护火灾现场；②组织安排调查访问对象；③如实提供有关文件资料；④统计财产损失和伤亡情况。

3）火灾事故处理中起火单位的职责：①查清火灾事故原因；②处理有关责任人员；③制定落实整改措施；④吸取经验教训。

复习思考题

一、单项选择题（将正确的答案填写在括号内，错选、多选或未选均不得分）

1. 以下关于火场中人员安全疏散的方法描述，不正确的是（　　）。

A. 坚定自救意识，沉着冷静

B. 火势不大，疏散楼梯畅通应快速跑离起火建筑

C. 火灾中，被困四楼的张先生迫不得已可从窗户跳下

D. 火场烟气较大时，应采取低姿势行走或匍匐穿过浓烟区的方法逃生

2. 以下关于火灾报警方法描述，正确的是（　　）。

A. 发现火灾，立即报警

B. 为了节约时间，报警时只需说明起火的详细地址

C. 单位发生火灾，先组织扑救，救不了再报警

D. 单位发生火灾时只需向公安消防队实施报警

3. 消防安全重点单位应至少每（　　）对预案进行一次演练。

A. 每月　B. 每季度　C. 每半年　D. 每年

二、填空题（将正确的答案填写在括号中）

1. 按照损失严重程度分，火灾事故等级分为特别重大火灾事故、重大火灾事故、（　　）和一般火灾事故四类。

2. 按照责任承担的方式分，火灾事故责任分为（　　）、民事责任、行政责任和违反党纪、政纪责任四类。

3. 单位灭火与应急疏散预案的组织机构应具体设置灭火行动组、通信联络组、（　　）和安全防护救护组。

三、简答题

1. 列举单位火灾防控的管理措施。

2. 简述初起火灾扑救的基本原则。

3. 简述火场急于疏散的物资范围。

4. 简述火场组织物资疏散的要求。

四、论述题

1. 试述火灾报警的对象、方法和内容。

2. 试述单位火灾事故应急处置的具体内容。

3. 试述单位灭火与应急疏散预案的具体内容。

五、案例分析题

案例：深圳致丽工艺制品厂火灾事故

1. 单位简介

深圳市龙岗区的厂房是一栋3层楼房，建筑面积2166m^2。一层是裁床车间兼仓库，库房用木板和铁栅栏分隔，库内堆放高2m的海绵等可燃物；二层是手缝和包装车间、办公室、厨房；三层是车衣车间。全厂封闭式管理：全部窗户安装了铁栏杆加铁丝网；两个楼梯，其中东边的用铁栅栏隔开，与厂房不通，西边的楼梯平台上堆放了杂物；楼下4个大门2个被封死，1个被铁栅栏隔在车间之外，职工上下班只能从西南方向的大门出入，并要通过一条用铁栅栏围成的不到1m宽的狭窄通道打卡。

2. 火灾事故情况

1993年11月19日13时25分，该厂厂房一层仓库内的电线短路打火，喷溅的熔珠引燃堆放的海绵导致火灾。二层和三层的近300名职工只有通过狭窄的打卡通道才能从西南门逃生。由于路窄人多，互相拥挤，许多工人被浓烟产生的毒气熏倒在楼梯口，造成84人死亡、20人重伤、25人轻伤的惨剧和重大财产损失。

问题：

1. 结合案例，分析火灾事故原因。

2. 根据分析得到的火灾事故原因，制定具体的火灾防控措施。

第十一章　单位消防档案建设

学习目标

1. 应了解、知道的内容

◇消防档案的作用。

2. 应理解、清楚的内容

◇单位消防档案的含义。

3. 应掌握、学会的内容

◇单位消防档案的建设步骤。

◇单位消防档案的日常管理。

4. 应熟练掌握的内容

◇单位消防档案的基本内容与格式。

◇消防档案常用表格式样。

自学时数　4学时。

老师导学

本章讲述了单位消防档案建设的基本内容、格式以及档案建设的步骤与日常管理要求等内容。旨在通过学习，使学员掌握消防档案建设的方法和步骤，能够依据档案建设的基本格式和内容，结合单位实际，进行单位消防档案的建设与管理。

消防档案建设，是公安机关消防机构实施消防监督管理和单位消防安全管理的一项基础工作，也是一项重要的业务建设内容。

《单位消防安全管理规定》第41条、第44条规定，消防安全重点单位应当建立健全消防档案；其他单位应当将本单位的基本概况、公安机关消防机构填发的各种法律文书、与消防工作有关的材料和记录等统一保管备查。

第一节　单位消防档案概述

一、消防档案的含义

消防档案是记述和反映单位消防安全管理过程及消防安全基本情况，具有保存价值，并按一定的归档制度集中保管起来的文件材料。单位消防档案是消防安全管理部门全面考察、了解和正确进行消防安全管理的依据，是消防安全管理部门有组织、有目的地开展消防安全管理工作的结果，其内容需结合单位消防安全工作变化不断更新、完善。

二、消防档案的作用

消防档案作为单位各项消防安全管理工作情况的记载，客观反映了单位消防安全管理全貌。通过消防档案，可以检查、分析、总结单位及有关岗位人员消防安全职责的履行情况，强化单位消防安全管理的责任意识，不断改进单位消防安全管理工作。具体作用体现如下：

（一）消防档案是考察、了解单位消防安全管理的基本依据

消防档案不仅记录了消防安全管理历史活动的事实和经过，而且记录了单位消防安全管理活动的阶段和过程，为消防安全管理工作与此相联的探索性和准备性活动提供借鉴。由此可见，消防档案对人们查考既往情况，掌握历史资料，研究有关事物现象发展趋势，具有很广泛的参考作用。因此，加强消防档案管理，便于全面系统地掌握消防安全管理基本情况，深入、细致地开展消防安全宣传教育，实施消防安全检查等各项专业服务。

（二）消防档案可有效提高单位消防安全管理水平

归入消防档案的各种资料，都是按照规定及档案建设要求，经过消防安全管理人员审核，按规定程序和手续获得的真实可靠的材料，具有内容翔实、时间准确等特点。这些资料伴随着单位的消防安全管理改革而更新、充实，客观表达了单位消防安全管理的提高或滞后，尤其是一些火灾事故的统计资料，对于追查火灾原因、分清事故责任、处理事故责任者提供佐证材料，为单位消防安全宣传提供素材，为进一步改进工作方法，提高消防安全管理水平提供事实依据。

（三）消防档案是公安机关消防机构对单位实施监督检查的重要凭证

依据《消防法》和《消防监督检查规定》，单位要加强自身消防安全管理，制定消防安全规章制度，确定消防安全管理人员，加强日常消防安全检查和防火巡查，定期组织消防演练、消防安全教育与培训，明确单位消防安全重点部位，落实各岗位消防安全职责等。以上是单位消防安全管理的重要职责，单位履行消防安全管理职责时要通过消防档案进行翔实记录。公安机关消防机构按照规定对单位定期实施监督检查，检查时的首要任务就是单位日常消防安全管理职责的落实情况，而这些内容的检查，主要凭证就是单位消防档案资料。

三、消防档案的内容与格式

（一）消防档案的基本内容

单位消防档案应当包括消防安全基本情况和消防安全管理情况两类基本内容。

1. 消防安全基本情况

根据《单位消防安全管理规定》第42条规定，单位消防安全基本情况应当包括以下内容。

1）单位基本概况和消防安全重点部位情况。

2）建筑物或者场所施工、使用或者开业前的消防设计审核、消防验收以及消防安全检查的文件、资料。

3）消防管理组织机构和消防安全管理人。

4）消防安全制度和消防安全操作规程。

5）消防设施、灭火器材情况。

6）专职消防队、志愿消防队人员及其消防装备配备情况。

7）与消防安全有关的特殊工种人员情况。

8）新增消防产品、防火材料的合格证明材料。

9）灭火和应急疏散预案。

2. 消防安全管理情况

根据《单位消防安全管理规定》第43条规定，单位消防安全管理情况应当包括以下内容：

1）公安机关消防机构填发的各种法律文书。

2）消防设施定期检查记录、自动消防设施全面检查测试的报告以及维修保养的记录。

3）火灾隐患及其整改情况记录。

4）防火检查、巡查记录。

5）有关燃气、电气设备检测（包括防雷、防静电）等记录资料。

6）消防安全培训记录。

7）灭火和应急疏散预案的演练记录。

8）火灾情况记录。

9）消防奖惩情况记录。

其中，第2）、3）、4）、5）项记录，应当记明检查的人员、时间、部位、内容、发现的火灾隐患以及处理措施等；第6）项记录，应当记明培训的时间、参加人员、内容等；第7）项记录，应当记明演练的时间、地点、内容、参加部门以及人员等。

单位消防档案的内容应当翔实，全面反映单位消防工作的基本情况，并附有必要的图表，根据情况变化及时更新。

（二）消防档案的基本格式

1. 封面

消防档案封面要有规范的“消防档案”字样并编号，注明单位、建档日期。

2. 目录

消防档案目录要真实反映档案的内容和排列顺序，方便档案查阅。

3. 内容

消防档案根据有关规定要求设定基本内容，结合本单位实际进行收集整理，通常包括各种登记表、制度、方案、记录等。归档内容应规范、翔实。

以上是单位消防档案建设的内容与格式，各单位在遵照执行的同时，还应结合一定时期公安机关消防机构推行的创新管理模式进行档案建设。如依据公安部消防局［2012］164号文件《关于消防安全重点单位实行消防安全“户籍化”管理工作的意见》，重点单位在消防档案建设时需按要求建立单位消防安全“户籍化”管理档案，将上述消防档案建设的内容按“户籍化”建档要求进行归档建设。

【阅读链接】 消防安全重点单位“户籍化”管理工作是指充分运用信息化手段，通过互联网社会单位消防安全信息系统，为每个重点单位设置一个专用账户，建立消防安全“户籍化”管理档案。其主要内容包括：

（1）建立消防安全“户籍化”管理档案　由单位消防安全管理人组织建立并完善消防安全“户籍化”管理档案，记录日常消防安全管理和消防安全“四个能力”建设情况，更新本单位消防安全管理信息，通过互联网社会单位消防安全信息系统，了解公安机关消防机构有关工作部署和对本单位实施消防监督检查情况，定期向当地公安机关消防机构报告备案有关消防工作，规范本单位消防安全管理。

（2）实行三级报告备案制度　市一级单位向支队报告，二级单位向大队报告，三级单位向派出所报告。

（3）实行消防安全管理人员报告备案制度　重点单位依法确定的消防安全责任人、消防安全管理人、专（兼）职消防管理员、消防控制室值班操作人员等，自确定或变更之日起5个工作日内，通过互联网社会单位消防安全信息系统向当地公安机关消防机构报告备案，确保重点单位消防安全工作有人抓、有人管。

（4）实行消防设施维护保养报告备案制度　设有建筑消防设施的重点单位，要委托具有资质的机构进行维护保养和检测。并自签订维护保养合同之日起5个工作日内通过互联网社会单位消防安全信息系统向当地公安机关消防机构报告备案。应当对建筑消防设施每年至少进行一次全面检测，重点单位要将维护保养合同、每月维护保养记录、设备运行记录实时录入消防安全“户籍化”管理档案，并每月向当地公安机关消防机构报告备案。

（5）实行消防安全自我评估报告备案制度　重点单位应当按照规定每月组织一次消防安全“四个能力”建设自我评估，评估情况应自评估完成之日起5个工作日内通过互联网社会单位消防安全信息系统向当地公安机关消防机构报告备案。

四、消防档案常用表格式样

单位消防档案建设中，应依据上述消防档案的内容和格式，结合单位消防安全建设实际，借助各种有效介质规范档案建设。表11-1～表11-11列举了部分消防档案常用表格式样。

表11-1　单位基本概况

<table>
<tr><td>单位名称</td><td colspan="3"></td></tr>
<tr><td>单位地址</td><td colspan="3"></td></tr>
<tr><td>成立时间</td><td colspan="3"></td></tr>
<tr><td>电话</td><td></td><td>传真</td><td></td></tr>
<tr><td>单位邮编</td><td></td><td>E-mail</td><td></td></tr>
<tr><td rowspan="2">法人代表
（消防安全责任人）</td><td rowspan="2"></td><td>联系电话</td><td></td></tr>
<tr><td>手机</td><td></td></tr>
<tr><td rowspan="2">消防安全管理人</td><td rowspan="2"></td><td>联系电话</td><td></td></tr>
<tr><td>手机</td><td></td></tr>
<tr><td>所属地区派出所</td><td></td><td>上级主管单位</td><td></td></tr>
<tr><td>固定资产额/万元</td><td></td><td>营业时最大人数</td><td></td></tr>
<tr><td>职工人数/人</td><td></td><td>管辖单位</td><td></td></tr>
<tr><td>燃气类型</td><td></td><td>经济所有制</td><td></td></tr>
<tr><td>重点部位数</td><td></td><td>重点工种人数</td><td></td></tr>
<tr><td rowspan="2">专职（志愿）
消防队基本情况</td><td>人数</td><td colspan="2"></td></tr>
<tr><td>电话</td><td colspan="2"></td></tr>
<tr><td>工艺情况</td><td colspan="3"></td></tr>
<tr><td>危险品使用情况</td><td colspan="3"></td></tr>
<tr><td colspan="4">单位建筑情况</td></tr>
<tr><td>建筑物名称</td><td></td><td>建造时间</td><td></td></tr>
<tr><td>总建筑面积/m^2</td><td></td><td>建筑物占地面积/m^2</td><td></td></tr>
</table>

（续）

<table>
<tr><td colspan="8">单位建筑情况</td></tr>
<tr><td colspan="2">建筑高度/m</td><td></td><td colspan="3">标准层面积/m^2</td><td colspan="2"></td></tr>
<tr><td colspan="2">地上层面积 /m^2</td><td></td><td colspan="3">地下层面积/m^2</td><td colspan="2"></td></tr>
<tr><td colspan="2">地上/层</td><td></td><td colspan="3">地下/层</td><td colspan="2"></td></tr>
<tr><td colspan="2">各楼层使用情况</td><td></td><td colspan="3">消防施工单位</td><td colspan="2"></td></tr>
<tr><td colspan="2">建筑结构</td><td></td><td colspan="3">耐火等级</td><td colspan="2"></td></tr>
<tr><td colspan="2">建筑物最大容纳人数/人</td><td></td><td colspan="3">防火卷帘数量/扇</td><td colspan="2"></td></tr>
<tr><td colspan="2">主要储存物</td><td></td><td colspan="3">主要储存物数量/t</td><td colspan="2"></td></tr>
<tr><td colspan="2">火灾危险性</td><td></td><td colspan="3">防火分区/个</td><td colspan="2"></td></tr>
<tr><td colspan="2">消防电梯数量</td><td></td><td colspan="3">各消防电梯所在位置</td><td colspan="2"></td></tr>
<tr><td colspan="2">防火门类型</td><td></td><td colspan="3">防火门数量/扇</td><td colspan="2"></td></tr>
<tr><td colspan="2" rowspan="9">消防设施具体情况</td><td>类型</td><td>是否设置</td><td colspan="2">是否独立</td><td colspan="2">从属于</td></tr>
<tr><td>室内消火栓给水系统</td><td></td><td colspan="2"></td><td colspan="2"></td></tr>
<tr><td>火灾自动报警系统</td><td></td><td colspan="2"></td><td colspan="2"></td></tr>
<tr><td>自动喷水灭火系统</td><td></td><td colspan="2"></td><td colspan="2"></td></tr>
<tr><td>防烟设施</td><td></td><td colspan="2"></td><td colspan="2"></td></tr>
<tr><td>排烟设施</td><td></td><td colspan="2"></td><td colspan="2"></td></tr>
<tr><td>气体自动灭火系统</td><td></td><td colspan="2"></td><td colspan="2"></td></tr>
<tr><td>泡沫灭火系统</td><td></td><td colspan="2"></td><td colspan="2"></td></tr>
<tr><td>其他系统</td><td></td><td colspan="2"></td><td colspan="2"></td></tr>
<tr><td colspan="8">毗邻建筑的性质及情况</td></tr>
<tr><td colspan="8">建筑消防设施情况</td></tr>
<tr><td rowspan="8">室外消防给水</td><td colspan="2">市政给水管数量/条</td><td colspan="5"></td></tr>
<tr><td colspan="2">市政给水管管径/mm</td><td colspan="5"></td></tr>
<tr><td colspan="2">室外水池容量/m^3</td><td colspan="5"></td></tr>
<tr><td colspan="2">室外环网管径/mm</td><td colspan="5"></td></tr>
<tr><td colspan="2">室外消火栓数量/个</td><td colspan="5"></td></tr>
<tr><td colspan="2">管网供水状态</td><td colspan="5"></td></tr>
<tr><td colspan="2">可供消防车取水的天然水源情况</td><td colspan="5"></td></tr>
<tr><td colspan="2">责任部门</td><td colspan="2"></td><td colspan="2">责任人</td><td></td></tr>
<tr><td>（略）</td><td colspan="2">……</td><td colspan="5">……</td></tr>
<tr><td colspan="8">说明：略去的内容是单位其他建筑消防设施的情况登记。各单位根据本单位建筑消防设施的建设配备情况进行补充</td></tr>
</table>

表 11-2　单位消防安全重点部位情况

名称	火灾危险性	建筑耐火等级	面积/m^2	高度/m	使用性质	职工人数/人	负责人

表 11-3 单位消防审批文件、资料

项目内容	文书(证书)名称	编号(文号)	审批时间
说　明	项目内容一般包括建筑物或场所施工、使用或者开业及举办活动前的消防设计审核、消防验收以及消防安全检查的文件、资料等,归档时具体内容附该表后		

表 11-4 单位消防安全管理人

消防安全管理人姓名	负责部门	职务	联系电话

消防安全管理人任命书

为进一步贯彻落实"谁主管、谁负责"的原则,根据《机关、团体、企业、事业单位消防安全管理规定》和单位消防安全管理职责规定,现任命:×××同志为×××公司消防安全管理人,负责本单位的消防安全工作,履行下列职责:

一、负责组织制定并落实逐级的岗位消防安全职责,确定各级、各岗位的消防安全责任人。

二、结合单位实际建立健全消防安全管理制度,并督促其落实。

三、制定单位防火检查和防火巡查的要求,确定防火检(巡)查人员、内容、部位及频次,并做好检查记录,对于存在的隐患及时进行改正。难于改正的,及时向保卫科报告。

四、定期对单位职工进行消防教育,组织专职(志愿)消防队进行训练、演习。

五、管理维护辖区内的消防设施、器材,做到专人专管,始终保持消防设施器材完好、有效。

六、制定灭火和应急疏散预案,明确重点部位防火责任人,重点防火部位的标志、标线齐全、醒目。

七、制订单位消防工作计划,总结消防安全工作,提出奖惩意见。

八、努力确保单位不发生火灾事故。

单位法人:(签字)　　　　被任命人:(签字)

年　月　日　　　　年　月　日

单位(盖章)

注:表中所列消防安全管理人员都应与单位签署此任命书,同时,根据责任分工,签署相应的责任状。

表 11-5 消防安全重点工种人员情况

序号	姓名	性别	年龄	身份证号	所在部门	所从事工　种	是否受过消防培训	参加培训时　间	领证时间	证号

表 11-6 消防设施、器材维修保养记录表

检查或维修保养时　间		负责检查或维修保养的单位(部门)	
检查或维修保养人　员			
检查或维修保养部位及内容			
发现的问题及处理情况			
备　注			

表 11-7　火灾隐患及其整改情况记录表

检查人员		检查时间	
检查部位			
通知整改时间		整改完毕时间	
火灾隐患情况			
整改措施			
整改完成情况			
其他事项			

表 11-8　消防安全培训记录表

时　　间		地　　点	
授 课 人		记 录 人	
培训对象		参加人数	
组织部门		培训方式	
参训人员名单			
培训内容			
培训照片			

表 11-9　灭火和应急疏散预案演练记录表

演练时间		演练地点	
组织部门		记 录 人	
出动人数		出动车数	
参加部门及人员			
演练内容			
演练的效果及照片			

表 11-10　火灾情况记录表

起火时间		起火部位		起火原因	
火灾基本情况					
损失	直接经济损失/万元				
	间接经济损失/万元				
伤亡人员	死亡人数/人				
	重伤人数/人				
	轻伤人数/人				
烧毁(损)主要财物名称、数量					
烧毁(损)建筑面积/m^2					
火灾处理情况及分析					

表 11-11　消防奖惩情况记录表

<table>
<tr><td rowspan="4">奖惩对象</td><td rowspan="2">个人情况</td><td>姓名</td><td>性别</td><td>岗位</td><td>职务</td><td>其他</td></tr>
<tr><td></td><td></td><td></td><td></td><td></td></tr>
<tr><td rowspan="2">部门情况</td><td>部门名称</td><td>部门负责人</td><td colspan="3">部门主要消防工作职责</td></tr>
<tr><td></td><td></td><td colspan="3"></td></tr>
<tr><td>奖惩事由</td><td></td><td colspan="5"></td></tr>
<tr><td>奖惩内容</td><td></td><td colspan="5"></td></tr>
<tr><td>备注</td><td></td><td colspan="5"></td></tr>
</table>

第二节　单位消防档案的建设与管理

一、单位消防档案的建设步骤

单位消防档案建设分为材料收集、材料鉴定、材料整理与立卷、制作索引并登记存档四个步骤。

（一）材料收集

消防档案材料收集，就是要求消防安全管理人员将日常消防安全管理已经形成的分散的档案材料收集起来，汇集成消防档案。

材料收集工作与消防档案工作的其他环节有着密切的关系。可以说，消防档案材料的整理、补充、保管、利用等工作都必须在收集工作的基础上进行。如果消防档案材料收集不齐全、不完整，就会给整理、补充工作带来很大的困难，同时，需要的档案查阅不到，直接影响了档案材料统一保管、备查工作的价值。

1. 材料收集方法

单位建立经常性档案材料的收集制度，通过制度，明确材料收集负责人，与单位形成消防档案材料的有关部门建立起报送档案材料的关系，明确报送材料的时间、范围和格式。具体收集方法如下：

（1）定向收集　所谓定向收集，就是向一定的单位、部门收集。具体说，就是根据形成消防档案材料的特点和收集的途径，与本单位涉及办公、行政、党务、治安、消防、安全生产等重要部门联系，收集可能形成的档案材料。为了不遗漏，可根据本单位的实际情况进行调查了解，列出有关单位、部门的名单，逐一收集。

（2）按时收集　档案工作是一项经常性的工作。收集消防档案材料不是一次、两次突击便可了事的。按时收集，是对收集时间的总要求。它包括随时收集、定期收集和不定期收集等多种形式。随时收集是根据形成消防档案材料的时间性特点和所掌握的信息，及时收集。定期收集是根据实际情况，确定一个固定时间、收集一定阶段形成的消防档案材料。不定期收集是根据实际工作需要而进行的不定时间的收集，它有较大的灵活性，但时间不能相隔太久。

（3）追踪收集　追踪收集是根据消防档案材料间的相互联系，沿着材料形成的先后顺序或其他消防安全管理程序进行收集的一种方法。这种方法对确保档案资料完整性有重要的作用。如单位接受公安机关消防机构监督抽查，按照抽查程序进行档案材料收集，包括接受监督取得的“消防监督检查记录表”，发现火灾隐患处理时可能涉及的“责令立即改正通知书”“责令限期改正通知书”“重大火灾隐患整改通知书”和“消防行政处罚决定书”等，隐患整改完毕后的“复查意见书”，以及与上述过程同步进行的单位采取的整改措施等登记资料。

消防档案材料的收集方法多种多样，为了使各种方法行之效，必须用制度加以固定，使之制度化、经常化，确保消防档案材料的收集工作经常有效地开展。

2. 收集工作的要求

消防档案材料收集是一项细致繁琐的工作，消防安全管理人员必须有积极主动的态度和吃苦耐劳的精神，不能坐等有关单位或者有关员工送材料上门，而是要做到手勤、腿勤、嘴勤、主动工作。具体要求如下：

（1）准确　准确是指消防档案材料收集的范围、内容要准确。从数量上，要严格按照归档范围去收集材料；从质量上，收集的材料内容必须真实可靠，不得收集无中生有、虚假不实或者弄虚作假的材料。

（2）及时　及时是指消防档案材料的收集要有时间观念，及时收集归档，使消防档案的内容经常保持完整状态。如果收集工作拖拖拉拉，就会使档案经常处于老化、短缺状态，从而影响单位对消防安全管理的全面了解。

（3）细致　细致就必须认真，认真细致是一个工作态度和工作作风问题，它要求消防安全管理人员在收集工作中要认真负责，一丝不苟，不允许马马虎虎、粗枝大叶，否则，会造成消防档案的错漏和混杂，使收集工作不准确，影响整个消防档案的完整性和真实性。

（二）材料鉴定

消防档案材料的鉴定，是对收集上来的档案材料，进行归档前的最后一次检查、判断，从而作出取舍的决定。

鉴别消防档案材料是决定材料取舍的关键。收集到的消防档案材料有些是复杂而零散的，有的具备保存使用价值，有的则不具备。对于这些材料，只有通过认真细致的审查和鉴别，才能了解每份材料的真伪、价值和内容，知道哪些材料应该归档，哪些材料应当销毁。同时，通过鉴别，使归档材料更加精练、真实，便于保管和利用。

1. 材料鉴定的原则

消防档案材料鉴定是一项复杂的、政策性很强的工作，应遵循以下原则：

（1）坚持实事求是的原则　坚持这一原则，要求判定材料的价值，确定材料的取舍，要以消防安全管理的法律、法规和各种规章制度为依据。要充分体现对消防安全管理高度负责的精神，确定材料的取舍，要有充分的理由和依据，不得随心所欲，任意杜撰。

（2）坚持具体情况具体分析的原则　为了客观评价消防档案材料，消防安全管理人员要对收集到的文件资料作出符合实际的分析和评价。防止出现片面的、形而上学的主观臆断。

2. 材料鉴定的方法

(1) 判断材料是否属于消防档案内容　在消防档案建设过程中，由于制度不健全和其他原因，收集到的消防档案材料，有的属于消防档案材料，有的则不属于消防档案材料。鉴别工作的任务之一，就是把两者加以区别，属于消防档案的材料及时归档；不属于消防档案的材料及时剔除，或转有关部门处理。

(2) 查明材料是否完结　归入档案的材料，应该是处理完毕的。涉及重大问题和其他正在工作中的文件材料以及待查材料，都不应视为归档材料，应在工作完毕之后或转有关部门查清后再行归档。

(3) 检查材料是否完整　归入档案的材料应该是完整的，否则会降低消防档案的使用价值。检查过程中，要注重材料之间的内在联系，不能割裂。如果在鉴定中发现材料不全，应及时补齐，以维护消防档案的完整性。发现内容不全、缺页、残页等情况，也要及时处置。

(4) 判定材料是否有保存价值　归入档案的材料一定要真实反映本单位消防安全管理的基本情况和现实表现，对没有价值的材料以及不准确的，不能说明问题，起不到证明作用的材料，应及时剔除，不予归档。

（三）材料整理与立卷

消防档案材料的整理与立卷，就是将收集到并经过鉴定的材料，按一定的规则、方法和程序，以独立的单位进行分类、排列、登记目录、技术加工和装订，使之转化为消防档案卷宗。

1. 分类

分类就是按照消防档案材料的来源、产生时间、内容和形式上的异同分门别类，构成有机的体系，有条理地反映单位的消防安全工作情况。如有的单位将消防档案材料归类成13个方面：基本情况；总平面图和灭火、应急疏散预案；消防安全管理组织机构（领导小组）成员、消防安全管理人、专（兼）职消防安全管理人员；专职（志愿）消防队成员；重点部位情况；仓库情况；电气设施情况；火灾隐患登记；特殊工种操作人员消防培训情况；消防安全制度和消防安全操作规程；火灾情况；消防工作奖惩记录；防火工作记事。

2. 整理

为避免“大海捞针”，档案必须科学整理，及时系统地为消防工作服务。清理也是对案卷加工整理的一个方面。案卷的加工整理工作包括确定装订线、为案卷内资料编顺序号、填写案卷资料目录、填写消防档案封面等工作。

(1) 编页数顺序号　图幅及文字材料应当一张一个号。编号位置在材料的左上角，折叠页应编在折叠的右上角，双面印刷页应编在左上角。

(2) 编卷内目录　卷内目录是保管消防档案资料的清单，应结合材料内容及编号进行编写。

(3) 编消防档案封面　消防档案封面主要栏目包括单位名称、隶属部门、建档日期、档案号、密级等。

3. 立卷

立卷是指根据档案资料的多少和资料内容等不同情况，分别装成正卷和副卷。即将分类清楚，登记、复核完成的消防档案材料进一步系统化，使之转化成消防档案卷宗的过程。

常见的立卷方法有三种：

(1) 按问题立卷　即按照文件、资料内容记述和反映的某方面的工作问题或涉及的人、事、物等立卷，同一问题的文件资料可以组成一个案卷。

(2) 按时间立卷　即按照文件资料形成的时间或文件资料内容针对的时间，将属于同一时期的文件资料组合为案卷。

(3) 按文种立卷　即按照文件资料的种类，将相同的文件资料分类组合进行立卷。如将公安机关消防机构对单位下发的消防法律文书作为执法卷宗单独立卷。

4. 装订

装订是指通过分类整理对资料进行拆订、加边、修复、取齐，然后将资料装订成案卷的过程。

(四) 制作索引，登记存档

“索引”是将消防档案名称分析著录成条目，按一定顺序排列。索引的制作一般可用卡片式和收本式（簿式）两种形式。“登记”就是对消防档案的收录、保管等情况，通过簿、册等形式加以记载，以揭示档案数量和状况，它是维护消防档案完整性与安全性的必要手段之一。“存档”是指将档案收进档案库（柜）内，上架排列保管，以便利用。

二、单位消防档案的日常管理

消防档案应当纳入单位档案统一管理。消防安全重点单位应当建立健全消防档案，并建立相应的消防档案管理制度，如消防档案建设、保管以及使用制度，明确消防档案管理的责任部门和责任人，消防档案的制作、使用、更新及销毁的要求。单位消防档案的管理要求如下。

(一) 分类合理、清楚

要按照档案的内容以及形成的环节、时间、形式等，将消防档案合理分类，按相应的层次和顺序对各个消防档案资料进行排列和编目，为管理和使用提供便利。

(二) 检索方便、快捷

根据消防档案资料的内容编制档案目录。目录要包括档案代码、名称及存档位置等，便于准确而迅速地找到所需要的消防档案资料，提高消防档案的检索效率。

(三) 妥善、集中保管

1) 单位应当确定专门机构或人员，设立档案室或档案专柜统一集中保管消防档案。

2) 妥善保管消防档案，防止遗失或损毁。特别是对录音、视频等电子数据存储介质要单独存放，符合防潮、隔热等要求。

3) 保存在电子计算机中的消防档案资料，以及自动消防设施控制设备中的消防工作资料和信息，属于动态消防档案，要适时或定期进行备份，防止因病毒感染、计算机损坏等造成档案灭失。

4) 负责建立消防档案的承办机构或人员应当按照规定的期限和要求，及时将有关档案资料进行整理，装订后移送档案管理机构或人员存档。管理人员要对移送的档案资料进行检查核对，确认档案资料完整、规范，并进行登记造册。

5) 严格消防档案的借阅管理，明确借阅期限，办理借阅手续。

6) 要定期整理消防档案资料。对超过保存期限的，要按有关规定进行集中销毁。

7) 管理人员工作变动时，要及时办理消防档案移交手续，保持档案管理的延续性。

自学指导

本章学习重点：单位消防档案的基本内容。

单位消防档案的基本内容包括消防安全基本情况和消防安全管理情况两个方面。消防安全基本情况主要是指单位消防安全的各类基本信息，如单位基本概况和消防安全重点部位情况、消防管理组织机构和消防安全管理人、各项消防安全制度等。消防安全管理情况主要是用以体现单位日常消防安全管理工作的各种记录，如防火检查、巡查记录、火灾隐患整改记录等。

本章学习难点：单位消防档案建设的基本步骤及各步骤的具体内容。

单位消防档案建设通常分四个步骤完成。一是档案材料收集；二是档案材料鉴定；三是材料整理与立卷；四是制作索引并登记存档。各个阶段根据需要，选择恰当的方法，完成相应的工作内容。

复习思考题

一、单项选择题（将正确的答案填写在括号内，错选、多选或未选不得分）

消防档案建设中，以下内容不属于单位消防安全基本情况的是（　　）。

A. 单位基本概况

B. 消防安全重点部位情况

C. 火灾情况记录

D. 灭火和应急疏散预案

二、填空题（将正确的答案填写在括号中）

1. 单位消防档案应当包括（　　　　　　）和消防安全管理情况两类基本内容。

2. （　　　　　　　　）应当建立健全消防档案。其他单位应当将本单位的基本概况、公安机关消防机构填发的各种法律文书、与消防工作有关的材料和记录等统一保管备查。

三、简答题

1. 简述单位消防档案建设的基本步骤。

2. 简述单位消防档案建设时材料收集和立卷的方法。

四、论述题

分类介绍单位消防档案建设的具体内容。

部分习题参考答案

第六章　三、案例分析题

1. ①超市及酒店未设置火灾自动报警系统；②综合楼的安全出口数量不足。

2. 综合楼产权单位是该建筑的所有者，连锁超市和快捷酒店是综合楼承租者。该建筑物的使用涉及多家单位，而且存在的火灾隐患（出口问题，消防系统问题）当场不能整改且不易整改。作为产权单位应协调隐患整改，所以，作为消防安全管理人员应及时专题报告单位相关的部门协调，召集超市和快捷酒店负责人员共同采取协商的办法制定具体整改方案并制订计划；整改火灾隐患过程中应贯彻“谁主管、谁负责”的原则；整改期间，各方的消防安全责任人员应保证安全，一旦发生火灾事故将承担相应责任。火灾隐患整改完毕，将整改情况记录报综合楼的消防工作归口管理部门或消防安全责任人，签字确认后存档备查。

第八章　三、案例分析题

1. 该行为违反了《消防法》。

2. 对此种情况，公安机关消防机构可责令停产停业，并处 3 万元以上 30 万元以下的罚款。

第十章　五、案例分析题

1. 该起火灾事故的直接原因包括：

1）起火原因是由于电线短路打火引燃仓库可燃物。

2）加速火势蔓延和灾害扩大的原因有：大量堆放可燃物（海绵）；擅自破坏建筑防火分区（库房用木板和铁栅栏分隔）；疏散通道、安全出口不畅（全部窗户安装了铁栏杆加铁丝网，楼梯平台上堆放了杂物，4 个大门 2 个被封死、1 个被铁栅栏隔在车间之外，用于员工上下班的通道狭窄，宽不到 1m）。

火灾暴露出的间接原因是：

1）建筑布局不合理（一层是裁床车间兼仓库，二层是手缝和包装车间、办公室、厨房）。

2）单位消防安全意识不强，导致安全出口上锁，员工每天从狭窄过道打卡上下班而没有异议。

3）单位消防安全管理不到位，疏于检查，难以发现和整改隐患。

4）物品管理混乱，未按物质特性进行封存，导致大量易燃海绵堆放。

5）缺乏消防安全教育等。

2. 根据以上火灾原因分析，单位应从技术上和管理上分别采取以下火灾防控措施。

技术上：

1）按照标准进行建筑消防设计，确保单位整体布局合理。

2）加强技术人才培养与引进，确保先进科学技术方法的合理运用，及时发现和正确整改火灾隐患。

3）为危险部位或场所安装可提高消防安全性能的防护设施。

4）借助防火、耐火材料，防爆、防雷击产品进行相应的技术改造，提高单位消防安全水平。

管理上：

1）建立健全并督促落实单位各项消防安全管理制度和消防安全操作规程，使员工明确各岗位消防安全职责和正确的操作方法。

2）完善管理措施，要在确保消防安全的基础上加强厂区工作秩序管理。

3）加强单位消防安全检查与巡查，及时发现、认定和整改火灾隐患。

4）加强危险物品管理，从控制可燃物、隔绝助燃物、清除起火源的角度进行分类管理。

参考文献

[1] 全国消防标准化委员会第九分技术委员会. GA 654—2006 人员密集场所消防安全管理 [S]. 北京：中国标准出版社，2007.

[2] 郑瑞文. 消防安全管理 [M]. 北京：化学工业出版社，2009.

[3] 中华人民共和国公安部消防局. 中国消防手册. 第二卷 [M]. 上海：上海科学技术出版社，2007.

[4] 王精忠，马红梅，刘明浩. 消防管理教程 [M]. 北京：中国人民公安大学出版社，2011.

[5] 商靠定. 灭火救援典型战例研究 [M]. 北京：中国人民公安大学出版社，2012.

[6] 上海市消防局. 消防管理员（四级/中级）[M]. 上海：上海科学技术出版社，2010.

[7] 冯锁柱，程平. 机关、团体、企业、事业单位消防安全管理 [M]. 北京：群众出版社，2003.

[8] 石向群，李兴林. 公安消防管理 [M]. 北京：群众出版社，2009.

[9] 黄郑华，李建华，黄汉京. 消防安全知识 [M]. 北京：中国劳动社会保障出版社，2008.

[10] 袁昌明，唐云安，王增良. 安全管理 [M]. 北京：中国计量出版社，2009.

[11] 罗云，等. 现代安全管理 [M]. 2 版. 北京：化学工业出版社，2012.

[12] 严新明，等. 公共管理学 [M]. 北京：科学出版社，2007.

[13] 岳庚吉. 公众聚集场所消防安全 [M]. 北京：中国人民公安大学出版社，2005.

[14] 宋光积. 消防安全教育读本 [M]. 北京：中国劳动社会保障出版社，2005.

[15] 刘永基. 新编消防管理学 [M]. 北京：警官教育出版社，1999.

[16] 杨隽，赵连琦. 消防监督管理 [M]. 北京：中国人民公安大学出版社，2004.

[17] 张景林，崔国璋. 安全系统工程 [M]. 北京：煤炭工业出版社，2002.

[18] 李国防. 消防安全培训教程 [M]. 北京：中国人民公安大学出版社，2009.

[19] 田水承，景国勋. 安全管理学 [M]. 北京：机械工业出版社，2009.

[20] 鄂文东，赵桂民. 消防刑事犯罪案例研究 [M]. 北京：群众出版社，2010.

[21] 高锦田. 消防行政执法概论 [M]. 北京：中国人民公安大学出版社，2009.

后　记

经全国高等教育自学考试指导委员会同意，由全国高等教育自学考试指导委员会电子电工与信息类专业委员会负责消防管理专业教材的审定工作。

本教材由中国人民武装警察部队学院黄金印教授任主编、岳庚吉编审任副主编。具体分工如下：中国人民武装警察部队学院的韩海云编写了第一、二章，黄金印编写了第三、四章，岳庚吉编写了第五、六章，赵秀雯编写了第七、八章；广西柳州市公安消防支队的万绍杰编写了第九章；中国人民武装警察部队学院的孙斌编写了第十、十一章。全书由黄金印教授统稿。

全国高等教育自学考试指导委员会电子电工与信息类专业委员会组织了本教材的审稿工作。西藏公安消防总队王增华高级工程师担任主审，郑州市公安消防支队屈震高级工程师、中国人民武装警察部队学院傅智敏教授参加审稿，并提出修改意见，谨向他们表示诚挚的谢意。

全国高等教育自学考试指导委员会电子电工与信息类专业委员会最后审定通过了本教材。

全国高等教育自学考试指导委员会
电子电工与信息类专业委员会
2014 年 1 月